装幀／松田　晴夫　㈱クリエイティブ・コンセプト

カバー写真　〈表〉箸墓古墳赤色立体地図（橿原考古学研究所提供）
〈裏〉ダイヤモンドリング　2009・7・22北硫黄島東方沖ふじ丸船上より（撮影・提供　戸田博之氏）

見返し写真　国宝平原遺跡出土内行花文鏡（文化庁保管、糸島市立伊都国歴史博物館提供）

目次表紙写真　倭迹迹日百襲姫命大市墓出土二重口縁壺形埴輪（宮内庁書陵部提供）

天文で解ける箸墓古墳の謎

奈良の古代文化④

奈良の古代文化研究会◀編

豆板 敏男 著

青垣出版

目次

はじめに

奈良県桜井市箸中に、巨大な前方後円墳がある。一般に箸墓とか箸墓古墳と呼ばれているが、考古学者は「箸中山古墳」とも呼ぶ。古墳の全長は約２８０ｍ、全国で11番目、奈良県では5番目に大きい。

箸墓のあるこの辺りには、古い時代の古墳が集まっている。そういう古墳の集まりを古墳群というが、箸墓は纒向《まきむく》古墳群に属している。

古墳の古さでいえば、箸墓は、前期古墳に属する。古墳時代初期の築造なのだ。古墳時代とは、歴史年表では弥生時代に続く時代だ。それは、箸墓のような古墳が急に現れたので、そのように名付けられているようだ。巨大な古墳の築造という特徴で、弥生時代とは一線を画すると見られて「古墳時代」なのだろう。箸墓はその「初期古墳」の中でも特別だ。古墳時代の「最初期の古墳」だと見られている。さらに、箸墓より古い時代の、箸墓より大きい古墳は、現在のところ見つかっていない。

箸墓古墳には謎が多い。

最初期の大型前方後円墳だが、そのように巨大な古墳が、なぜこの地に突然現れたのか。なぜ、古墳時代の扉が箸墓古墳によって開かれたのか、その理由が謎だ。被葬者も謎だ。宮内庁によれば、日本書紀に登場する「倭迹迹日百襲姫《やまとととひももそひめ》」なのだが、そのモモソ姫とは3世紀の倭国女王卑弥呼《ひみこ》だという説もある。卑弥呼の次の倭国女王台与《とよ》の墓だと考える研究者もいる。卑弥呼や台与は『魏志《ぎし》』倭人伝《わじんでん》に登場する人物だが、その『魏志』倭人伝の記述から、卑弥呼が3世紀の中ごろに死んで、その後を台与が継いだことは、歴史事実としてほぼ確定している。

　他方、モモソ姫は日本書紀（以下『書紀』とも）の孝霊《こうれい》紀（第7代天皇）や崇神《すじん》紀（第10代天皇）に書かれている人物だが、このあたりの『書紀』の記録は、歴史事実としては未だ確定していない。神話といわれ、「作り事」のような見方さえされているのが現状だ。

　日本書紀でモモソ姫を葬ったとされる箸墓は、考古学的には3世紀の後半の築造のようだ。この見方は近年有力になったようだ。以前は、4世紀初頭の築造で3世紀にはさかのぼれない、と見られていた。だが、近年の考古学的研究の成果なのだろう、このごろは3世紀の中頃、とまで言う研究者もいるようだ。以前なら、卑弥呼の死と箸墓の築造時期とは50年ほどの開きがあった。なので卑弥呼＝モモソ姫説には無理があると見られていた。だが、最近の見方では、箸墓の築造時期は卑弥呼の死の時期に極めて近い、ことになる。モモソ姫＝卑弥呼は、大いにあり得ることになる。

もしモモソ姫＝卑弥呼なら、日本書紀は3世紀の日本列島の事実を語っていることになる。「神話」が「事実」を語っていたのなら、5世紀以前の歴史の年表は、どれだけ豊かなものになるだろうか。わくわくするような、日本古代史の再発見になるだろう。箸墓の被葬者の謎は大いに興味深い。

箸墓には、被葬者の謎以外にも興味深い謎がある。例えば、

・古墳の向きの謎
・古墳の位置の謎
・古墳の大きさの謎
・古墳の形の謎（前方後円墳とは？）

などなど。この本は、これらの謎に挑戦した豆ちゃんの「古代史探偵報告書」だ。

古代史探偵豆ちゃんに言わせれば、箸墓古墳は「開かずの古墳」だ。なぜなら、宮内庁によって鍵がかけられているのだ。箸墓古墳への立ち入り調査は許可されない。墳丘に昇って調査することはできない。もちろん発掘調査など論外のことだ。

この現状が、箸墓の謎を増幅している。箸墓の真実を濃く深い謎の霧に包ませている。この古墳は上空から見たその平面形が鍵穴形をしている。なんとも皮肉ではないか。

「いったい、箸墓古墳の謎を解く鍵はどこにあるのだろうか？」

だが豆ちゃんは、箸墓の謎を解く鍵を見つけたのだと思う。その鍵は星空に在る。古代の星空が、箸墓の謎を解く鍵なのだ。そのことは、これまでほとんど気づかれずに来たようだ。おそらく、「日本神話は（世界でもめずらしい）星空を語らない神話」という思い込みが、日本の古代史を研究する人々に、暗黙のうちにできてしまっていたからだろう。

だが、古代の真実はそうではない。日本神話は、世界でもまれな、古代の星空をリアルに正確に語る神話だ。「日本神話は、古代の星空を語っている。その神話は星空を語っている神話だ」日本神話は「星空の神話」なのだ。

読者よ、ようこそ「星空の神話」の世界に。

箸墓という、古代史の真実が眠っている宝庫の「開かずの扉」を、今こそ開けてみよう。

果たしてこの鍵は、鍵穴に合うのだろうか。

古代史探偵ノート①

箸墓伝説が語る「小蛇日食」

248年9月24日

「モモソ姫の命日？　そんなこと分かるわけがないだろう」

そう思うだろうか。だが読者よ、モモソ姫の命日は分かる。日本書紀の崇神紀からそれは分かるのだ。ただ、そのことは世間の非常識だとは、豆ちゃんも知っている。日本書紀の古代の記述は、過去の歴史事実の確かな記録とは考えられていない。特に、初代（神武）から10代（崇神）までの天皇の記録は、歴史的な事実かどうかが疑わしい。そう思われている。

「日本書紀の編集者たちが、机上の創作を行って、嘘の歴史を語っている」

現代の日本書紀の研究者や歴史愛好家の多くには、日本書紀に対するこんな不信感が程度の差こそあれあるようだ。その不信感は、それら初期の天皇たちの常識はずれな長寿にも由来するのだろう。享年１２７歳（神武）、享年１２０歳（崇神）などの超人的寿命を歴史事実として認めるわけにはいかないと。

また『書紀』は、第3巻（『神武紀』）以降の天皇の記録を、出来事の年月日を記しながら書いている。だが、その年月日の記録も不信感をもたれている。

『書紀』の年月日の記録は、「紀年」と研究者たちに呼ばれている。その紀年は、江戸時代から現代に至るまで研究され、そのことは「紀年論」と言われて論争のタネになっている。その紀年論の常識として、5世紀以前の天皇の紀年は信用ならない、というのがあるようだ。そういう常識からすると、『書紀』の記述をシンプルに信用してモモソ姫の命日を語る豆ちゃんは、「おまえ大丈夫か？」ということになるようだ。

だが読者よ、古代史探偵は極めて大丈夫だ。豆ちゃんは紀年論から始めたのではないのだ。紀年論を読んで、それを検討して、そこから考えたのではない。豆ちゃんは日本書紀の崇神紀の9月の条から考え始めたのだ。その9月の条には、モモソ姫の死が「神話物語ふうに」語られている。豆ちゃんは、その物語の中に、中心食の大日食が描写されていることに気づいた。その大日食は、モモソ姫＝卑弥呼なら、２４８年9月5日の大日食がふさわしい。それなら、その「9月の条」の9月は、現代暦の9月に当たる。そんなふうに考え始めた。そして、それなら、日食は朔の日（新月の日）に起こる現象だから、旧暦なら9月1日の出来事だということだ。だったら、「日本書紀の9月1日」に起こった日食とは、現代の暦なら9月5日の日食だ。

「4日しかずれてない！」

日本書紀の暦と現代の暦は、崇神紀のこの部分に関する限り4日しかずれてはいないのだ。

紀年論については、今はこれ以上言わないでおこう。改めて、別な機会にしよう。

では、問題のモモソ姫の命日だ。その話に進もう。

結論から言おう。モモソ姫の命日は、「２４８年9月24日」。もちろんこの日付は「現代の暦」を過去に遡らせて言っている。『ステラナビ5』

に搭載されている「現代暦」での日付だ。

日本書紀の崇神紀には、崇神10年9月の出来事として、モモソ姫と三輪山の神の「神話物語」が語られている。その物語の中に登場する「麗しい小蛇」の部分は、古代の日食現象の描写だ。豆ちゃんいわく小蛇日食発見！

＊『ステラナビ5』　天文シミュレーションソフト「ステラナビゲーターVer．5」（アストロアーツ）のこと。「ステラナビ」は現在、「10」までバージョンアップしているが、豆ちゃんは「5」を使う。理由は後にもう少し詳しく示す。

「小蛇日食」

日本書紀の巻第5・崇神天皇紀の「10年9月の出来事」とは、こんな物語だ。下手くそな現代語訳だが、大体のところは分かってもらえるだろう。

この後、倭迹迹日百襲姫《やまとととひももそひめ》の命《みこと》は、大物主《おおものぬし》の神の妻となった。けれど、その夫の神は、いつも昼間は見えなくて、夜にのみやって来る。それで姫は夫にたのんだ。

「あなたは、いつも昼間にはお見えになりません。だからその麗《うるわ》しいお顔をはっきりと見られません。どうか、しばらく留まってください。明くる朝に、その麗しく威厳のあるお姿を仰ぎみたいのです。」

夫の大神は、答えてこう言った。

「言うことはよく分った。私は、明日の朝、あなたの櫛笥《くしげ》の中に入っていよう。だが、決して私の姿に驚いてはいけないよ。」

その言葉を聞いて姫は、口には出さなかったが、内心不思議に思った。

あくる朝、夜が明けるのを待って姫は櫛笥を開けてみた。中には、ほんとうに麗しい小蛇《こおろち》がいた。その長さと太さは、ちょうど衣紐《したひも》のようだった。

だが、そのとき姫は、驚きのあまり叫んでしまった。すると大神は、たちまち姿を変えて妻の姫に言った。

「汝《いまし》、約束を守らないで私に恥をかかせた。私は帰る。そして今度は私がおまえに恥をかかせよう。」

そうして、大虚《おおぞら》を踏《ふ》んで三諸の山（三輪山）に登っていった。

こうなってしまって、倭迹迹姫は夫を仰ぎ見て、悔やんで急居《つきう》した。するとその時に、箸で陰（ホト＝女陰）を突いて死んでしまった。

それで、大市に葬り祀った。当時の人たちは、その墓を名付けて、箸墓《はしのみはか》と言った。

（日本書紀・崇神紀）

＊大物主《おおものぬし》の神　三輪山の神
＊櫛笥《くしげ》　櫛を入れる箱
＊急居《つきう》する　ドスンと尻餅をつく

この記事で「麗しい小蛇」と言っているのは「大日食の太陽」のことだ。その様子を物語的に表現しているのだ。93％食された繊月状の太陽、それが小蛇なのだ。「翌朝、櫛笥を開ける」とは、夜が開けて朝になるという意味だ。日の出の太陽は、日食のまま昇ってきた。そのことを、このように語っている。その、すでに欠けた状態で昇って来た太陽は、やがて最大食分93％の大日食になった。その93％食のまま、白い小蛇の太陽は、身をよじるようにうごめく。繊月状の太陽が、最大食分のまま変化するその様子は、正に生きている蛇のようだ。うまい表現だ。ステラの画面で見ると、三日月状の小蛇は、日食の進行に従って、左右に下方にと、まるで身をくねらせているようだ。

図１　「小蛇日食」（２４８年９月５日の大日食）

その後、太陽は高度を上げながら復円してゆく。太陽は上昇し、三輪山の頂上の辺りの高度にまで昇る。そうして日食は終わる。その様子が「大神は、三輪山に登っていった」なのだろう。この話は西暦２４８年９月５日の「日の出日食」の様子を見事に物語化している。ちなみに、三輪山の御神体は蛇だ。この神話には、そういう事情も反映しているにちがいない。三輪山附近での日食だから小蛇だと物語っているのだ。

この物語が、日食を表現しているなら、注目すべきは、

「私は、明日、あなたの櫛笥の中に入っていよう」

という表現だ。これは、

「明日の朝、日食が起こりますよ」

と言っているのだ。つまり、日食を予測していたのだ。当時、日食は予想できていたのだ。それほど、天文観測の精度は高かったのだ。もちろん暦を使って予測していたのだろう。それは、桜井の

地の日食が予想できる暦だ。中国の暦をそのまま使ったのだろうか。そうではないだろう。自分達の天文観測によって、自分たちの暦を持っていたのだ。だから、明日の朝の日食を予言できるのだ。これは、日本の古代に関する世間の常識を覆す事実ではないか。だれもそのような精緻な天文観測ができる古代の（3世紀の）倭国人を想像していないはずだ。もっと彼らの文化や技術を低く見ているのではないか。

　中国やヨーロッパ、その他の先進文明の地域では、既に紀元前の時代から日食の予想はできていた。サロス周期（10年と10日あるいは11日毎に、日食は世界のどこかで起きるという周期のこと）も知られていた。

　日食は、暦でいえば朔の日（新月の日）に起きる可能性がある。そのことを古代人はもちろん知っていた。そして古代日本（倭国）でも、日食の予想ができていたのだ。この崇神紀の日食記事こそがその証拠だ。もし、朔の日（新月の日）というだけであれば、中国の暦でもいいのだろう。だが、桜井の地で、しかも「驚いてはいけない」と警告を発するほどの規模であることまで予測できていることからして、自前の天文観測と自前の暦があったにちがいない。日食の食の大きさまでは、中国の暦では予測できないだろう。中国暦の入手問題はともかく、日食の規模の大きさは場所によって違うのだから。そうであれば、現地での天文観測は絶対に必要だ。そうでなければ日食の大きさの予測まではできない。

　予測されていた日食は、このようにして予測どおりに起こった。それは、太陽が白くて細くて小さな白い蛇のように見えるほど深い食分の大日食だった。その日食に驚いたモモソ姫が、驚いてドスンと尻餅をついたひょうしに箸でホト（女陰）を突いて死ぬ。つまり、モモソ姫はこの大日食を契機に死んだのだ。

西暦（以下西暦を略す）２４８年9月5日の日食は、日の出の日食だった。日本書紀・崇神紀の「小蛇」の記事（物語）も、早朝の日の出のこととして記されている。両者は同一の出来事だ。書紀の崇神10年の『小蛇』の物語は、２４８年9月5日の日食を記録している。そして、モモソ姫はこの「小蛇日食」がもとで死んだのだ。

ここで、「契機に」とか「もとで」という言い方をしていることについて言っておこう。それは、モモソ姫が、２４８年の9月5日に死んだのではないからだ。実は、この神話物語を星空の神話として読み解けば、モモソ姫の命日はハッキリと分かる。

箸がホトを突く天体現象

先の崇神10年の記事では、「ドスンと尻餅をついたひょうしに…」死んだとある。それは、急死のように聞こえる。だが、同時に不思議な言い方がされている。

「ドスンと尻餅をついたひょうしに、箸がホト（女性の陰部）に突き刺さって死んだ」

不思議な死に様だ。友人の一人は言った。

「箸は横に転がってて、ホト（女陰）には突き刺さらない」

もっともだ。友人の思考は健全だ。古代史探偵も、こんな表現を神話だからありうる、などと素直には納得しない。神話のこの部分を、

「女性王のホトを丹塗りの矢が刺すという、世界のあちこちに共通する伝承」

と説明している本もある。だが、そう説明されてもピンと来ない。そのように類型化できる話が世界の各地にあるとしても、だったらなぜ、似たような話が世界各地にあるのだろうか。謎は膨らむばかりだ。

実はこの話、星空の光景の描写なのだ。日食が

天空現象なのだから、「箸がホトを刺す」も天空現象にちがいない。そう見当をつけて調べてみた。それは大当たりだったようだ。そしてそのことでさらに「丹塗り矢」伝説の根拠も分かった。

２４８年９月24日の未明、南の空で最高高度に達した牡牛座は、西に傾いて降りて行く。星図（図３）は夜明け前の西空の光景だ。そのとき、牡牛座の三角形、つまり牡牛の顔の部分（図２の点線囲みの部分）だが、中国流の二十八宿の星座では畢宿《ひつしゅく》とよばれる。畢宿は８星で構成される星座だが、そのうちの７星は大まかに三角形とみなせる。この三角形（さらにそのうちのα星とε星とγ星を結んだ三角形）を「畢の三角形」と呼ぶことにすれば、その三角形の右と左の二辺が、「箸」と見立てられたのだろう。

その畢宿にこの夜、十八夜の月が接近してゆき、やがて西の空で、畢の三角形は月に刺さる、図３の星図のように。

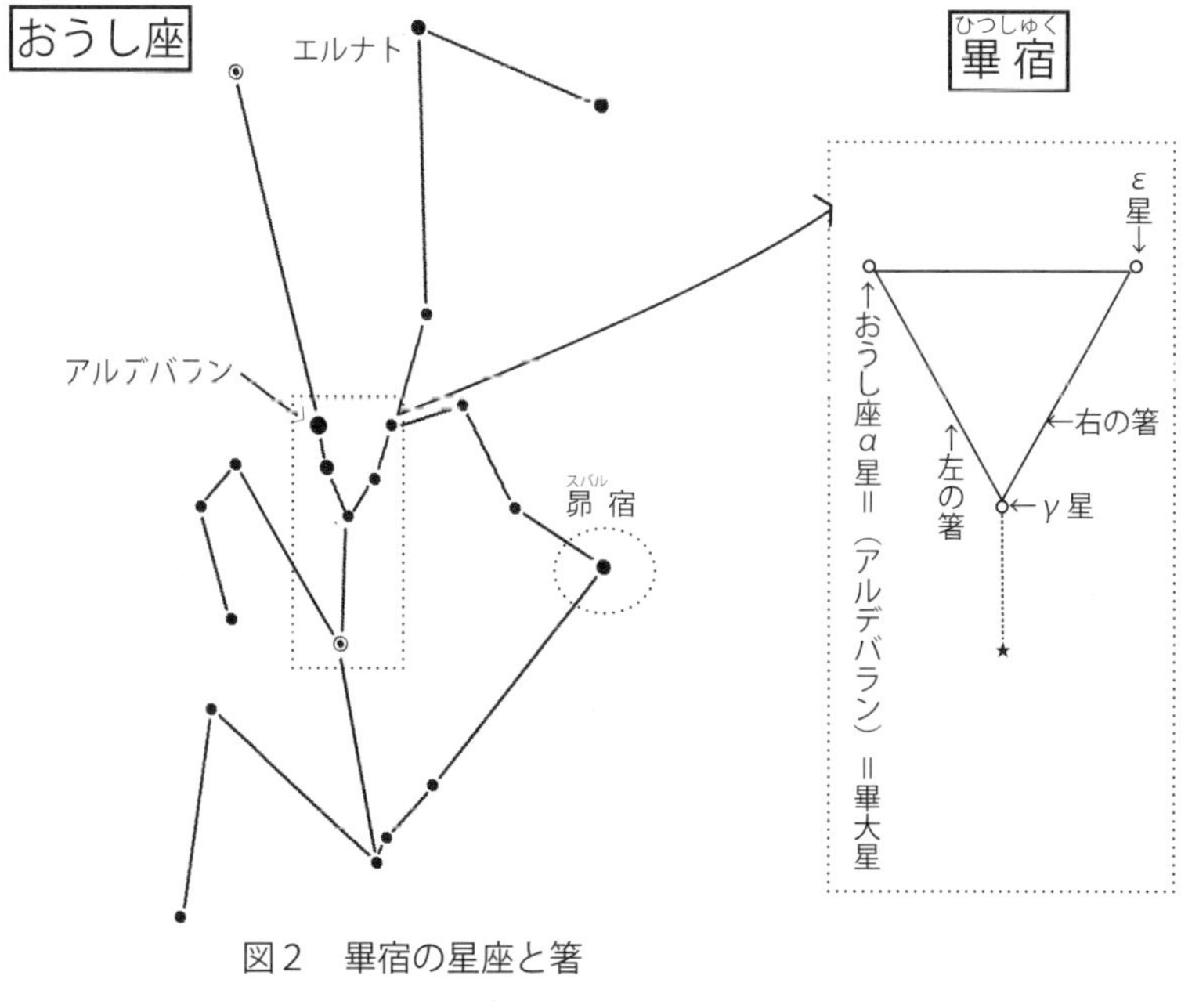

図２　畢宿の星座と箸

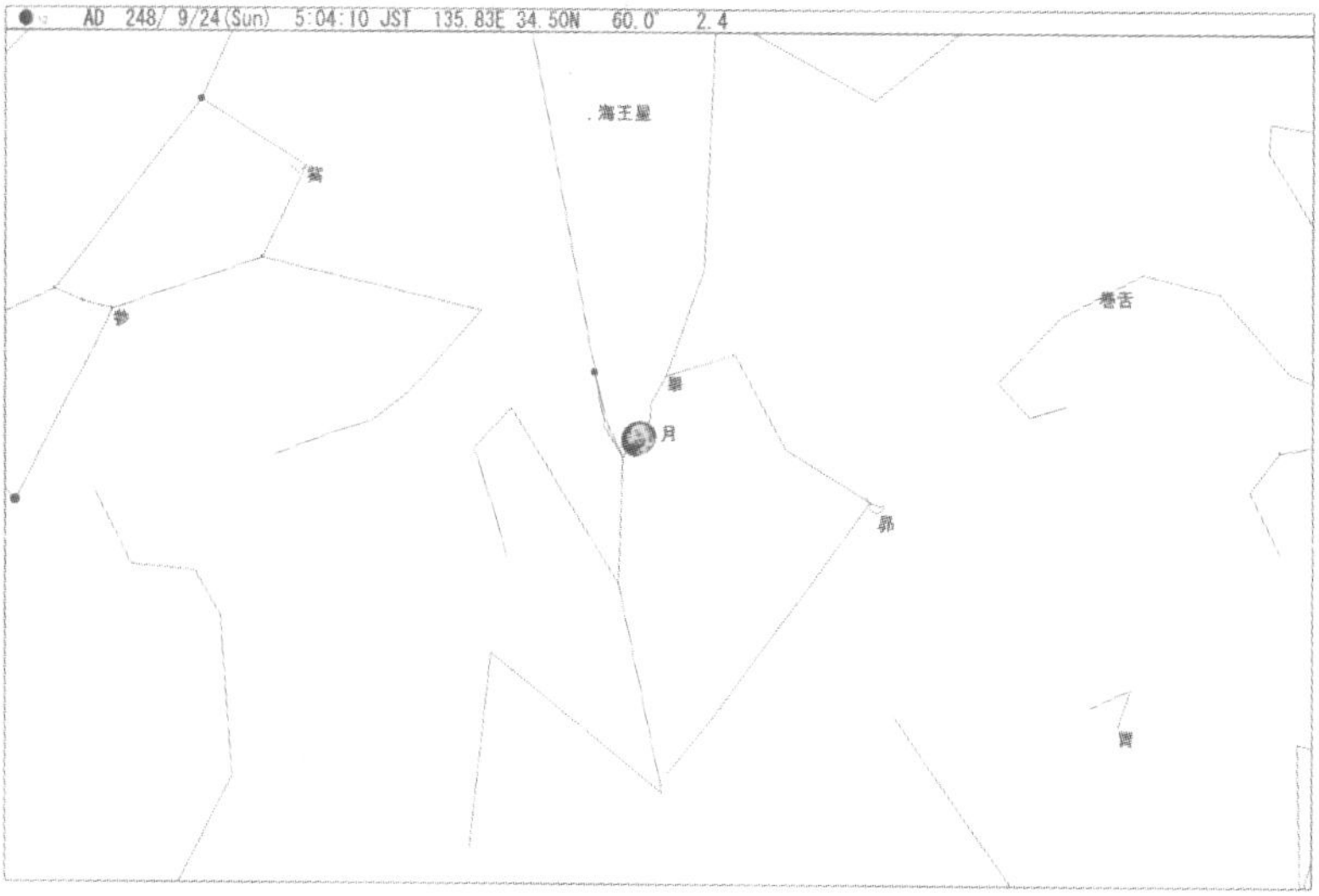

図３　箸がホトを刺す天象

古代人は春分や秋分、夏至や冬至の観測を特に入念にしただろう。きっと、この星空を見たのだ。月に刺さる畢の三角形。月は、女性を象徴している。女性であるからホトもある。実際、月には「ウサギの餅つき」などと言われてよく知られた、影のように暗くなった部分がある。これがホトだ。その月に、箸が刺さっている。月の陰のように暗くなった部分、つまり月のホトに箸が刺さっている。崇神紀の話は、この夜のこの星空を伝えているのではないか。ではないか、などと言いながら、すでに確信している。この夜（早朝）、モモソ姫は息を引き取ったのだと。

ちなみに命日として怪しい星空は、２カ月後の11月17日にもある。こちらは、満月（十三夜月）が畢の三角形に刺さる。一見、よりふさわしい光景のように思えるがそちらを採らない。それは、「ドスンと尻餅をついた拍子に」という表現からだ。畢と月が南の空から西に降りていくときの光景が、先の9月24日の星空だ。これが「ドスンと尻餅」の描写と似合っている。この夜の星図はまさにそのことを表している。正に、ドスンと西に落ちてゆく月が、畢《ひつ》に刺される。他方、11月17日の満月は、すでに東の空にあって、南の空に昇る以前から、畢の箸は、月に刺さっていたのだ。神話の語る「ドスンと尻餅をついた拍子に」という表現とは合っていない。

もちろんどちらの場合でも星座線が空中に見えるわけではない。だが、そのように意識は出来るはずだ。

畢という星座は、古来、洋の東西を問わず、「水」と関係の深い星座だった。中国では、「畢宿の星座に月が懸かれば雨がふる」というような民俗天気予報が伝わっていた。日本では、牡牛座のε星（畢宿の距星、畢星）のことを『雨降り星』と呼んできた。この星座は、5月には太陽とともに天空を廻っている。そして6月の頃、夜明け前に東の空に昇り、それから消えて、太陽が昇ってくる。それはちょうど梅雨の頃と重なる。

それだけではない。この畢宿の星座のことを、『書紀』の神話（神代上）は名前をつけて語っている、「天の真名井」という名前で。つまり、この星座は、天上の世界の井戸なのだ。井戸と箸、それは近い親しいものではないだろうか。井戸という水場の近くでは、箸なども洗うだろう。ひょっとして井戸に箸を落とすかもしれない。

ところで、先の「丹塗り矢」のことだが、それは、牡牛座の星座のことだ。「Y字」の星座を「矢」と見たのだ。その牡牛座のα星・アルデバランは赤い輝きの星だ。そのアルデバランは、ちょうどY字の左の上の端に当たる位置だ。つまり（向かって）左の矢羽の先っぽに当たる。それで丹塗りの矢、なのだ。恐らく世界各地にあるといわれる「丹塗り矢」伝説の背景には、まだ世界の各地で気づかれていないだけで、「星空の神話」の世界が広がっている。そのはずだ。

古代人は日食を予測していた

ヤマト（大和）では、この小蛇日食のように深い食分の日食は、この日以外に起こっていないのだろうか？

それを確かめておこう。小蛇日食が、他の日食と紛れてはいけない。

・１４６年８月25日、午前９時、最大食分98％（金環食）
・１５８年７月13日、午後６時53分、最大食分98％（皆既食）
・２７３年５月４日、午後４時57分、最大食分94％

ヤマトでは、この３回が先の小蛇日食級の大きな日食だ。これ以外には、小蛇日食のような規模の大きな日食は、２、３世紀に限っては起こっていない。

先ず１４６年日食、この日食は、ほぼ金環食に見える。これは、「小蛇日食」には当たらない。しかも、午前の日食だが、早朝の日の出日食ではない。

次に１５８年の日食は、数字の上では98％なのだが、ステラナビの画面では、ほぼ皆既日食だ。渡辺敏夫『中国・朝鮮・日本、日食月食宝典』でもそのようになっている。皆既日食だから、もちろん小蛇日食には当たらない。それに第一こちらは夕方の日食だ。

そして、２７３年の日食はこれも夕方の日食だし、小蛇日食とは別ものだ。

ただもう一つ、気になる日食が先の３つとは別にある。１５４年の北陸での皆既日食だ。この日食は、大和では最大85％食に達する。しかも朝の日食でもある。だが、この日食も小蛇日食ではなさそうだ。この日食は、最大食分になったのが10時近く（9時53分）だ。ステラの画面で太陽が欠け始めたのは8時半を過ぎていた。早朝らしい小蛇日食の描写とは合わない。それにそもそも、大和で85％という食分は、前に上げた三つの日食と同じような中心食とは言えないのではないか。皆既日食という点で気になったのだが、どうも違うようだ。

もちろん、これらのどの日食も雲にさえぎられずに見えたと仮定している。そうして見えたとしても、どれも、小蛇日食ではない。日本書紀の崇神紀に記された「小蛇日食」は、先の２４８年のそれに違いない。

日食が雲に覆われたり雨の日だったりすれば、当然それは見えない。過去の日食を論じる時、気になっていたのはそのことだった。ずいぶん気にしていた時期もあった。だが、今はもう気にしない。というのは、彼ら古代人が、日食を予測していたことが分っているからだ。

実に驚くべきことだが、彼らは、見えない日食まで知っている。見えない日食とは、妙な言いようだが、太陽が地面の下にあるときに起こる日食。夜に起こっている計算上の日食だ。彼らは、そういう日食も知っている。その確かな例として言えば、福岡県前原市の「平原遺跡の鏡」を推理したときのことがある。遺跡の古代人が、明らかに見えない日食（地平線下の日食）を知っていたことが分った。彼らは地平線下の日食を知っていて、その日食規模を鏡の大きさに反映させて、鏡作りをしていた。

そんなことさえあるのだ。もはや、雲に隠れていたかどうか、雨だったかどうかなどは、問題ではない。そう思っている。だがもちろん、これらの今問題にしている大日食は、実際に目に見えたのだ。実体験したから、あのように目に見えた光景として、物語的に伝えられたのだ。

さて、１４６年大日食も、１５８年ヤマトの皆既日食も、小蛇日食には合わない。モモソ姫の死の日食ではないのだ。結局先の小蛇日食は、２４８年の日食以外にはありえない。２４８年９月５日の日食こそ、日本書紀・崇神紀の「小蛇日食」だ。モモソ姫はこの日食を契機に、その約１９日後の２４８年９月24日に死んだのだ。

さて、モモソ姫の命日は、このように崇神紀の神話物語から分かる。

三輪山の神との結婚はアルデバラン食

崇神紀のモモソ姫は、大三輪の神と「結婚」している。小蛇日食の直前にそんな話があった。では、その実態を明らかにしよう。

星図は２４８年８月28日の星空。牡牛座の赤い一等星アルデバランを月が隠している。星図は、

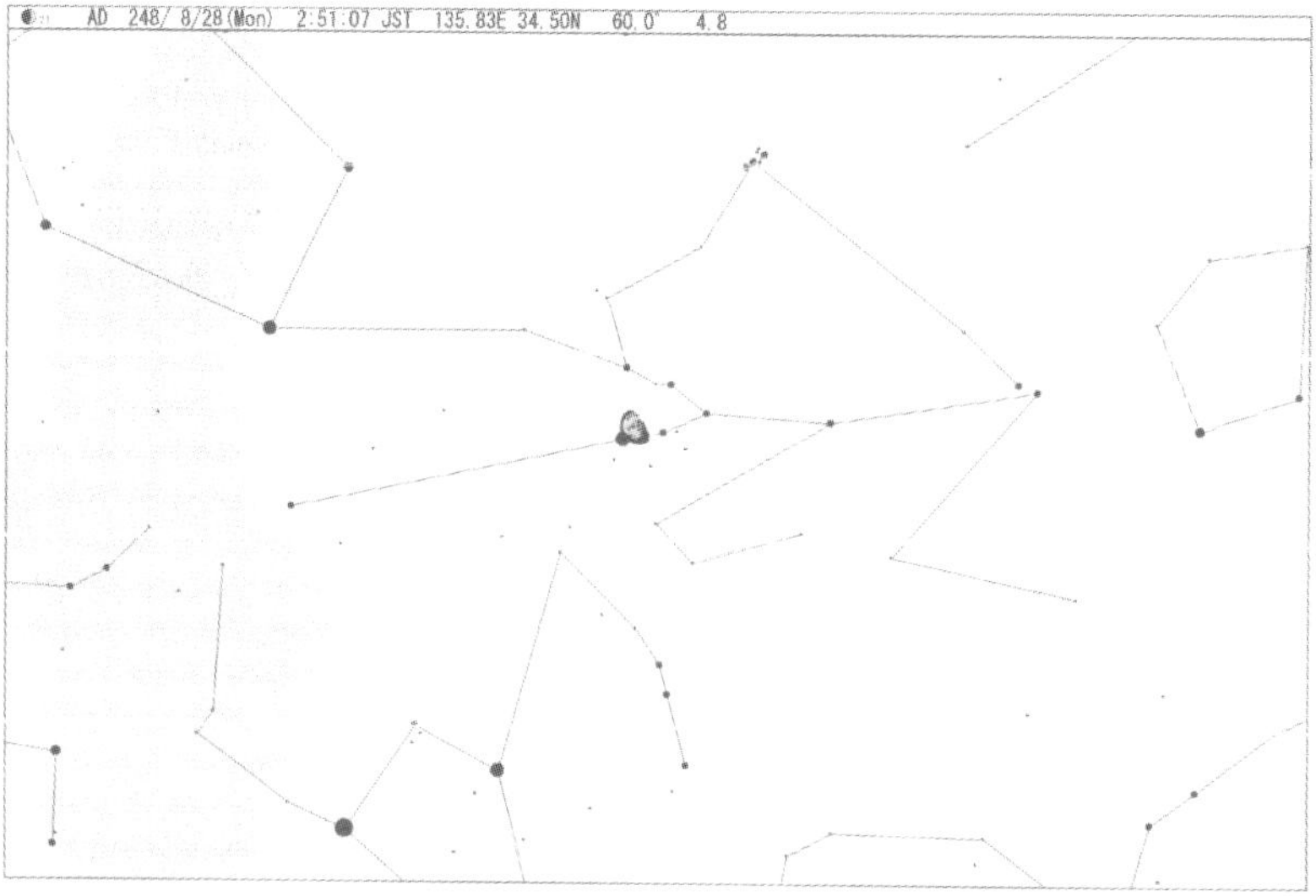

図４　アルデバラン食

分りやすいように、まさに隠そうとしている直前を示している。これを「アルデバラン食」と現代の天文学はいう。月が目立つ恒星を隠す恒星食のひとつだ。わが国の古代でも、と言っても8世紀以後だが、アルデバラン食の記録が残っている。アルデバラン星とは言わない。「畢大星」と呼ばれていた。わが国古代の天文学といえる陰陽道は天文観測をして、占星術を行っていた。彼ら陰陽師は、畢大星と月が重なるだけではなく接近することから重要視していた。接近の度合いにより、「犯」とか「合」とか「宿」という区別まである。そういう占星術や天文観測の伝統は、だれも言わないが間違いなく卑弥呼の時代から受け継いでいる。

この畢大星(アルデバラン)こそ三輪山の神だ。後に詳述するが、三輪山に降臨する星神はアルデバラン星なのだ。三輪山に対応する星はおうし座α星、つまりアルデバラン星だった。三輪山の神=アルデバラン星(神)なのだ。

三輪山の神は蛇の姿をしていた。三輪山の神体は蛇だということになっている。このことは、三輪山のことを書いているものなら、どこにでも出てくる。そして、蛇は水の神で、水は米作りには不可欠なものだ。蛇が神として神聖視されるのは、米作りに不可欠な水と深く関わっているからだろう。その水の神である蛇が、とぐろを巻いた姿が三輪山の姿なのだ。ひょっとして三輪山とは「巳輪山」のつもりだったかもしれない。そう思われていたのだろう。そして、その蛇といえば、それは蛇《じゃ》の目《め》で象徴される。蛇の真髄ともいうべきはその目にあるのだ。蛇の目をアカガチ(赤酸醤)と呼ぶ。赤いホウズキの実のような輝きが特徴なのだ。この説明は、吉野裕子『蛇―日本の蛇信仰―』に詳しい。

一方、牡牛座のアルデバランは赤い輝きの一等星だ。そう、三輪山の神とアルデバラン星の繋がりが何となく見えてきた。赤い星とアカガチという蛇の目の共通性。

古代では、星神は、良く目立つ山頂に降臨することになっていたようだ。星神は、山頂に降臨すると考えられたようだ。堀田総一郎『縄文の星と祀り』は、古代人が見事に星を観測していることを報告している。彼によれば、古代人は、明け方、太陽の輝きによって星々の輝きが消える直前の星を観測していた。その位置を測定し、地上に星々の位置を測量によって写し取っていた。そうして特定の地点の山頂やごつごつとした巨石のある場所を神の降臨する場所として信仰の対象にしていた。時にはそういう重要ポイントを神社のような場所として構築したらしい。

「古代人はその方位の下に目標となる山や磐《いわ》座《くら》などが来るような地点を選んで祭祀点としていたのです。つまり特定の恒星の煌きが消えた瞬間に、星の精（神）が山上に垂直降臨し、ここからさらに測量された祭祀線を水平に通って祭祀点に至ることで、神との気脈が通じると考えたのでしょう。」（堀田総一郎『縄文の星と祀り』）

そのような祭祀点としての、重要な星神の降臨場所が三輪山だった。後述するが、巻向山であり、弓月ヶ岳だった。明日香の香具山も、そういう星神降臨点だったのだ。

さてモモソ姫は、先の崇神紀の話の中で、夫の神に向かって、

「あなたは、夜だけやってきて昼間はいらっしゃらない。」

みたいなことを言っていた。これは男女の同衾《どうきん》のことだろうから、夜のことなのだが、それだけではない。昼間は見えない、ということで、夫の神の正体を明かしている。その正体とは、星神だということだ。夫は星神だから昼間は見えないの

だ。その夫の神の正体こそアルデバラン星だ。モモソ姫とオオモノヌシ神の、二人の夜の出会いとは、夜空でのアルデバラン（三輪山の神＝オオモノヌシ）と月（モモソ姫）のデート、合体。要するに「アルデバラン食」が起こったことなのだ。アルデバランが月と接近し、終には隠される。つまりアルデバランという星神である三輪山の神と、月である（表される）モモソ姫が星空で合体した。つまり星神と月神の結婚・同衾なのだ。これは、星空の現象の物語的描写なのだ。星空での事実が、この話で記憶され、ついには記録されたのだ。『書紀』は見事に古代の星空の事実を伝えている。

そして、だからこそ、年代日付まで分かる。先のアルデバラン食の星図は、8月28日の夜だが、月とアルデバランの接近はこの夜だけではない。すでに6月からそのような接近は観察できていた。そのころから、月とアルデバランの合体は、やがて時間の問題として、彼ら古代の観測者は知っていただろう。この星空の事実を書紀は、モモソ姫に通うオオモノヌシ神として物語っているのだ。

＊ステラナビゲーターについて　豆ちゃんが古い「バージョン5」（以下『5』）を使うのは、2009年当時の最新版「バージョン8」があまりにも『5』と違っていたからだ。『8』では、小蛇日食は93％食ではなく80％食に過ぎない。それ以外にも、『5』は日本書紀の記述によく合っているが、『8』ではそうではなかった。なので豆ちゃんはあえて『5』を使い続けた。だが驚くべきことに、最新版の「バージョン10」は極めて『5』に近くなっていた。小蛇日食は『10』でも最大食分93％だ。小蛇日食に関する限り、『5』で言えることは『10』でもいえる。最新版の『10』が旧版の『5』の正しさを図らずも証明してくれたようだ。だが、『5』と『10』のど

ちらが、「日本書紀の表記により良く合うのかは、まだ分からない。なので、この本では、星図は『5』を使用する。その上で、『10』によっても確認しながら、必要な場合、そのことを「＊」で示していきたい。

古代史探偵ノート②

「巻向三山」は畢宿《ひっしゅく》の三角形

　下の地図で、点線の内側がほぼ纒向古墳群の範囲だ。その内側で、一番大きい前方後円墳が箸墓だ。近くに小さい前方後円墳が5基あるが、それらは、箸墓よりも古い築造だと言われている。これらの5基と箸墓を合わせて、さらに近くの小さな古墳も含めて、「纒向古墳群」だ。

　箸墓古墳を地図の上で見れば、その形は前方後円墳で、円に三角形がくっついた形をしている。箸墓は、このような形をしているので、地図の上では、この墓がどの方向を向いているかを、ごく自然に意識させられてしまう。後円部だけなら方向を意識することはないが、前方部がくっついて

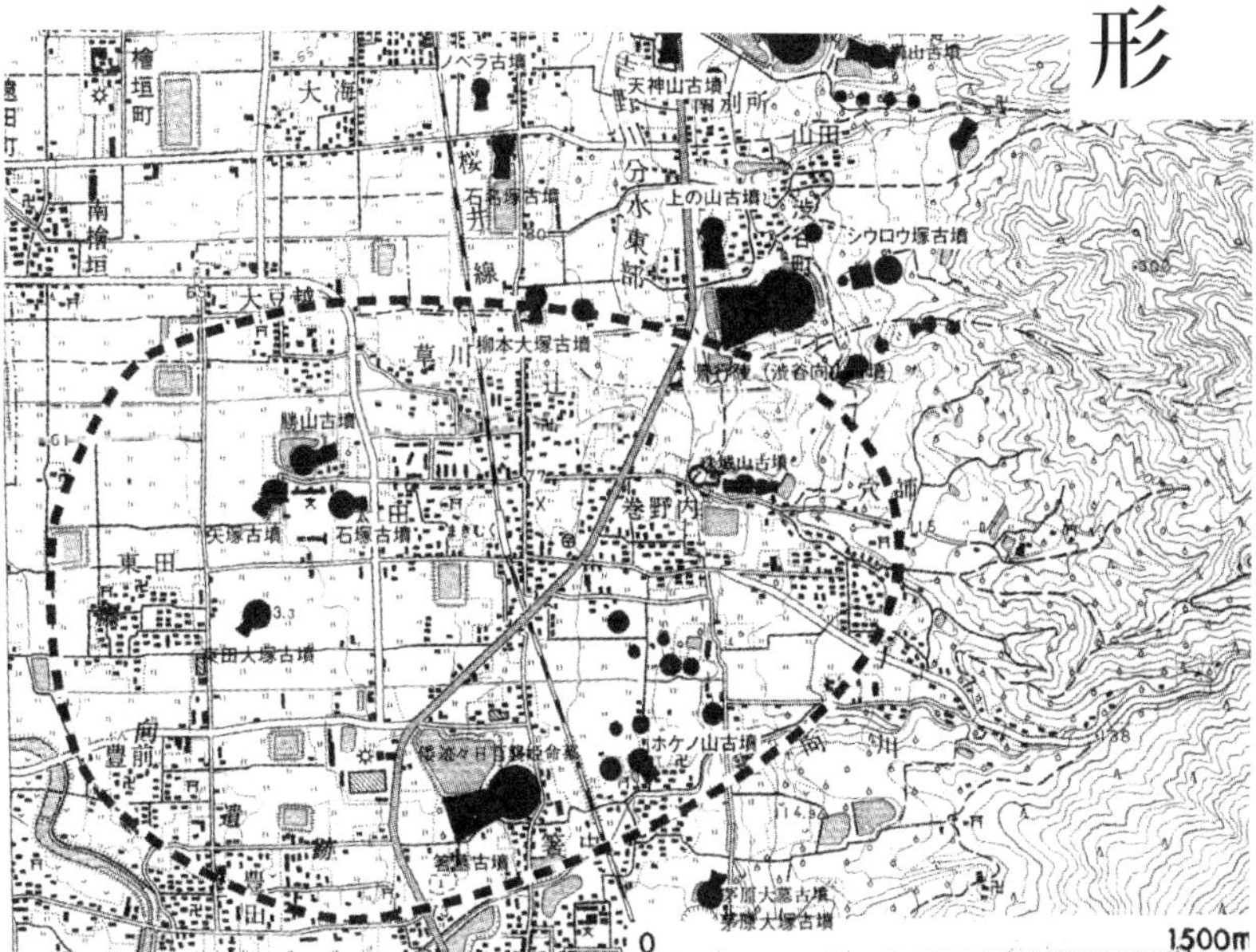

図5　纒向古墳群

いるせいで「古墳の向き」が意識させられるのだ。

箸墓古墳の場合、後円部を頭と見て、東からやや北に振った方向（真東から23度ほど北）を向いている。まさか、前方後円墳という名前にこだわって、前方部を頭と、つまり前と見る人はいないだろう。ごく自然に後円部を前に見て、方向を感じる。このテルテル坊主のような古墳のシルエットからは、そう見えてしまうのがむしろ自然だ。

こうしてみると纒向古墳群の６基の前方後円墳は実に様々な方角を向いている。なぜこんなにてんでばらばらな方向を向いているのか。この地図には見えていないが、同じ桜井市にある桜井茶臼山古墳は古墳の向きが真北だ。ちょうど南北の線の上に古墳が位置しているのだ。

「いったい古墳の向きは何を意味しているのか？どうして箸墓古墳はこの向きなんだ？」

箸墓は弓月ヶ岳を向いている

考古学では、前方後円墳の後円部の中心を通って後方部の中央を貫く線を考える。つまり古墳の中心線というわけだが、これを「古墳の主軸」または「主軸線」と呼ぶ。

その箸墓古墳の主軸線は、どこを向いているのか。それは桜井の東の峰のうち、三輪山の北にそびえる標高約４０９メートルの峰（以下４０９メートル峰）だ。この峰の名前は、桜井市の地図には記されていない。だが、万葉集に

雲を詠める
穴師川川波立ちぬ巻向の
　由槻が嶽に雲居立てるらし
あしひきの山川の瀬の響るなべに
　弓月が嶽に雲立ち渡る

（万葉集　巻七）

と詠まれている「弓月《ゆつき》が嶽《たけ》（由槻が嶽）」がこの峰だろう。「ゆつきがたけ（以下弓月ヶ岳）」がどの峰かは、万葉集の研究者達を含めて、いろいろと意見がある。だがここでは、「弓月ヶ岳＝409メートル峰」で話を進めさせてもらおう。

その弓月ヶ岳は、地元で「弓月ヶ岳とはどの峰ですか」と尋ねても、たいていの人は分からない。刈谷俊介『まほろばの歌がきこえる』によれば、地元の古老は、この409メートル峰を「夏至山」と言っていたようだ。小川光三『大和の原像』は、この峰の頂上近くに「夏至の大平」なる場所があるという。箸墓はその「弓月ヶ岳＝夏至山」を向いている。

図6　箸墓の大池堤より東望

　写真は、箸墓の大池の堤に立って東を見たときの景色。ちょうど、箸墓の後円部が三輪山に重なる位置に立つと写真のように見える。実はこの写真を撮ったとき、豆ちゃんは「弓月ヶ岳を発見した」というか、この

４０９メートル峰が弓月ヶ岳だと確信したのだ。その弓月ヶ岳の山頂は、奇妙なほどに整った三角形に尖っている。まるで、ピラミッドの頂上のようだ。そのことは先の小川さんの本にも指摘されていて、人工的に整形されている、と彼は考えている。

巻向山・弓月ヶ岳・三輪山の三峰は、きれいな『山』字形にそびえている。しかも、三輪山と弓月ヶ岳が裾を合わし、その奥に巻向山がそびえる。ほんとうにきれいな形だ。その弓月ヶ岳に箸墓古墳の主軸は向いている。

弓月ヶ岳は雨乞いの峰

弓月ヶ岳は「由槻が嶽」や「弓月が嶽」とも書かれるが、「斎槻が嶽（以下斎槻岳）」と書かれることもある。この「斎槻岳」という書き方からは、「斎祀る峰（ユッキ・マツル峰）」という意味がうかがえる。この峰の名前はそういう意味だ。そうだとすれば、斎槻岳（弓月ヶ岳）は、モモソ姫という7代孝霊天皇の皇女が祀る峰としてふさわしかったのではないか。だからこそ箸墓の主軸はこの峰に向かっているのでは。

この峰を「斎祀る」とはどういうことか。モモソ姫はこの峰にどんな想いを抱いていたのだろうか。

三橋一夫さんは、この峰が、「雨乞いの峰」だったと指摘する。

「前方後円墳は後円部の中心が何によって決められているかで被葬者がどこの出身であるか、古墳の中心線が何に向かっているかでその被葬者が何と密接な関係をもっていたかを推定することができる。箸墓の中心線は何に向かっているか。地形図では三輪山北方の標高四〇九・三メートルの三角点と表記されている。その地点は斎槻岳《ゆづきだけ》である」（三橋一夫『前方後円墳と神社配置』）

「古代、雨乞いの祈りはこの山にこめられた。祈りが効いて、見る見るうちに穴師川の水が波を立て、斎槻岳に雲が立ちこめてきた、という情景が目に浮かぶが、ひょっとすると、これは人麿のオリジナルというよりも多少形を変えて雨乞いの祈りに歌われた歌が元ではなかったかという気がする。古代人なら、雨が降り出しそうな現実の光景ではなく、雨が降ってほしいと思えば、実際にそうであるかのような情景を言霊の力を借りてうたう。そうすれば現実に雨が降ると考えたであろう。それが古い形であって人麿はそれを文学的に整えたのではあるまいか。ともあれ斎槻岳が雨乞の対象となる山であれば、神武がこの地に到来する以前の信仰とみなしてよいのではないか」（前掲書、傍線は豆板）

「弓月ヶ岳＝雨乞いの峰」は、三橋さんの意見なのだろう。どこかにそういう記録があったわけではないようだ。先の人麻呂万葉歌からの直感なのかもしれない。そうだとすれば驚きだ。弓月ヶ岳と雨乞いの峰の繋がりは、箸墓と星空の関係を理解してこそ分かるはずのものだろうに。

ところで、先の万葉歌は雄大な自然を想起させる。まるでアルプスかヒマラヤの峰々を描写しているかのような雄大さだ。だが、豆ちゃんの眼前の弓月ヶ岳は、ほんの４００メートルそこそこ、高峰でも秀峰でもない。この峰を言うには大げさすぎる先の万葉歌ではないか。４０９メートル峰を弓月ヶ岳だと主張したら、そう批判する人は多いのでは。

だが、改めて主張したい。この峰以外に弓月ヶ岳にふさわしい峰はないのだと。人麻呂がこの峰に抱く感慨は、この峰の現実的な高さや山容の美しさのせいではなかったのだ。この峰を前にした人麻呂は、この峰を神霊に満ちた山として眺めている。その神々しい山を前にして、自ずと感慨でいっぱいになっている。それは、説明が難しいが、畏怖すべき神霊に満たされた感慨、とでも言うべきか。人麻呂にとって弓月ヶ岳は、我々が見ているような、「ただの400メートルほどの峰」ではない。「神々しい神霊の宿る神の峰としての弓月ヶ岳」なのだ。恐らく、人麻呂の目に映じていたのは、遠くモモソ姫の伝説に彩られた神霊の峰＝弓月ヶ岳だっただろう。彼は、モモソ姫の昔を良く知っていたにちがいない。モモソ姫と箸墓と弓月ヶ岳の深いつながりを実感していたのだろう。その実感があればこそ、この地に立ち、この峰を仰いで、このように歌っている。モモソ姫の弓月ヶ岳、その実感こそが「人麻呂歌の作歌の動機」だったに違いない。

では、どうして人麻呂は弓月ヶ岳をこのように神々しい山として歌うのか。また、なぜに弓月ヶ岳は雨乞いの峰なのか。弓月ヶ岳に限らず、この辺りの東の山並みが取り立てて特別な多雨地帯でもなく、逆に少雨地域だという話も聞かないのに。

＊人麻呂…柿本人麻呂のこと。柿本人麻呂は出自に不明な点が多いが、天武・持統朝で活躍した歌人として知られている。万葉集・巻7のくだんの2首は「柿本人麻呂歌集」の歌だとされているが、人麻呂が採集した歌か、彼の創作した歌かは定かではない。だが恐らくは彼の作歌だろう。

畢宿《ひっしゅく》の地上＝巻向

ところで、地図の上でこの三峰（三輪山・巻向山・弓月ヶ岳）の頂上をみれば図のように、それらの山頂は「きれいな二等辺三角形」の頂点に位置する。そうして、この「二等辺三角形」の巻向山を頂角とする角度は、ほぼ45度になっている。

巻向三山による三角形が、頂角45度の二等辺三角形になることは、豆ちゃんの発見ではない。この二等辺三角形の存在に気付いている研究者は何人もいる。たとえば前に紹介した三橋一夫さんは『前方後円墳と神社配置』の中で、神社や遺跡がこのような特別な三角形に配置されていることから、「聖三角形」や「聖角」という言葉を使っている。だが、三橋さんに限らず彼らは、このような「聖三角形」がどんな意味を持ち、何をルーツにしているのかは解き明かしていない。彼らは、この頂角45度の二等辺三角形が、畢宿の星座に由来していることは知らないのだ。地上の「聖なる三角形」のルーツは星空にあったのだ。巻向三山は、畢宿の星座を表す。それこそ、頂角45度の二等辺三角形の意味なのだ。

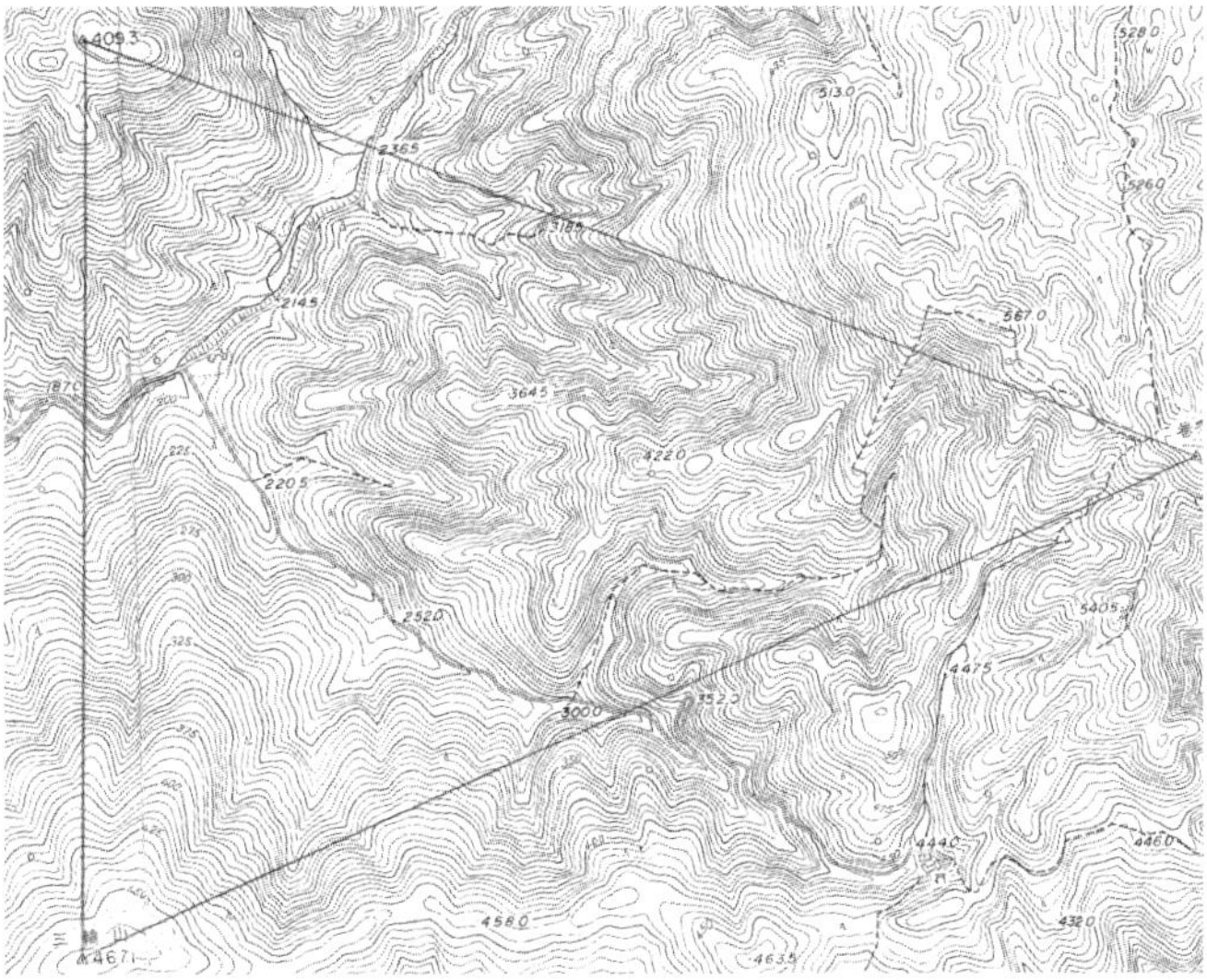
図7　巻向三山の三角形

「畢宿の星座」とは聞き慣れない言葉だろうか。「モモソ姫の命日」でも紹介したが、秋から冬にかけてとても見やすい星座として、牡牛座《おうしざ》がある。有名なオリオン座よりも少し前に東の空に

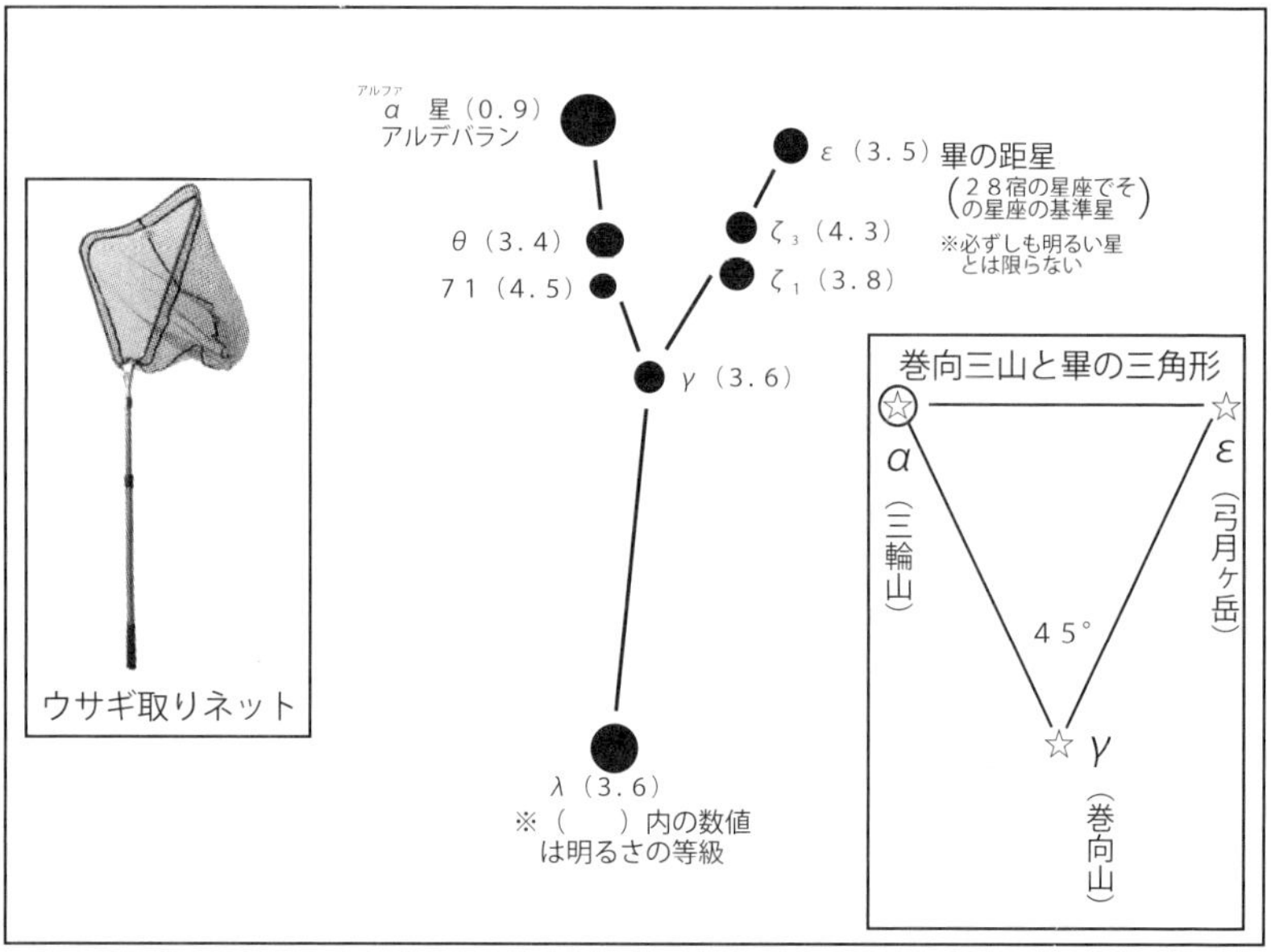

図8　畢宿の星座

昇ってくる。その牡牛座の顔の部分、それは西洋流の星座ではヒヤデス星団と呼ばれるが、この部分が、古代中国の星座体系である「二十八宿」では、「畢宿」と呼ばれる星座だ。畢宿は、1等星のアルデバラン（牡牛座α星）を含む8星で構成されていて、その全体の形は、古代中国では、この「畢」の漢字の形象から、「ウサギを捕まえる柄のついた捕獲網」と見られていた。

　その畢宿の星座で、捕獲網の部分を考えよう。柄を取り除いた部分は、7星でほぼ三角形に近いが、さらに、牡牛座のε《イプシロン》星・α《アルファ》星・γ《ガンマ》星を結ぶ三角形を考える。

　この三星の星空での距離を計る。それは、角距離という数値で出てくる。「5度6分の距離」というように。そのようにして測った角距離を「5・1度」のような10進数の表し方にして、それを「5・1センチ」のように単位を置き換えてノートの上に作図したのが図の畢の三角形だ。角距離の数値をセンチ・ミリに単純に置き換えてもかまわないだろう。角距離もセンチ・ミリも10進数に直すことができ、星空の形とノートの図形は相似形になるはずなのだから。

一見してこの三角形も二等辺三角形に見える。そして、その頂角は、ほぼ45度。作図や角度測定に誤差もあるだろうが「頂角45度の二等辺三角形」と言っていいだろう。

先の二つの二等辺三角形を45度の頂角で重ねると、相似形として対応する頂点が分かる。こう対応している。

・三輪山　＝α星
・巻向山　＝γ星
・弓月ヶ岳＝ε星

実はこの対応には重要な意味がある。だがそのことは、もうすこし後に話そう。ここでは、巻向の3峰と畢宿の星が対応していることを強調しておこう。星空の畢の三角形と地上の山頂による三角形が対応していることも。

豆ちゃんは、先の巻向の3峰を「巻向三山」と呼びたい。そして、

「巻向三山は、畢のランドマークだ」

と言いたい。ランドマークとは『地上絵』とでもいう意味だ。

「巻向の3峰は、畢宿の星座の地上絵だ」

と言い換えることもできる。

古代人は「畢の三角形」を知っていたはずだ。恐らく3星（α星・ε星・γ星）の作る三角形の角度を測量していただろう。そうして、天上と地上の二つの三角形を相似形として対応させていたにちがいない。そのことは日本書紀が証言しているのだが、そのことは少し後に説明する。

古代人が天上の畢宿の三角形と、地上の巻向三

山の三角形を対応するものと見なしていたのなら、それはまた、古代人達が、「この辺り（巻向）は畢宿の地上だ」と考えていてもおかしくない。「畢宿の地上」とは、聞きなれない表現だろうか。「天上の畢の星座に対応する地上の領域」と言う意味だ。さらに具体的に言えば、「天上の畢の星座に当る地上の国こそヤマト（邪馬台国）だ」ということだ。

だが、こんな見方は豆ちゃんの発明ではない。そういう「天上の星座領域と実際の国土領域の対応」という考え方は、古代中国には確かにあった。古代中国の占星術とは、まさにそのような考え方を基礎に成り立っていたのだ。

古代倭国人たちも、巻向のこの辺りを「畢宿の地上」だと考えていたにちがいない。そのことは「ヤマト」という地名に良く表れている。実は「ヤマト」とは畢宿由来の名付けなのだ。そのことは、この本の最後のところでもう一度詳しく書きたい。

＊きれいな二等辺三角形　目で見た印象でそのように言っている。正確な二等辺三角形ということではない。古代人が測定したはずの3つの頂点が現代の三角点と同じだとは限らないが、くだんの地図の巻向の三角形は、正確な二等辺三角形ではない。だが、それに近いとは言える。そして、弓月ヶ岳の三角点ではなく、山頂付近のやや平らな台地上の場所を測定点に取れば、二等辺三角形になる場所がある。古代人は二等辺三角形を意識していたにちがいない。

＊ほぼ45度　地図の三角形の角度を測ると、巻向山の頂角は44・5度ぐらいになる。倭国の古代人は「1度＝円の365分の1」という古代中国流を採用していたと考えられる。そのことからすると、44・5度は現代的には45・123度の計算で、ほぼ45度に近い。

＊ヒヤデス星団　牡牛座の牡牛の顔の部分は、星団と

の星団の中で、「V字」の形に目立つ7星を選んで、西洋の星空神話では、ヒヤデスの7人姉妹と呼んでいる。他方、古代中国流の「二十八宿」の星座では、このヒヤデスの7星と牡牛座のλ《ラムダ》星を加えた8星で畢宿なのだ。ただし、ヒヤデスの7星と畢宿のネット部分の7星は、完全に同じではないようだ。

*『二十八宿』 古代中国の星座体系。天の赤道（地球の赤道を天球に投影したもの）に沿って28の星座を配し、それらの星座を「星宿」とよぶ。星宿とは、それらの28の星座を月が1日ごとに宿っていくと考えたからだ。月が宿る星座で星宿なのだ。

「畢に月」は雨

箸墓古墳の主軸は弓月ヶ岳を指向している。その弓月ヶ岳は、畢宿の星座の牡牛座ε星に対応する山だ。では、「畢の三角形」の意味とは何なのか。それは、弓月ヶ岳が雨乞いの峰らしいことと何か関係があるのだろうか。もしも古代人が、弓月ヶ岳（夏至山）の頂上を、畢の三角形の角度に合わせるために人工的に調整したのだとすれば、そこまでしてこだわる「畢の三角形」の意味とは何か？

実は畢宿とは、水に関係が深い星座なのだ。古代中国には、「畢宿の星座に月が懸かれば雨が降る」というような民俗天気予報が伝えられていた。より詳しく言えば、古代中国の古典ともいうべき『詩経』という書物に、「月、畢に懸《か》かりて滂沱《ぼうだ》たらしむ」という句が書かれているのだ。「月が畢宿の星座に懸かれば大雨になる」という意味だ。有名な孔子《こうし》さんは、この句を知っていて、そのような星空を見たので、晴れた日のお出かけに傘を携えて出たという。これは野尻抱影《のじりほうえい》さんの本に紹介されていることだ。

畢は二十八宿の一つで、今の天文学でいうヒヤデス星団に当る。もと、兎を取る手網のことで、星団のVの形をそれに模したのだが、中国では古くから月がここに宿ると大雨が降ると言い伝えたものらしい。そして、『詩経』のこの句は、孔子が雲も出ていないのに弟子に傘を持たせて外出し、果たして雨が降って来たので、弟子が尋ねると、「昨夜月が畢に宿っていた。『詩経』にでているので雨の前兆だと判ったのだ」と答えたという話が『孔子家語』にでているので、特に有名となった。（野尻抱影『星と伝説』）

野尻さんがいう「『詩経』のこの句」が、先の「月、畢にかかりて滂沱《ぼうだ》たらしむ」なのだ。古代中国にそんな伝承があった。そして、そのことは古代日本にも伝わっていたのだ。少なくとも江戸時代にはこのように知られていた。二十八宿の星座が高松塚古墳やキトラ古墳の石室の天井石に描かれていたことを思えば、7、8世紀にはすでに伝わっていただろう。だが、きっと3世紀の卑弥呼の倭国（邪馬台国）の時代にも遡れるに違いない。

＊弓月ヶ岳の山頂を人工的に調整　小川光三『大和の原像』にはそのような考えが述べられている。古代史探偵も、箸墓古墳の大池の堤から遠望したときに、そのような人工的な調整を想像した。

ウサギの餅つき

星座の古代伝承については、古くから、広く人々の間に広まっていたふしがある。例えば、先の「畢＝ウサギを捕らえる柄付きの捕獲網」を考えてみよう。この場合、なぜ捕まえるのはウサギなのだろうか、と考えてみる。おそらく、ウサギは月を意味しているのだろう。そう思える。畢宿に月が懸かる天象を踏まえて、ウサギ（＝月）を捕る網＝畢宿なのだろうと。

すると、この古代中国の見立ては、日本人にも良く分かるものだ。というか馴染み深いものではないか。読者の中には「月とうさぎ」について、直ぐにピンと来る人も多いのでは？　古代史探偵同様の団塊の世代人なら特にそうではないか。

「ウサギの餅つき」という伝承を知っているだろうか。子供の頃に大人たちから聞いたのではないか。月の暗い影のように見える部分、「月面の海」と呼ばれる部分だが、それが「ウサギの餅つき」と見立てられていた。豆ちゃんは四国、徳島の育ちだが、良く聞かされたものだ。だがあの頃、豆ちゃんには、そのように見えなくて不思議だった。

あの伝承を豆ちゃんは今、こう理解している。

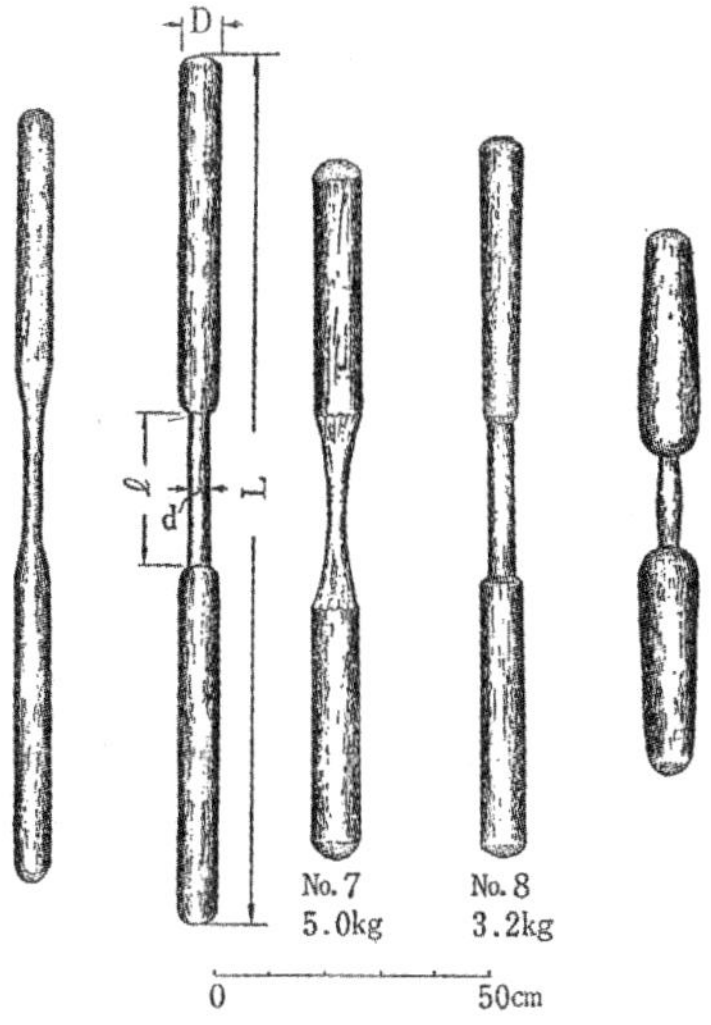

図9　竪杵

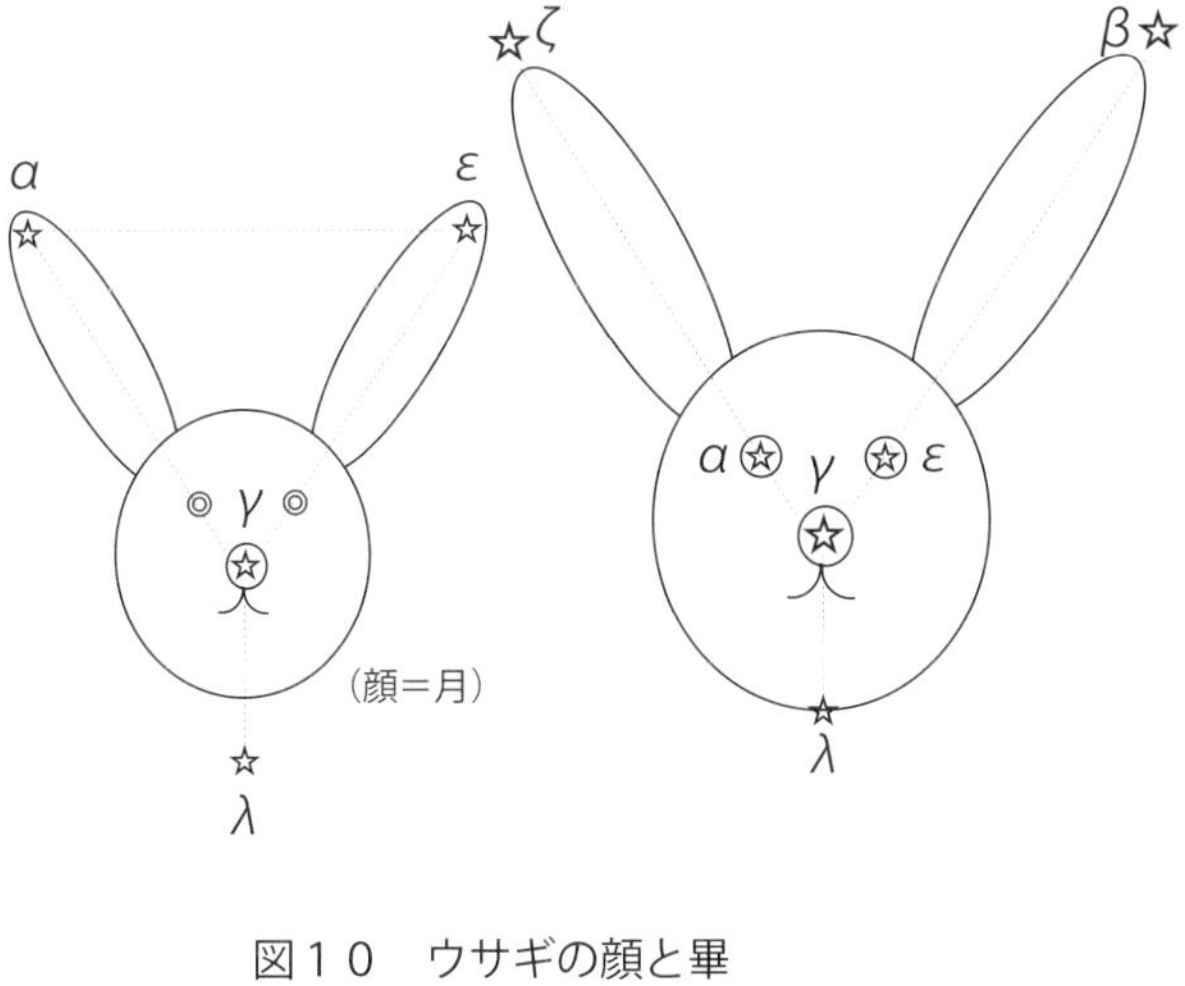

図１０　ウサギの顔と畢

なぜウサギは、月で餅つきをしているのか。餅つきには杵《きね》が必要だが、畢宿の星座は「餅つきの杵」とも見立てられる。古代の杵は図のような竪杵《たてきね》だが、これはY字を中央の柄の先同士で上下に二つ合わせた様だ。そうであれば、ウサギ＝月、杵＝畢宿で、このウサギの餅つきの伝承は、「畢に月」という天象が下敷きになっているのだろう。

さらにウサギと月について図を描いて考えてみよう。ウサギの顔＝月と見れば、2本の耳は、畢の三角形の頂角を作る2辺と見ることができる。すると、ウサギの顔（頭部）それ自体で「畢に月」を表しているとみられる。

だがまた一方で、右の図のようにV字の形に頭から伸びている両耳を、牡牛座の星座絵での牡牛の角と見ることもできる。その場合、その角（耳）とは、右の角＝ε星—β星（エルナト）と、左の角（耳）＝α星—ζ《ジータ》星だ。これがウサギの耳。ウサギの顔は、ほぼ真ん丸いから、月にも見立てられそうだが、やや丸みのある三角形とも見える。そう見れば、右目＝ε星、左目＝α星だ。つまり顔全体でヒヤデスあるいは畢宿を表す。どちらの見方にしても、畢宿とウサギとの近似性は充分だろう。

昔、豆ちゃんは、月面の影の部分が『ウサギの餅つき』には見えなかったが、やっとその謎が解けたのだ。「ウサギの餅つき」という日本の伝承は、「畢に月」という天象を語っていたのだ。そうであれば、この「畢に月は雨」の伝承は、日本文化の伝承として、古代から、かなり広く伝わっていたのだ。一部のエリート階級の知識には留まってはいなかったのだ。「畢宿に月が懸かる」そんな星空の光景を、確かに古代人は見た。そして、その光景は彼らには特別な意味を持っていたのだ。畢宿は、月が懸れば雨を呼ぶ星座だった。畢という星座（畢宿）は雨という天の聖なる水に深く関係した星座なのだ。

古来より「畢に月」は特別な天象。その天象は雨を呼ぶ。畢宿と雨（又は天の水）は切っても切れない関係だったのだ。そしてその古代中国の伝承は、日本列島にも伝わっていた。

だが、この伝承は中国や日本だけには限らない。もっと全地球的な伝承でもあるのだ。洋の東西を問わず畢宿の星座（ヒヤデス星団あるいは牡牛座）は水や雨に関係が深い。そのことを紹介しておこう。

「古代の伝説によれば、ヒヤデスは湿気と嵐とに関連付けられており、この名自体『雨に向かう』を意味する古めかしいギリシア語から出たらしいと言うひともある。…中略…ホメロスはほとんど同じ言葉で『雨降りヒヤデス』とし…」

（ＲバーナムＪｒ著・斉田博訳『星百科大事典』）

天の水が満ちた地上

巻向三山の三角形は畢の三角形に由来していた。そしてその畢の三角形は、水に関係が深い。畢宿とは雨を呼ぶ星座、天の水を呼ぶ星座だった。そうであれば、巻向三山の三角形は「水の結界」とでもいえるだろうか。現実の巻向が多雨地帯ではなかったとしても、そこは「畢宿の地上」なのだから「天の水が満ちた地上」なのだ。そしてそうであれば、巻向三山の三角形という結界の内側の峰々は、どの峰も雨乞いの峰としてふさわしいと言えるだろう。

柿本人麻呂が歌ったように、巻向の穴師の辺りから眺める限り、例の巻向三山の三角形の内側に、くだんの3峰のように目立つ峰は見られない。正に、その辺りからは、三輪山、巻向山、409メートル峰が目立つのだ。ただしここで要注意なのは、巻向山だ。実は、後にも図を示すのだが、巻向の穴師の辺りから見える東の山並みで一番高くそびえて見えるのは巻向山ではないのだ。高く見えるその峰は、地図の巻向山ではない。それよりも少し北に位置する、名前は付いていない「無名の５６７メートル峰」だ。巻向山とほぼ同じ標高なのだが、その「無名の峰」のほうが手前にあるので高く見えるのだ。地図の巻向山はその「無名の５６７メートル峰」よりも少し右手に下った位置に見えている。（73ページの秋分の日の出図参照）

　この現地の光景の事実を踏まえると、万葉学者の犬養孝さんの『弓月ヶ岳』は興味深い。犬養さんは『万葉の旅』で、弓月ヶ岳を「巻向山（５６７メートル）と定めることなく巻向山の高峰」と言っている。おそらく犬養さんは、巻向山に連なる山並みの様子が、三輪山や４０９メートル峰などよりは、人麻呂歌のダイナミックな雰囲気に良く合うと考えたのだろう。「巻向山と定めることなく巻向山の高峰」は正に、穴師辺りから見て一番高くそびえている無名の５６７メートル峰がふさわしい。だが、その「巻向山の高峰」は巻向三山の三角形の結界の内側の峰ではない。その結界の外に位置している。その意味では「畢に月は雨」にふさわしい山ではないのだ。

　ここで改めて豆ちゃんの「弓月ヶ岳＝４０９メートル峰」について説明しておこう。

　次のページの星図は卑弥呼の時代の２４６年の6月のものだ。分かるだろうか「畢に月」の天象が起こっているのだ。そして6月27日といえば正に梅雨の終わりに近い頃。まさに「畢に月は雨」あるいは「月畢に懸かりて滂沱（大雨）…」にふさわしい天象だろう。しかもその梅雨末期の月とは、星図のように弓月（逆の三日月）なのだ。さらにしかも、星図ではその弓月は、まさに牡牛座ε星という畢星＝雨降り星に重なっている。雨降り星に重なる、梅雨末期の弓月、なのだ。その雨

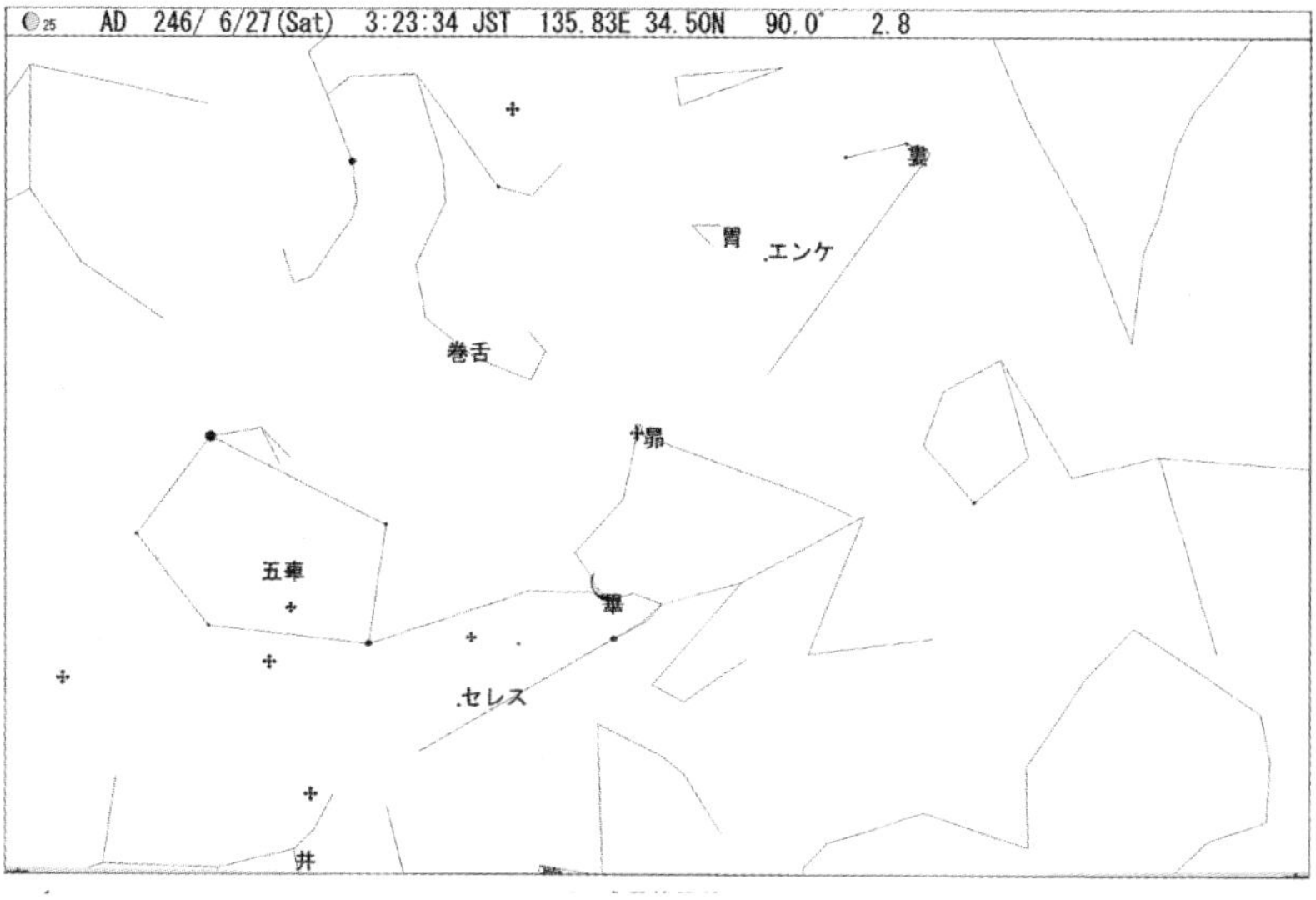

図１１　畢星（ε星）に弓月

降り星＝畢星に対応する峰こそ４０９メートル峰。そうであればその４０９メートル峰にふさわしい名は、「弓月ヶ岳」ではないだろうか。

もちろん、探せば弓月＝牡牛座α星＝アルデバラン星（三輪山に対応）という星空も見つかる。弓月＝牡牛座γ星（巻向山に対応）も見つかるだろう。これらの２星と弓月の重なりも、「畢に月は雨」に当るとはいえる。だから三輪山や巻向山も弓月ヶ岳の候補だとは言える。だが、それでも、それらにも増して４０９メートル峰こそ弓月ヶ岳にふさわしいだろう。何といっても雨降り星（ε星）に対応する山なのだから。さらに、α星やγ星に対応する山は、三輪山、巻向山のようにすでに名前がついているのだ。それなら４０９メートル峰につける名前とすれば、「雨乞い峰」とか「弓月ヶ岳」こそふさわしいのではないか。

実は、「畢の三角形」は箸墓古墳の向きとだけ関係しているのではない。「畢に月」は箸墓古墳の形にも関係している。畢の星座は、箸墓の前方部の形（三角形）そのものなのだ。

　図12は橿原考古学研究所（以下橿考研）による箸墓古墳墳丘段構成想定図（以下箸墓古墳墳丘想定図）だ。レーザー測量による立体地図の上に、彼らは箸墓の想定図を重ねた。箸墓古墳は、本来はこの図のように企画され、作られようとしたのだろうと。彼らによれば、前方部は正確には三角形ではないのだ。斜辺はソリのある弧線として想定されている。その想定には異論があるが、そのことは置くとしよう。ほぼ三角形と考えて話を進め

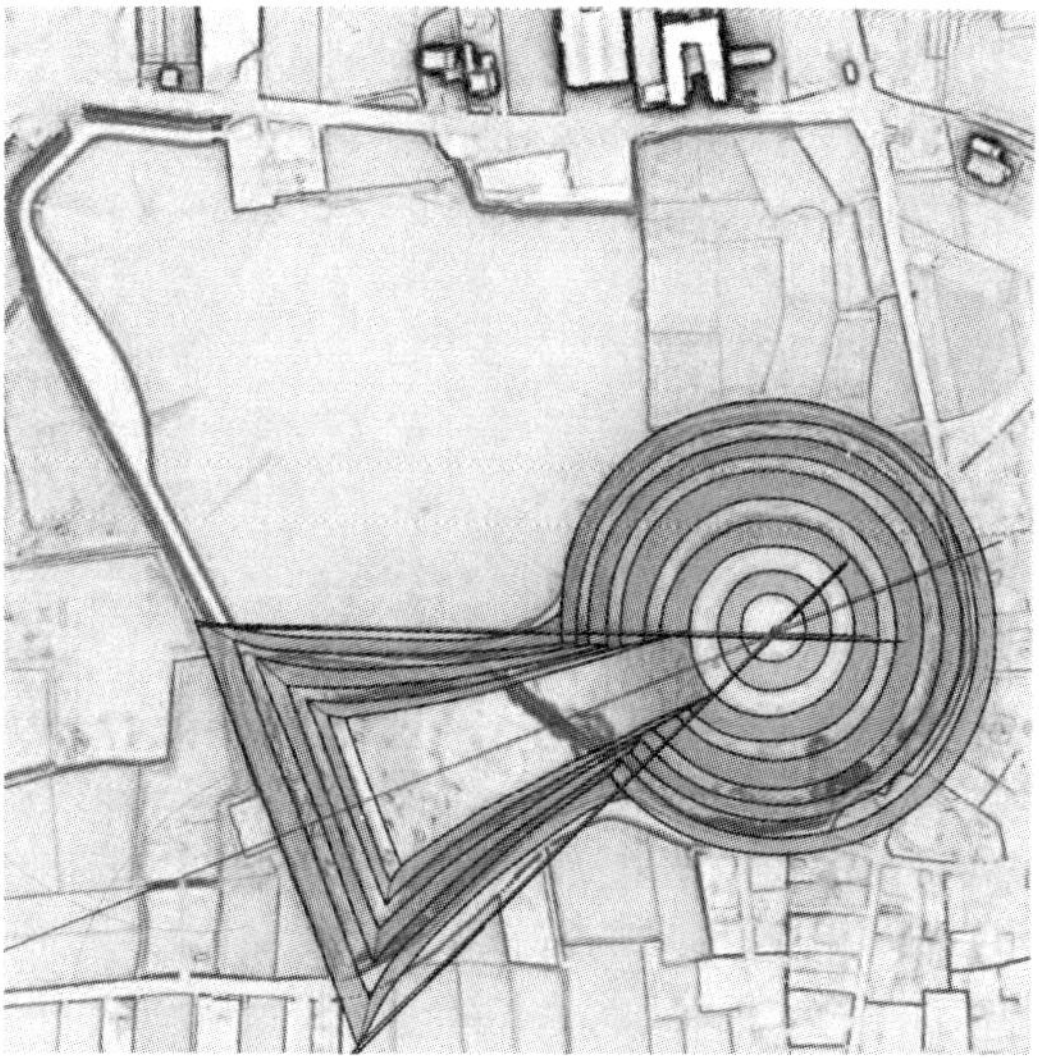

図１２　箸墓古墳前方部三角形の 45°

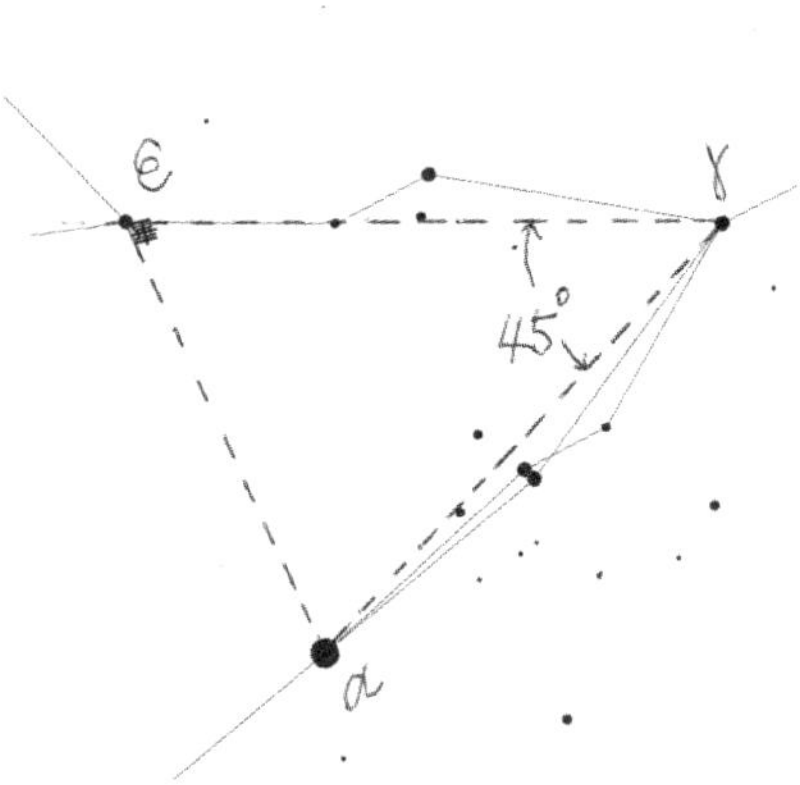

図１３　畢の三角形の４５°

る。

さて、想定図に鉛筆で線を引いたのは豆ちゃんだ。前方部の二等辺三角形の左右の（底辺の）頂点から、後円部の中心と思しき辺りに直線を引いた、二等辺三角形を意識しながら。できた二等辺三角形の頂角は何度になったか。

「頂角45度…！」

前方部の形は頂角45度の二等辺三角形として企画されている。それは「畢の三角形」の頂角に等しい。つまり箸墓古墳の前方部は畢宿の星座を意識して作られているのだ。

豆ちゃんにとって、このことは意外ではなかった。実を言えば、この想定図を見たときに、たぶんそうなっているのでは、と思ったのだ。それを確かめるために線を引き、角度を測って確かめたのだ。

アマテラスは畢星から生まれた

日本書紀には、アマテラスという女神が登場する。「天照大神」と書かれる。彼女は神々の中の第一人者、日本神話の中の最高神と言ってもよい。そのアマテラスの誕生を、日本書紀は、「神代上（巻第一）」で語っている。

アマテラスは、イザナギとイザナミという夫婦神から生まれた3人の貴い子供の一人だ。彼ら3人（3柱の神）を「イザナギの三貴子」とも言う。アマテラス（天照大神）とツクヨミ（月読み）とスサノオ（素戔嗚）のことだ。日本書紀は、三貴子の誕生を次のように言う。

・アマテラスは、イザナギの左目から生まれた（左目を洗ったら）

・ツクヨミは、イザナギの右目から生まれた（右目を洗ったら）

・スサノオは、イザナギの鼻から生まれた（鼻

を洗ったら）
　これはどういうことか。何を意味しているのか。古代史探偵流にはこういうことだ。イザナギの顔とは、この場合、畢宿の星座を表している。図のように鼻の長い天狗《てんぐ》様のようなイザナギを考

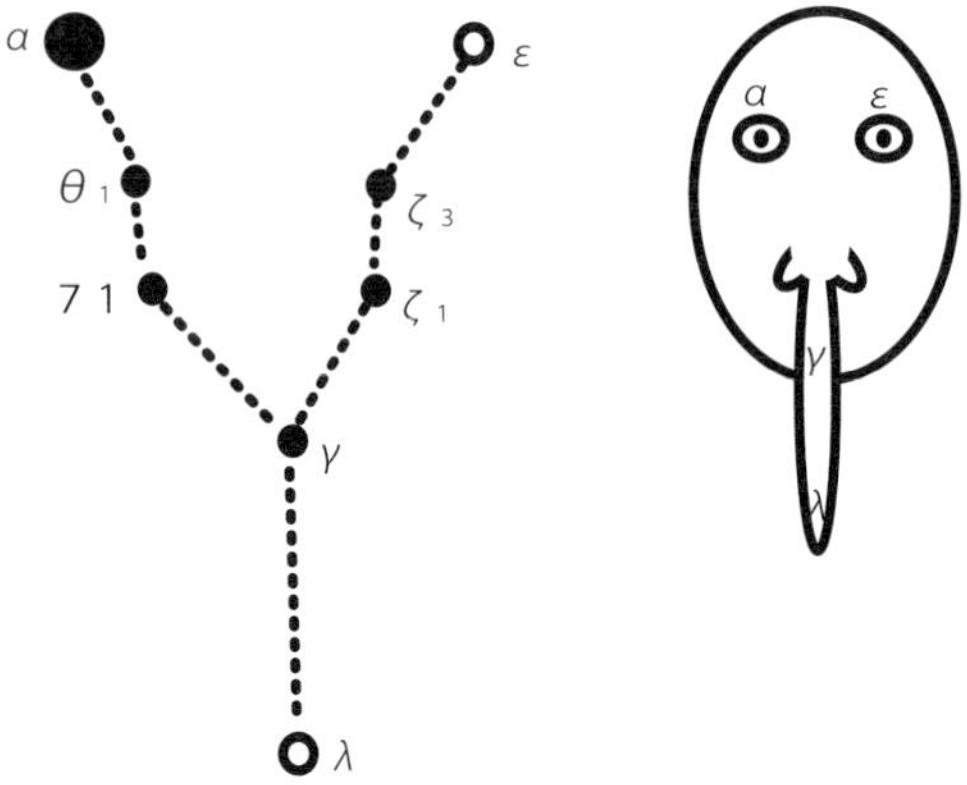

α…アルデバラン…（ツクヨミ）・・・・・・（右目）
ε…イプシロン星…（アマテラス＝ヒルメ）・（左目）
γ…ガンマ星………（スサノオ）・・・・・・（鼻）
λ…ラムダ星………（スサノオ）・・・・・・（鼻）

図１３　畢の八星＝イザナギの顔

える。これでいうと、アマテラスとは、イザナギの左目を洗ったら生まれているのだから、畢宿の星では、ε星に当たる。アマテラスは、牡牛座ε星から生まれた神だ。

　イザナギはアマテラスやツクヨミやスサノオの父神だが、日本書紀は「伊奘諾」と書く。読みは「イザナギ」又は「イザナキ」だ。一方、古事記のイザナギは「伊邪那岐」と書かれている。イザナギという名前を、古代史探偵豆ちゃんは、「イザ、わたしの名前は、『キ』という名乗りだと考える。その名乗りが、そのまま名前になって「イザ・名・岐」なのだと。同様に、イザナミも「イザ・名・美」（日本書紀は伊奘冉、その意味は『わたしは昴』）なのだ。イザナギの古事記による表記の「岐」には「分かれ道」の意味がある。三叉路のことだ。「分岐点」の「岐」だ。畢宿の星座をもう一度見て欲しい。それはシンプルに言えば「Y」字だ。矢の

形ともいえる。畢宿を『矢』と見立てることは後に紹介するが、「Y」を『分かれ道』と見立てることも出来る。そして、実際、倭国の古代人はそのように見立てていたのだ。日本書紀にはその痕跡が残っている。

モモソ姫＝アマテラス＝卑弥呼

古代史探偵的には、アマテラスとは、牡牛座のε星から生まれるべき神だ。別な言い方をすれば、牡牛座ε星とは、アマテラスの星なのだ。そしてそのε星（畢星）に対応するのは弓月ヶ岳だ。ここで「対応する」という表現は分かりにくいだろう。日本書紀は、「天上の神が地上の峰に天下る」のような言い方をしている。その天上の神が星神だったのなら、「星神が地上に降臨する」と言うのだろう。それはまた、星神＝山頂と書いてもいいだろう。アマテラスというε星神（畢星神）が弓月ヶ岳に降臨するのだ。そのことを、

①アマテラス＝ε星（畢星）＝弓月ヶ岳

と書こう。その弓月ヶ岳とは、箸墓古墳の主軸が指す山。そして箸墓古墳は、モモソ姫の墓。それなら、

②弓月ヶ岳＝箸墓古墳＝モモソ姫

と書ける。①と②を連続的につなげて書けば、

・アマテラス＝ε星（畢星）＝弓月ヶ岳＝箸墓古墳＝モモソ姫

となる。そのことは結局、アマテラス＝モモソ姫

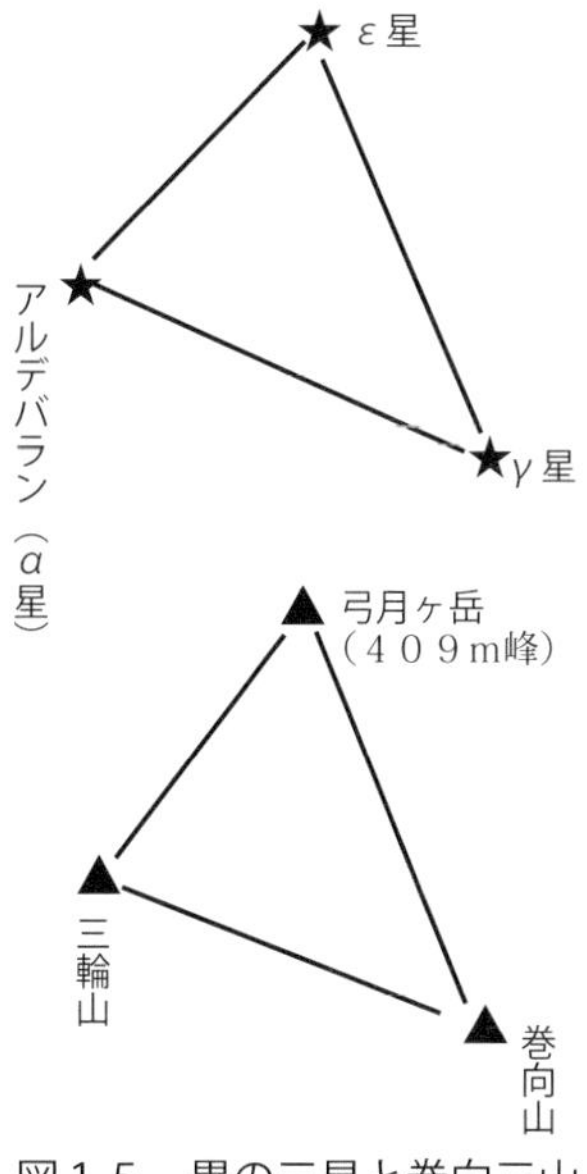

図１５　畢の三星と巻向三山

なのだ。モモソ姫の墓が、弓月ヶ岳を向いているのは、彼女がアマテラスだったからだろう。モモソ姫はアマテラスだったので、彼女の墓は、その主軸をアマテラスの星（＝弓月ヶ岳）に向けている。それは、

「モモソ姫の死後、その霊が、弓月ヶ岳を経由してアマテラスの星に帰れるように」

というような古代人達の願いが込められていたのだろうか。

　弓月ヶ岳＝斎槻岳だが、斎槻岳という名前は、「斎祭《ゆつきまつ》られるべき神聖な峰」という意味だ。弓月ヶ岳がアマテラスの峰なら、その峰は当然、斎祭られねばならないだろう。そして、モモソ姫＝アマテラスなら、彼女（彼の神）には、雨を降らし豊作をもたらす力も期待されてしかるべきだったろう。

　箸墓が天の水を呼び求める呪術を実現したモニュメントなのは、この墓の被葬者がアマテラスだったからだろう。逆に言えば、アマテラス＝モモソ姫の墓である箸墓が指し示す（主軸を向ける）峰だからこそ、４０９メートル峰は「斎槻岳（弓月ヶ岳）」なのだ。

　日本書紀や古事記のアマテラス・オオミカミ（天照大神・天照大御神）は、絶大なる霊力あるいは神力を持った女神として描かれている。『書紀』はそのアマテラスを「大日孁貴《おおひるめのむち》」とか「天照大日孁《あまてらすおおひるめの》尊《みこと》」とも書いている。天照大神と同じ意味で「日神（ひのかみ）」というのも出てくる。大日孁貴の「孁」の読みは「ヒルメ」でそれは「日の女《むすめ》」とか「太陽の巫女」の意味。つまりアマテラスとは太陽（女）神とでもいうべき存在なのだ。

　だが、その太陽神であるはずのアマテラスが、なぜに牡牛座ε星でもあるのか。それは、「アマテラス（神）＝太陽（神）＝牡牛座ε星（神）」を意味する。

　なぜ太陽＝牡牛座ε星なのだろうか？

それはこういうことだろう。太陽や月は天空を移動しているように見える。それで、天文学では、太陽の天空での見かけの通り道を黄道、月のそれを白道と呼んでいる。この場合、黄道という「太陽街道」は、牡牛座を通過するのだ。ただし、ε星と黄道は重ならない。だから太陽とε星が重なる（中心離角が100分以内に接近する）ことはない。

だが、月はε星と重なる。白道はε星の上を通ることがあるのだ。月の通り道は一定ではないが、あるサイクルで、月がε星に重なる現象（ε星食）が起きる。

そして、その一方で、月はまた太陽と重なる。いわゆる日食だ。黄道と白道は、5度ぐらい開いて、しかも交差している。その交点で日食が起こっているのだ。ただし、それが昼間に起こる時だが。この日食現象を介在させれば、「太陽＝月＝牡牛座ε星」というふうに、重なりの連鎖関係が表せる。太陽＝月という日食での重なり、月＝牡牛座ε星という星食での重なり。これを連続的に繋げて書けば、先のような関係になる。

おそらく、アマテラス（天照大神）という神の本質は、太陽・月・牡牛座ε星という三位一体《さんみいったい》の神（3つの異なる神格を合わせ持つ1柱の神）なのだろう。ただの太陽神だけではないのだろう。だからこそ「天照」なのだ。たしかに、月や星も太陽のように天を照らしている、あるいは天に照り輝いている。天照大神の名前には太陽神の意味だけではなく、月神や星神の意味も含まれていると考えられる。

そういうことではなかっただろうか。そして、そのアマテラスこそ、日本書紀の孝霊紀や崇神紀の倭迹迹日百襲姫（ヤマト・トトヒ・モモソ姫）がそうだったのだ。箸墓の主軸の向きはその秘密を明かしているのだろう。モモソ姫はアマテラスだったと。

崇神紀は、モモソ姫のことを、崇神天皇の

「姑《みおば》」と何気に書いて、アマテラスなどとは書いていない。だが、彼女が聡く賢く、行く先々のことを知っていたと書いている。そこに、彼女が占星術とは書いてないが、未来を占い予言する人物だったことがうかがえる。つまり彼女には巫女的な霊力があったのだろう。崇神は、彼女の予言を重視して、政治を行ったらしい。そのおかげで、武埴安彦《たけはにやすひこ》の反乱を凌《しの》ぐことができた。崇神紀を読めば、モモソ姫は只者《ただもの》ではない重要人物だったことがうかがえる。

ところで、アマテラスといえば、神々の中の第一人者だが、一方、古代の日本、3世紀の倭国には、地上の世界の第一人者とでも言うべき人物がいた。その倭国の第一人者の名前は、良く知られている。その人物は女性で、名は「卑弥呼《ひみこ》」。卑弥呼は倭国女王だった。当時の倭国とは、北部九州から近畿までの範囲の国々をまとめていた「連合国」のような国だっただろう。魏志倭人伝に「卑弥呼が倭国の女王に共立された」という表現がある。「共立」からは、倭国傘下の有力な国々から女王に指名された様子が浮かんでくる。彼女は倭国の女王、第一人者だ。彼女はまた「事鬼道、能惑衆（鬼道に仕え、よく衆を惑わす）」女王だった。その鬼道が、古代の天文観測を背景にした占星術的な呪術だったのなら、それは、先の崇神紀の、未来を占う予言者めいたモモソ姫にも通じている。

神話の世界の第一人者のアマテラスという女神、地上の倭国の第一人者の卑弥呼という女王、両者は同一の人物ではないか。箸墓の向きから考えて、モモソ姫はアマテラス。他方、『魏志』の卑弥呼もアマテラスのような存在だったらしい。それなら、

「モモソ姫＝アマテラス＝卑弥呼！」

だったのではないか。

巻向三山の峰の対応をもう一度整理しておく。
・弓月ヶ岳＝ε星＝アマテラス
・巻向山　＝γ星＝スサノオ
・三輪山　＝α星＝ツクヨミ

箸墓の主軸は弓月ヶ岳を指している。それは、イザナギの三貴子の神話を星空で読めば、アマテラスが生まれたとされる星に対応する山を指している（向いている）ことになる。

＊武埴安彦の反乱　崇神10年に武埴安彦の反乱として記されている。武埴安彦は、崇神の叔父に当たる人物だ。反乱（原文は謀反）という言い方は、崇神側からの言いようだろう。本来は後継者争いに違いない。崇神の側に都合の悪い危険な人物を、挑発して滅ぼしたのかもしれない。書紀の系譜では、9代開化の息子が10代崇神ということだが、古代史探偵としては疑問だ。崇神紀には開化を葬った記事がない。崇神が開化の後継者だったかどうかは怪しい。

もちろん古代史探偵は、崇神紀の記録を『机上の創作』ではないと見てこう考えているのだが。

＊痕跡　「天の八街《やちまた》」という言葉は、星空の畢宿の星域を意味している。日本書紀・神代下で、アメノウズメとサルタヒコ（猿田彦）が出会った場所として出てくる。その場所とは、おうし座とオリオンの星域のことだ。アメノウズメとはオリオン（＝参宿）のこと、サルタヒコとはおうし座（＝畢宿）のことだ。そして同時に「天の八街」も畢宿の星座を意味している。サルタヒコは天界と地上の境目の神なのだ。ちなみに、八街の「八」はもちろん畢宿が8星の星座だからだし、Y字の星座の「V」の部分は漢字の「八」と形が似ているからだろう。

古代史探偵ノート③

太陽観察で決めた位置

箸墓は、三輪山の西方にあって、その位置は、『書紀』には「大市」と記されている。古典文学大系『日本書紀』の注によれば、「和名抄に大和国城上郡大市郷」があって、それは現桜井市北部を指すらしい。そこは現在、「箸中（はしなか）」と呼ばれている辺りだ。

謎の位置決め

「箸墓はなぜこの位置に作られたのか、他の場所ではなく？」

箸墓の位置が気になる理由を二つ挙げてみる。

一つ目はこの古墳が平地にあるということだ。古墳を平地に築く場合、丘陵の尾根を切り取って作るよりも大工事になるはずだ。箸墓の近くには、景行陵、崇神陵という大型前方後円墳があるが、それらは自然の丘陵を利用している。つまり墳丘の大部分は、もともとの丘陵部分を利用できるのだ。箸墓の場合、墳丘のための盛り土のほとんどを、どこかから運ばなければならなかったはず。周濠を掘ってその土を積み上げるのが基本だろうが、それにしても元が平らな土地の場合、たいへんな量と作業だっただろう。自然の丘陵を削って整形するほうが楽だろうに。先の景行陵は

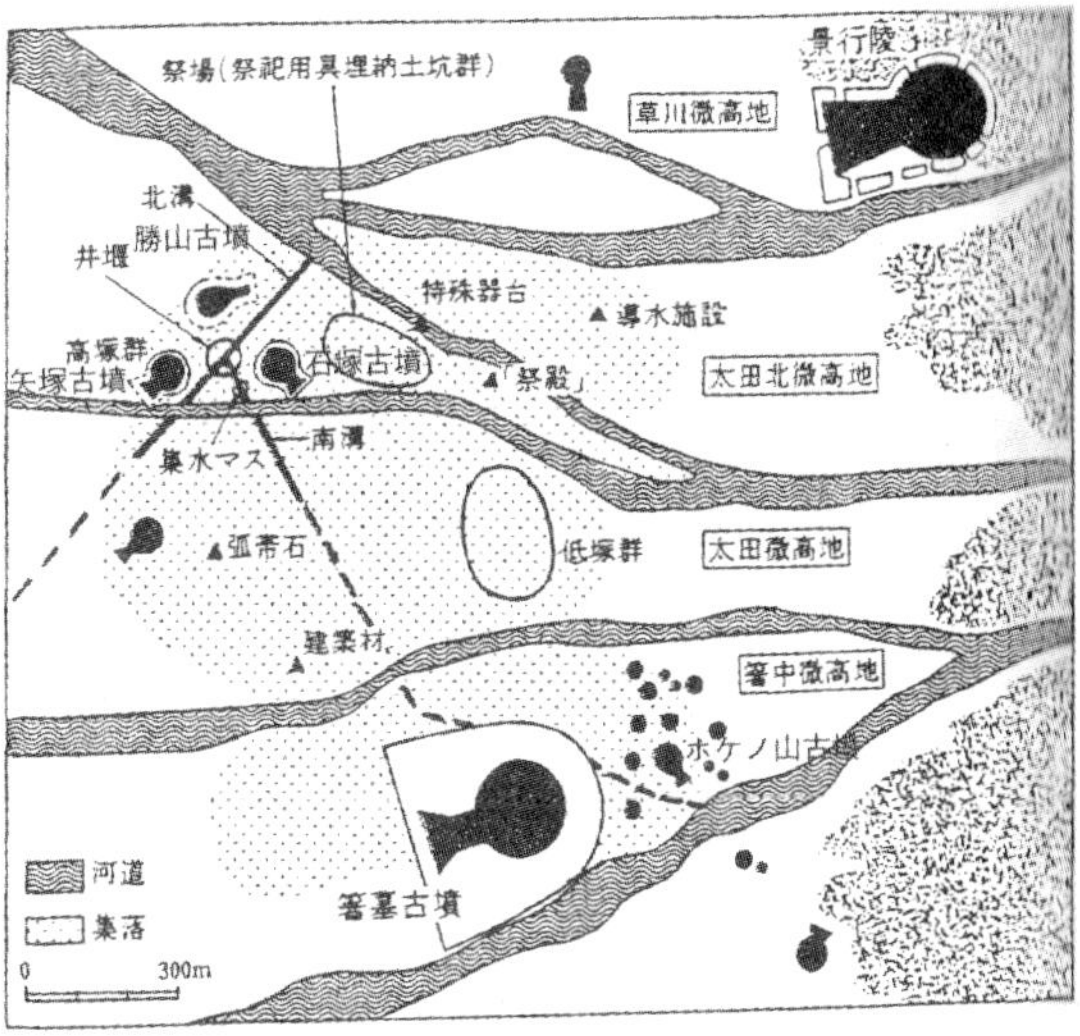

図１６　纏向地域復元図

箸墓より大きいが、工事の規模では箸墓より小さいといわれている。

箸墓は工事の規模が大きくなるのを承知で、わざと平地に作られている。そのことは、どこに作ってもよかったわけではないのだ。どこにでも作れるが、どこでもよかったわけではない。場所は選ばれている。その理由のためなら、大工事になることも厭《いと》わない。古代人とはそういう人たちではなかったか。彼らには優先順位があったのだ。この場所に古墳を築く理由の前には、工事のし易《やす》さなどという理由は目じゃなかったのだろう。

もう一つの理由は、箸墓の位置は、ただの平地ではなかったということだ。

箸墓は、「旧巻向川の河道」の脇に作られているという。河道といえば河川敷だろう。旧の河道なら、つまり昔に川が流れていた場所だ。川が流れていたような場所に古墳を築く？　そんな場所を選ばなくてもいいだろう？

なぜ、工事の規模が大きくなり、難しい工事になりそうな場所に箸墓は築かれているのか。この謎には誰も答えてくれない。読んだ本のどれからも教えてもらえなかった。そもそも似たような問題意識さえ、誰も持っていそうになかった。大ざっぱな言い方をすれば、だれも位置の問題など気にしちゃいない。どこに在ろうとたいしたことではないのだろうか。考古学や歴史学というのは、このような疑問を問わないのだろう。そこに在ることから始めて、そこに在ることで終わる。なぜそこにあるのか、とは問わない。

だが、なぜここに？という素朴な疑問は存在する。現に豆ちゃんには、避けられない謎だった。だが、この位置の謎に対して、その答えの見当は、大まかなところはついていた。偶然の体験からだったのだが、箸墓の位置は、まずもって、景色で選ばれていたのだろうと。箸墓から見て東の

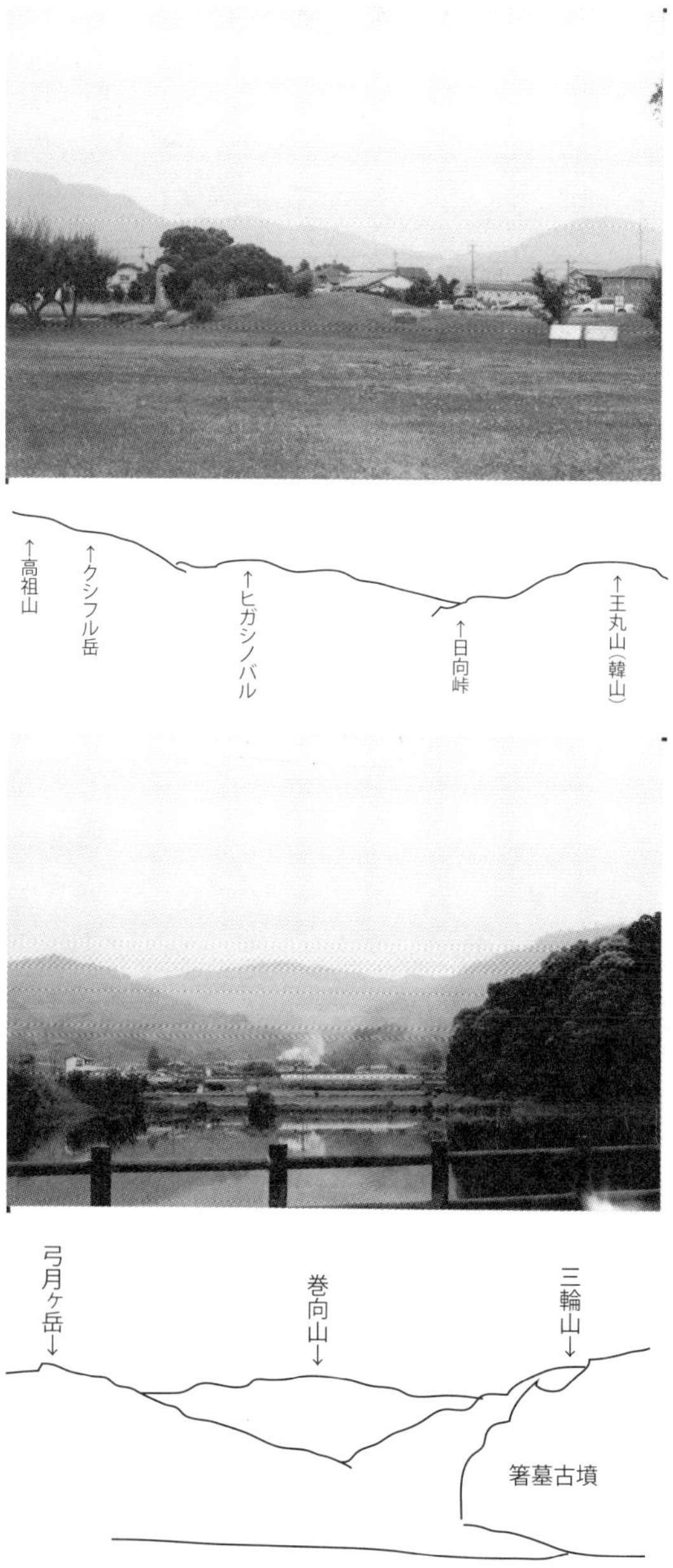

図１７　㊤平原遺跡より東望
㊦箸墓古墳より東望

景色、その景色は福岡県前原市の平原遺跡からのそれと似ているのだ。箸墓（または纒向遺跡）と平原遺跡、両者の立地は似ている。というか、二つの遺跡から東を望む景色が似ている。

写真を見てほしい。どちらの写真も、中央の山と、その手前の左右の山という形になっている。三つの山がそのように位置している。左右の山が裾をあわしていてその奥に中央の山、といってもよい。豆ちゃん曰く「三山の形」だ。恐らくは、モモソ姫の箸墓は、イザナミ女王の平原遺跡（墓）を手本にしているのだろう。

だが、景色で場所を選んだとしても、旧の河川敷（河道）は避けられるのではないか。東西に位置をずらせばいいはずだ。この川との近さ、あるいは旧の河道脇には、もっと積極的な意味があるのだろうか。もちろん、近くに川が流れていれば、物資の運搬には便利だ。それに、河川敷みたいな所を掘れば、排水工事は必至だ。それなら近くに河川が流れていると便利だ。そこに排水を流せばよい。ただそれでもそれは、近ければいいのだろう。わざわざ「旧河道脇」などという場所になぜ、という疑問は消えない。

結局、景色で選んでいることや、水への古代人の思い入れなどの理由を考えてみたのだが、それでも豆ちゃん自身が、その答えに納得し切れなかった。というのは、豆ちゃんの中に、ずっと以前から、こんな予感があったのだ。

「もしかして…（箸墓の位置は）ピンポイントでここしかなかった？そんな場所だったのでは…？」

そのためには、その場所の立地条件が悪くても、それで大工事になりそうでも、それらは乗り越えるべき障害とでも考えて、あえて厳しい条件の場所に作っているのではないか。

ここしかない、この位置にしか作らない、そんな思いを箸墓の古代人は抱いていたのではなかっただろうか。

＊平原遺跡　考古学者・原田大六が発掘調査した遺跡。後に考古学者・柳田康雄によって再調査されている。原田は、平原遺跡の1号墓の被葬者として、『書紀』の神代上に登場するオオヒルメムチ（大日孁貴）を主張した。だが豆ちゃんは、この墓の被葬者は、『書紀』の「イザナミ」だと考えている。詳しくは拙著『星空の神話1　イザナミ＝わたしは昴―平原遺跡のイザナミ女王―』（自費出版）。

弓月ケ岳は夏至山

弓月ヶ岳（409メートル峰）は地元の古老に「夏至山」と呼ばれていた。それはこの峰の頂上から昇る夏至の太陽が、古代人達には重要だったからだろう。夏至の太陽は、1年中で最も空高く昇る。それは最も勢いの強い太陽だといえる。古代人は、その最大に強力な太陽を讃えたかったのだろうか。夏至山という名付けには、古代人の「最高霊力の太陽」への賛美、あるいは信仰を感じる。

だがそうだとすれば、そのような夏至の太陽が弓月ヶ岳から昇る光景を、古代人達はどこから見ていたのだろうか。まさか巻向のどこからでも見える光景でもあるまい。恐らくは、ある限られた場所で、それなりの条件が整って見える光景のはずだ。

「もしかして箸墓古墳から見た夏至の日の出？」

箸墓古墳からみれば、弓月ヶ岳の山頂に昇る夏至の太陽が見られるのだろうか。

前に古代史探偵は、箸墓古墳の主軸は、弓月ヶ岳（409メートル峰）を指していると言った。そしてその方角は、

「真東から約23度北に振った方角」

だとも紹介した。そのことをもう少し正確に示そう。

図を見てほしい、例の橿考研の箸墓墳丘段構成想定図だ。この地図は矢印（↓）の方向が東（E）

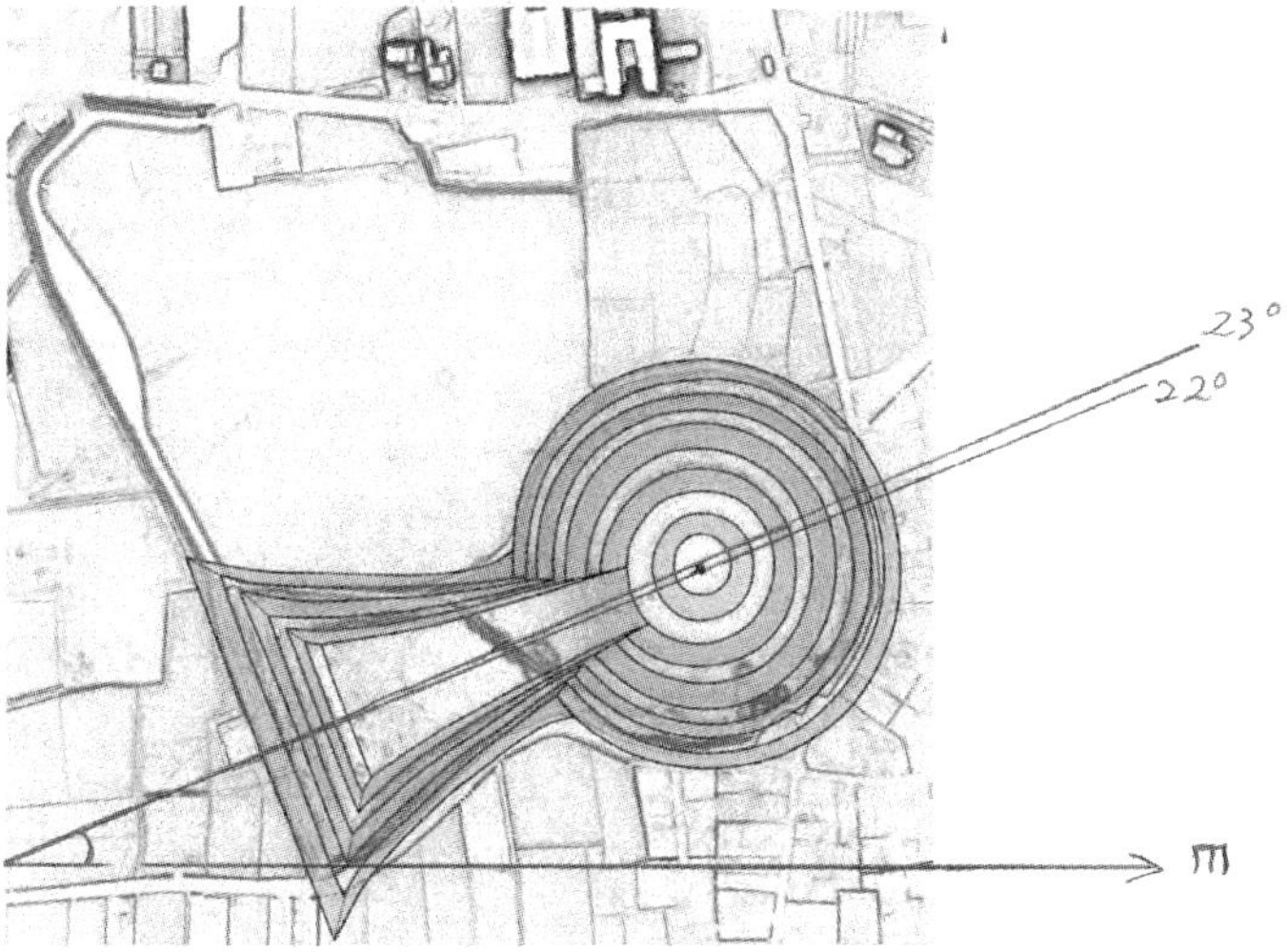

図１８　主軸の向きは２２．５°北
（橿考研の箸墓古墳墳丘想定図に豆板加筆）

なのだ。図の↓Eは真東と真西を結ぶ直線、その東西線に対して箸墓の主軸はこのように北に傾いている。主軸線のつもりの直線は２本引かれている。北に23度傾いた主軸と22度傾いたそれだ。実は豆ちゃんの不器用と老眼のせいで、このようなことになったのだが、結果的にこれで分かりやすいはずだ。分かるだろうか、後円部の中心と思しき点は、２本の線の中間にある。

「約23度と思っていたが、22・５度なのだ」

22・５度という角度は興味深い。例の「畢の三角形＝頂角45度の二等辺三角形」を思い出してほしい。22・５度とは45度の半分に当る。それはまた豆ちゃん曰く「メソポタミアの直角三角形」の22・５度」なのだが、この辺りのことは後に詳しく説明しよう。ここでは、そういう古代人にとって特別な意味のある直角三角形が、箸墓古墳の主軸の傾きと関係していることを強調しておこう。

ここでもう一度強調しておこう。箸墓の主軸は弓月ヶ岳の山頂を指している。そしてその主軸の指す方位は、真東より22・5度北だ。箸墓古墳はそのように作られている。

＊22・5度　この角度は豆ちゃんが現代流の1度＝円の360分の1で測った角度。倭国の古代人は古代中国流の1度＝円の365分の1だった可能性がある。そうであれば、22・8度ほどだろうか。

＊「メソポタミアの直角三角形」　辺の比が5対12対13だが、13の辺と12の辺に挟まれた角は、正確には22・5度ではない。三角関数で計算すると、22・78度ぐらいのはずだ。だが、そのような精度は分度器と鉛筆で作図する豆ちゃんにはあまり意味がない。約22・5度と見なしておく。ちなみに、22・78度を古代中国流の角度に補正すると、約22・8度となる。

弓月ヶ岳山頂からの日の出

弓月ヶ岳が夏至山と呼ばれたのは、おそらくこの峰の頂から夏至の太陽が昇るからだろう。それは、観察者が、弓月ヶ岳の山頂に太陽が懸かる光景を目撃することだ。弓月ヶ岳の山頂に夏至の太陽が重なって見える。果たしてそんな光景が巻向のどの辺りから見えるのだろうか。

たとえば今、夏至の早朝に箸墓の辺りに居るとしよう。例の大池の堤の上に立って巻向三山を見渡していると。まちがいなく夏至の太陽は、東の山並みから昇ってくる。そしてその東の山並みで、1年中で最も北よりの位置から昇って来る。その日の出位置は、真東から22・5度北に位置する弓月ヶ岳の山頂からだろうか。

さて、そもそもこういう観察は、観察者が1年中ほぼ同じ場所から観察する必要がある。そうでないと「1年中で最も北の位置から」などとは言えないのだ。では、実際に弓月ヶ岳からの日の出を定点から観測したとして、そもそも夏至の日の出とは、真東からどのくらい北から昇るのだろうか。国立天文台の調べによると、奈良では、「真東からほぼ30度北」から昇るようだ。ただし、この場合の日の出位置とは、約30度北に位置する山並み(山頂)からの日の出ではない。約30度北の「水平線位置」からの日の出なのだ。つまり標高0メートルの位置の太陽なのだ。だから、桜井の箸墓の辺りから観測するとすれば、その太陽は、東の山並みの向こうの、ずっとずっと向こうの、水平線から昇る太陽だ。だから、巻向の地では、目で見られる「日の出」ではない。

図19のAを見て欲しい。夏

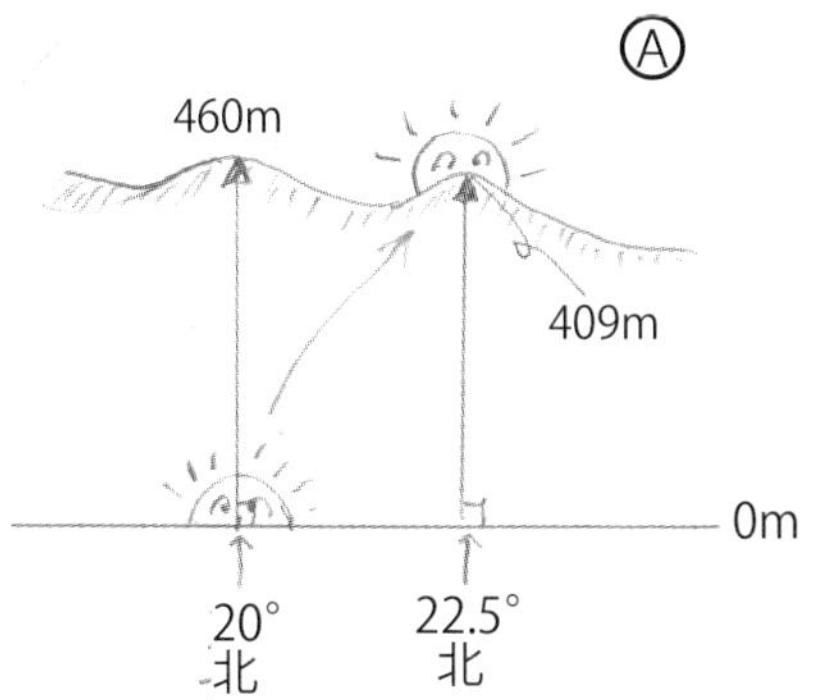

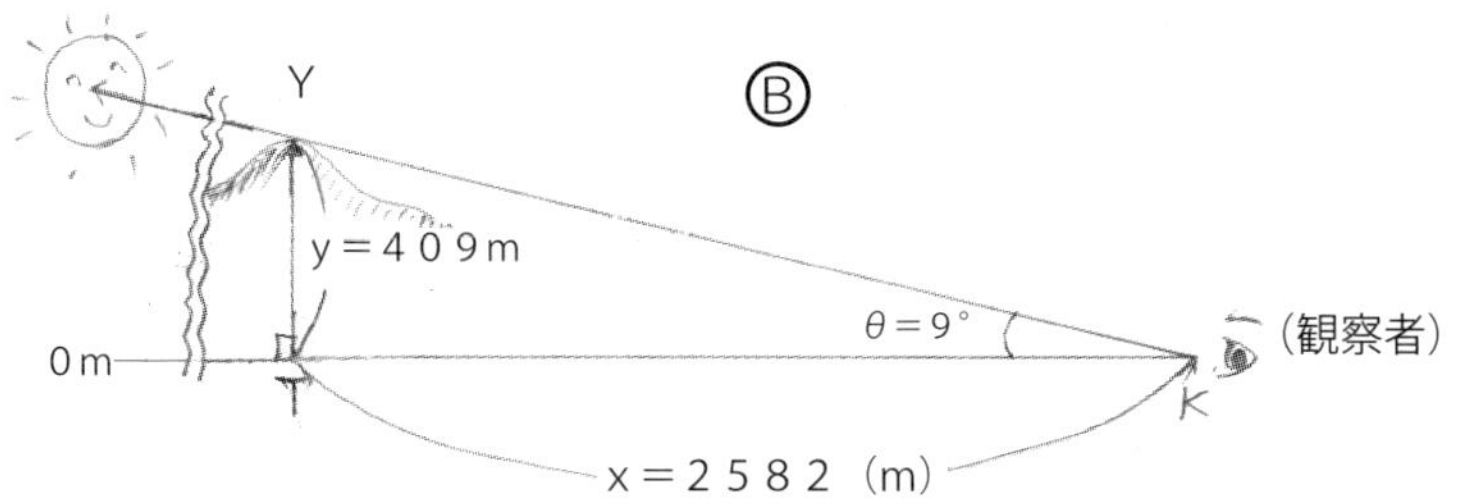

$$\tan\theta = \frac{y}{x}$$

$\theta = 9°$ のとき $\tan\theta = 0.1584$

$y = 409\text{m}$ なら

$x = 409 \div 0.1584$

$= 2582.07\cdots$

$\fallingdotseq 2582(\text{m}) = 2.582\text{km}$

図19　弓月ヶ岳からの日の出

至の太陽の昇る様子を箸墓辺りから見た様子だ。太陽は真東から約30度北の標高0メートル位置から昇り始め、やがて弓月ヶ岳の山頂の高さにまで達する。

だが読者よ、ここで要注意だ。夏至の太陽は、水平線から真っ直ぐ垂直には昇らない。高度を上げながら、同時に南に傾きながら昇るのだ。そうして太陽は、標高409メートルの弓月ヶ岳山頂に達する。その山頂に達した時、太陽は真東より22・5度北の方位に位置する。その時の太陽高度は9・11度だ。

この弓月ヶ岳山頂に重なる太陽の様子を、今度は北の方角から（真横から）見たのが図19のBだ。観察者と山頂と太陽の位置関係はこのようになる。図は山頂からの日の出なのだが、この場合その光景を、太陽の中心が山頂に重なった状態と考えている。つまり、真東より22・5度北の弓月ヶ岳山頂と太陽中心が重なって見えるのだと。読者よ、なぜ山頂＝太陽中心などと厳密な条件をと思うだろうか。そのことについて少し言っておこう。日の出のところの「注」でも触れたが、現代の日の出は、太陽の天辺が水平線に達した時刻を言うが、豆ちゃんの使う『ステラナビ5』では太陽の中心が水平線に達した時刻だ。そういう違いを踏まえて、山頂＝太陽中心と見なして推理することにしたのだ。

さて、山頂＝太陽（中心）の条件で考えてみると、そのような山頂＝太陽は、太陽が動いているのだから、ほんの一瞬のことだ。だが、ほんの一瞬にせよ、確かにそんな光景は見られるにちがいない。

では、このような「太陽＝山頂」の光景が見られるのは、巻向のどこからなのだろうか。もちろん、太陽中心＝山頂などという厳しい条件がつけば、そんな光景が見られる場所は限られてくるはずだ。実際、そのような光景が見られる場所は、限られた1点でしかない。図19のBのKは409メートルの山頂を仰角9度で見上げている観察者だ。仰角とは「見上げる角度」の意味だが、この場合その仰角は同時に太陽高度を意味する。太陽高度とは、水平線からの高さを角度で測って言うのだが、それは図のように太陽中心とその手前の山頂が重なって見えることを利用すれば測ることができる。この場合、太陽高度はステラナビで9・11度と分っているので、当然観察者の仰角は9・11度となるのだが、豆ちゃんの計算の能力を考えて、仰角（太陽高度）を9度として考えてみた。

山頂が標高409メートルで、太陽高度（図の角θ）が9度なら、三角関数を使って計算すると、山頂直下の地点（T）から観察者までの距離（TK）は、約2582メートルとなる。山頂＝太陽中心という光景が見られる場所は、正確には、山頂の直下から約2・582キロ離れた地点なのだ。まあ、「正確には」と言いながら、「約」だとか「9・11度を9度」と見なしているというアバウトなところもあるのだが。それでも確かにその距離の極近くに山頂＝太陽中心が正確に見られる「ピンポイントの1地点」が存在することはまちがいない。

では、その「ピンポイントの1地点」はどこなのだろうか。豆ちゃんには現場で器機を使っての測量は無理だから、桜井市発行の1万分の1の地図で調べてみた。弓月ヶ岳山頂の三角点から箸墓後円部の中心まで25・8センチ。これを実際の距離に直すと2580メートル。

「えっ？2・58キロ、計算との差は…、何と2メートル！」

豆ちゃんの驚きは如何ばかり。想像してみてほしい、ハハハ。

だが、興奮が落ち着き、冷静さが戻ってくれば、問題解決というよりも疑問だらけ。

「9・11度を9度と見なしている…」

「山頂の三角点も地図では４０９・３メートル…」

「地図で箸墓後円部の中心はここだと決めにくかった…」

「ものさしで長さを測るのはこの老眼では厳しい…」

「それよりもなにより、３世紀の古代人が三角関数…？？？」

　読者よ、これらの疑問を振り切って、

「箸墓後円部中心は、弓月ヶ岳山頂からの夏至の日の出が見られる正確な一点としてピンポイントに決められたのだ！」

と言い切る自信も度胸もない。それは豆ちゃんには蛮勇だ。それは奮えない。

　ちなみに、豆ちゃんは、何度も線を引きなおし、測定し直し、計算しなおしてみた。太陽高度を９・11度にして計算もしてみた。標高を４０９・３メートルとしても計算した。そんな組み合わせを、およそ16回ほど試しただろうか。もちろん試すたびに問題の距離は伸び縮みする。これではもう、とてもピンポイントの位置決めなどと言えるものではない。

　三角関数についても調べた。三角関数は、世界的には紀元前から知られていたようだ。中国、インド、メソポタミヤなどでは知られていて使われていたという。だが日本では事情が違うようだ。確実な使用は江戸時代からだ。江戸時代の『和算』（日本流の数学）の世界では三角関数は知られていた。だがそれが３世紀の古代から知られ、使われていたという話は聞かない。

「彼らは弓月ヶ岳の標高や太陽高度を測定して、それらの数値から三角関数で距離を計算したのではなかっただろう…」

ようやくそんな結論というか、あきらめのような心境に至った。それでも心には、こんな思いがしつこく残っていた。

「だが、…彼らは問題の距離を知っていたのでは？　何らかの方法で距離を求めたはずだ。だとすればそれは、いったいどのように…？」

＊日の出位置　「日の出」は弓月ヶ岳からの「日の出」というような山頂からのそれと、国立天文台の資料のような水平線からの「日の出」の場合とがあってまぎらわしい。現代では、テレビやラジオなどで普通に「日の出の時刻」といえば、水平線からのそれを指している。

＊真東からほぼ30度北　使用した資料は国立天文台のもの。観測地点は奈良（北緯34・６８３３度、東経１３５・８３３３度地点）で、２０１３年６月21日の場合「真東より29・６度北」からの日の出となる。この場合の「日の出」は、太陽の天辺（上端）が水平線（標高０メートル）に接した時だ。ちなみに、『ステラナビ５』でモモソ姫（卑弥呼）時代の夏至の日の出位置を調べてみた。ステラナビは太陽の中心で太陽高度を測っているので、画面で太陽の天辺が水平線に達したと思しき時の方位を調べてみたが、２４８年６月21日の場合、「真東より29・46度北（太陽高度マイナス０・42度）」だ。観測点は奈良（北緯34・50度、東経１３５・83度）。29・６度と29・46度をほぼ等しいと見なして、冬至の日の出位置は「真東からほぼ30度北」とみなした。

＊太陽高度は９・11度　この数値は「ステラナビ５」が算出したものだが、古代人は９・11度のような数値を使わなかっただろう。使ったとすればその数値は９度（又は10度）だったろう。古代人は、弓月ヶ岳山頂を整えて、構造物など（建物など）を置き、９度の仰角で山頂＝太陽となるように調整したのではないか。その構造物のことで言えば、現在はもっと平地に近い「穴師坐《あなしにます》兵主《ひょうず》神社《じんじゃ》」は、元この山頂にあったと伝わっている。

＊２５８０メートル（２・58キロ）　使用した地図は、１９９２年に桜井市都市計画図として編集されたもの。ちなみに、２００８年に作成・編集された

桜井市地形図（1万分の1）で測り直してみたところ、箸墓─弓月ヶ岳の距離は、ほぼ26センチ。先の1992年地図より2ミリ長い。新旧の地図で距離が約20メートルも違っている。新旧の地図で、他の2区間の距離も測ってみたが、1ミリ以内でほぼ同じになるケースもある。問題の箸墓─弓月ヶ岳の場合、地図の上で「箸墓円墳部の中心」をここだとは定めにくい。特に新地図では等高線の間隔が新地図に比べて粗く、そのことで円墳部の中心を探しづらい。だから1ミリぐらいのズレはありうる。また、物差しと分度器と鉛筆を使った豆ちゃんのような測定では、さらに老眼という要素も加わって、さらに新旧地図の微妙な違いも加わって、正確さを期したつもりでも、20メートルほどの誤差は起こりうる。

メソポタミアの直角三角形

「9度？　…まてよ…そうだ、距離を求めるのに三角関数は必要ない！」

9度とは22・5度の5分の2。そして22・5度とはあの畢の三角形の45度の半分。

図20

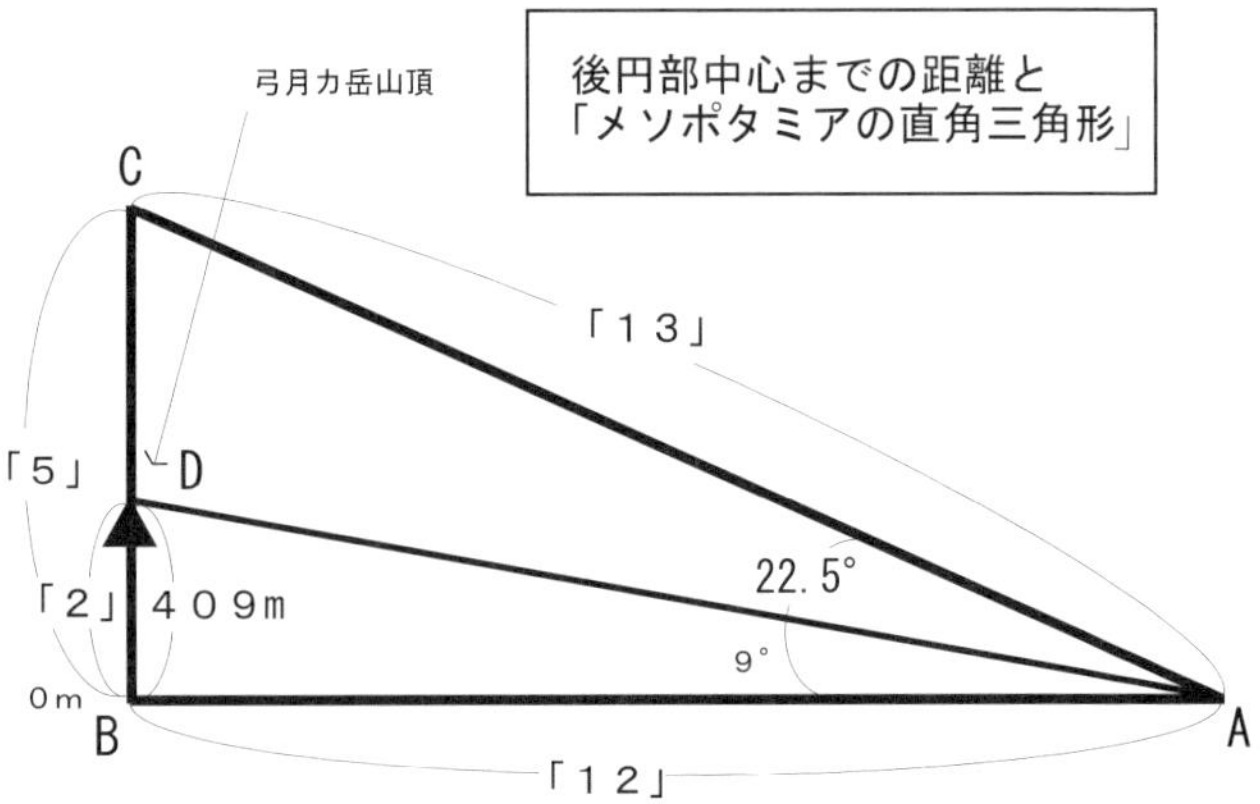

「分かった！　古代人は『メソポタミアの直角三角形』を使ったんだ！」

古代人の考え方（距離の求め方）を図で示そう。図は豆ちゃん曰く「メソポタミアの直角三角形」だ。その三角形は「畢の三角形」の半分で、頂角（角ＢＡＣ）が22・5度だ。この直角三角形では、3つの辺の比が5対12対13となる。豆ちゃんの発見は、その次だ。図のように、点Aから辺ＢＣに直線ＡＤを引く。その際、点Dは「ＢＣ＝比が5」「ＢＤ＝比が2」となる点だ。方眼紙でそのように作図をして、できた角ＢＡＤを分度器で測ってみた。ほぼ9度。

「この頂角9度の直角三角形を使えば、問題の距離が分かる！」

辺ＤＢを標高４０９メートルとするなら、問題の距離は辺ＢＡの長さに当る。計算すると、２４５４（メートル）となる。この距離は、前に調べた「箸墓後円部中心―弓月ヶ岳」の距離（２５８０メートル）よりも１２６メートル短い。

おそらく倭国の古代人もこの頂角9度の直角三角形で距離を求めたはずだ。『メソポタミアの直角三角形』を使うこの方法は、彼らしい。というのは、後に紹介するのだが、箸墓円墳部の高さも、この三角形を使ったようだからだ。もちろんこの『メソポタミアの直角三角形』が『畢の三角形』の半分だというのが、いかにもそれらしいのだ。畢の星座にこだわっている箸墓古墳だからこそ、この距離を求める方法は、いかにも「彼らしい」と思えるのだ。

だが、そうであれば同時に、この「１２６メートル差」には注目だ。観察者までの距離２４５４メートルというのは、後円部の円周にも届いてはいないのだ。後円部中心よりもっと手前で、後円部の裾よりさらに手前、それならそこは、古墳の周濠部だ。くだんの距離は、箸墓周濠には届いていたのではないか。

「後円部の中心は、観察者までの距離でピンポイントに決められたのではない！」

「後円部中心の位置は、別な理由で決まっていたのだ…」

＊ほぼ9度　豆ちゃんの分度器による計測ではそのようになった。底辺12、高さ5として三角関数でこの角度を計算すれば、9・46度ほどになる。
＊箸墓周濠には届いていた　箸墓の築造当時の周濠は、最近の発掘成果による想定では、その水面が円墳部の裾からさらに「60メートル以上（60メートル～70メートル）」あったと考えられている。築造当時の周濠は、かつて予想されていたよりもはるかに広大だったようだ。箸墓後円部の直径を末永雅雄さんの言う157メートルとすれば、半径は78・5メートル。先の126メートル手前とは結局、後円部裾（円周）よりも47・5メートルほど外側だ。約70メートル幅の周濠水面だったと想像すれば、真ん中よりも外より、周濠の外堤に近い位置だ。

観察者は地下に

「弓月ヶ岳からの日の出を見ている観察者は周濠の地下に居る？」

図21を見て欲しい。先の図20をもっと具体的に描いてみた。箸墓は標高75メートルほどのところに築かれている。そのことを踏まえると図のような感じになる。この図では、仰角9度で弓月ヶ岳山頂を見上げる観察者が「どこに居るのか」がよく分かる。観察者は、地下に居るのだ。その位置は、箸墓の地表より75メートルほどさらに地下の、標高0メートルの位置（水平線位置）だ。もちろんその位置は周濠の水中ではなく周濠底のまだもっと地下だ。

「箸墓の地下に居る観察者？」

読者よ、違和感がないだろうか。最初、豆ちゃ

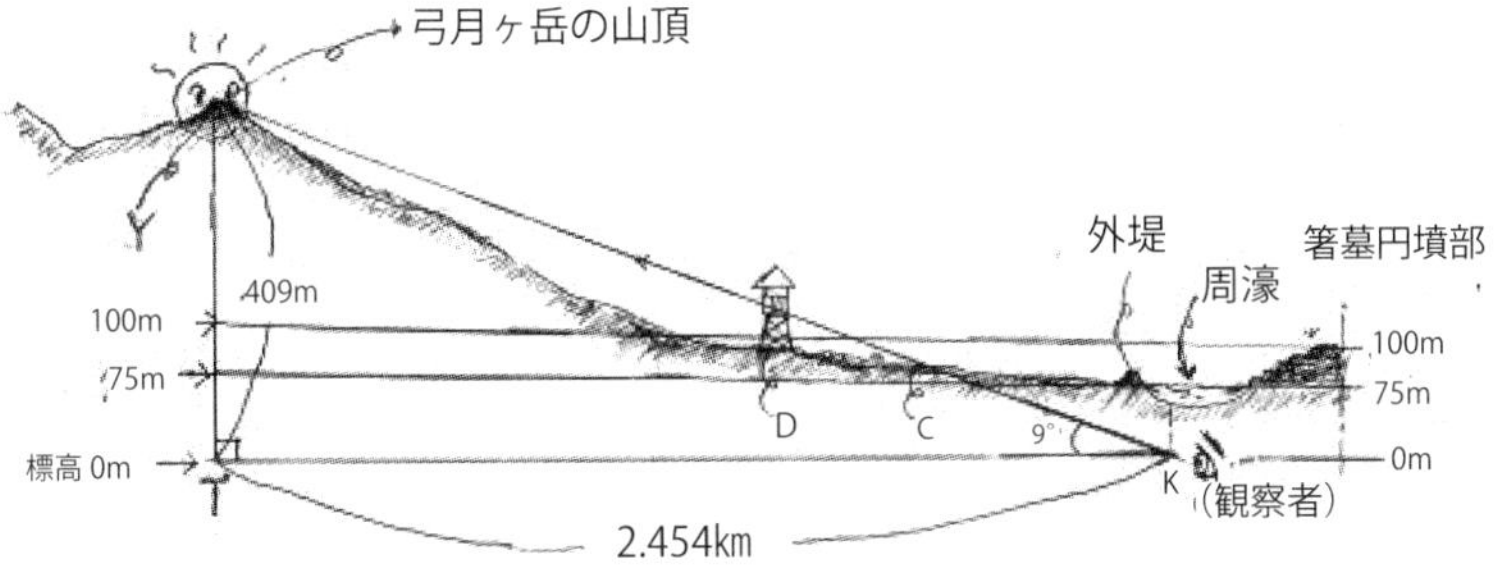

図２１　地下からの観察者

んは違和感があった。だが、今はそうではない。むしろこのことが当然かなと思う。この観察者をモモソ姫だと考えてみるのだ。ただし、死して霊者となったモモソ姫だ。そう考えると、地中でもおかしくはない。むしろ、地下の方がふさわしいだろう。実際には、彼女は棺に入れられて地上の後円部に埋葬されたのだろう。だが、霊者としてのモモソ姫なら標高０メートル位置へ移動することも可能だろう。そのように古代人達も考えたのではないか。

　ちなみに、箸墓古墳の５段目辺りからや１段目辺りから見れば、弓月ヶ岳からの夏至の日の出はどのように見えるのだろうかと計算してみた。だが、どちらの場合も、仰角は９度にはならない。前者は約７・５度、後者は約６・５度だ。このことは、それらの場所からは、正確な山頂＝太陽中心ではないのだ。このことはまた、古代人が意図的に地下からの観察者を想定していた、そのことを思わせる。

　読者よ、観察者の位置についてさらに考えてみよう。

「なぜ後円部中心の直下ではなく、周濠底の直下なのか？」

　彼らの技術なら、後円部の真下になるように築造できたはずだ。しようと思えばそれは出来ただろう。だが、「周濠の地下」になっている。彼らはなぜ「後円部中心の真下」を選ばなかったのか。あるいは選べなかったのか。

彼ら古代人は、弓月ヶ岳から観察者までの距離で、箸墓後円部の中心を決めてはいないのだ。後円部の中心は、「9度の仰角による距離」では選ばれていないのだ。それとは別な、何か他の理由で選ばれているにちがいない。だから、先の距離は、後円部中心に届かず、後円部内にも届いていないのではないか。そう考えられる。

おそらく、その「別な理由」で後円部の中心の場所がすでに決まっていた。なので観察者の位置は、周濠の地下になるしかなかった。そうだったとしたら、こんな想像もできる。

「箸墓は広大な周濠を持っていた。この広大な周濠を作った理由こそ、問題の観察者までの距離ではないか。9度の仰角で夏至の日の出を観測する観察者（霊者のモモソ姫）までの距離は、箸墓後円部の中心までには届かない。なので古代人達は、観察者の位置を箸墓に取り込む（収める）工夫をする必要があった。その工夫こそ周濠の広さだった。周濠の幅を広く取って、その地下に問題の距離を届かせようとした。そうすれば、観察者は『箸墓の地下にいる』ことになる。箸墓の広大な周濠とはそんな理由で企画されたのだろう。くだんの観察者（霊者モモソ姫）を、箸墓の陵域内に納めようとした工夫なのだ。」

間違いなく古代人たちは、弓月ヶ岳を夏至山らしく見るための観測位置を知っていたのだ。その位置を、おそらく「メソポタミアの直角三角形」を使った方法で求めていたはずだ。その方法なら「等間隔に28個のマークをつけたロープ」があれば、13対12対5の辺の比を作って22・5度の頂角も作れる。同じように、直角を挟む2辺を2対12にすれば頂角9度の直角三角形も作れる。そのようにすれば、観察者の位置（場所）は探せるのではないか。この古代メソポタミアで測量に使われていた特別な直角三角形は、３世紀の倭国で使われていたにちがいない。繰り返すが、畢宿にこだわる箸墓古墳だからこそ「メソポタミアの直角三角形」なのだろう。

そもそも、箸墓古墳の主軸が真東から22・５度傾けられていること自体が意図的なのだ。例の「メソポタミアの直角三角形」の利用を見越してにちがいない。さらに、太陽高度＝９度も選ばれている。弓月ヶ岳山頂で「山頂＝太陽」の光景を９度の仰角で見える場所が選ばれているのだ。そのようにすれば「観察者の位置」が先の三角形を使って求められるからだ。全ては計画的なのだ。「メソポタミアの三角形」を使っての箸墓作りを、彼らは見通していたのだ。箸墓古墳とはそういう企画による産物（モニュメント）なのだ。

読者よ、箸墓後円部の中心は、弓月ヶ岳からの距離ではピンポイントに決められていない。だが、古代人にとって、弓月ヶ岳（山頂）＝太陽（中心）は重要だったのだ。そのことは箸墓を何処に作るかという計画には、外せない要素だったのだ。ピンポイントではないが重大な設計企画のポイントだった。そのことはまちがいない

さて、もうひとつ興味深いことを言っておきたい、もう一度図21を見てほしい。

箸墓から弓月ヶ岳の麓までは、なだらかに傾斜が高まっている。図のC地点やD地点は地上の場所だ。それらの地点は、箸墓の地下からの「仰角９度の視線」が地上に出てくる場所だ。C地点で地上に出た仰角９度の視線は、さらにD地点を通過する。そのD地点とは、地上に櫓《やぐら》を立てた場所だ。その櫓を問題の視線が通過する。これらの２つの地点を「仰角９度の視線」が通過するということは、それらの地点では、周濠部の地下から見るのと同じ「弓月ヶ岳山頂＝太陽」の光景が見えるということだ。このような「地上で仰角９度」

の条件を満たす地点は、D地点一カ所ではない。他にも考えられる。D地点のように、観察櫓という工夫をして櫓の高さを調節すればいいのだ。

巻向の太陽観測定点

前にも言ったが、太陽の日の出位置の観測は、定められた場所から観測すべきものだ。つまり巻向の東の山並みからの日の出の太陽を観測するなら、場所を決めて観測し続けてこそ意味がある。定点観測が必要なはずだ。

それなら、弓月ヶ岳が夏至山と呼ばれたのは、その観測定点から見れば、正確に、弓月ヶ岳の山頂と夏至の太陽が重なって見えたからではないのか。繰り返すが、夏至の太陽は、巻向のどこから見ても弓月ヶ岳の山頂から昇るように見えるわけではない。正確にそのような光景が見えるのは、限られた地点からだ。

「いったい古代人は、どこから定点観測していたのだろうか？」

その最有力な候補地は箸墓だ。その地下からは、正確な弓月ヶ岳＝太陽中心が見られる。だが、地下からと言われては、古代人も困るだろう。生身の人間では、それは無理な注文のはずだ。地下室があって外から出入りでき、正確な仰角9度ののぞき穴(細い坑道)でも設けられていれば別だが、生身の人間が観察するのなら、地上からでなければダメだ。だから古代の太陽観測定点は、在ったとすれば、決して箸墓後円部の位置ではなかったはずだ。それは、別な場所にあったはずだ。

偶然だが、豆ちゃんはその場所を発見したと思う。図22を見てほしい。先に結論を言っておけば、古代史探偵が発見した「古代の太陽観測定点」とは、この図の『この交点』だ。

まず地図の上で、巻向山の上を通過する真東から真西に向かう直線（①）を引く。このラインを巻向山ラインと呼ぼう。次に箸墓円墳部の中央から弓月ヶ岳の山頂に線を引く。先の巻向山ラインは、この箸墓と夏至山を結ぶ直線と交わる。二本のラインの交差する角度は22・5度。この交点をそのまま『この交点』と名付ける。

発見はその直後のことだった。

豆ちゃんは次に、『この交点』から三輪山の山頂（467メートル）に向かう直線（②）を引いた。

何気に引いたのだが、引いて直ぐドキッとした。

「もしかして…三輪山は冬至山？」

『この交点』から三輪山への角度も、ほぼ22・5度。『この交点』からみれば三輪山は、真東から約22・5度南に振った位置にある。

「それなら正面（真東）の巻向山は春分山であり秋分山？」

「発見！大発見！」

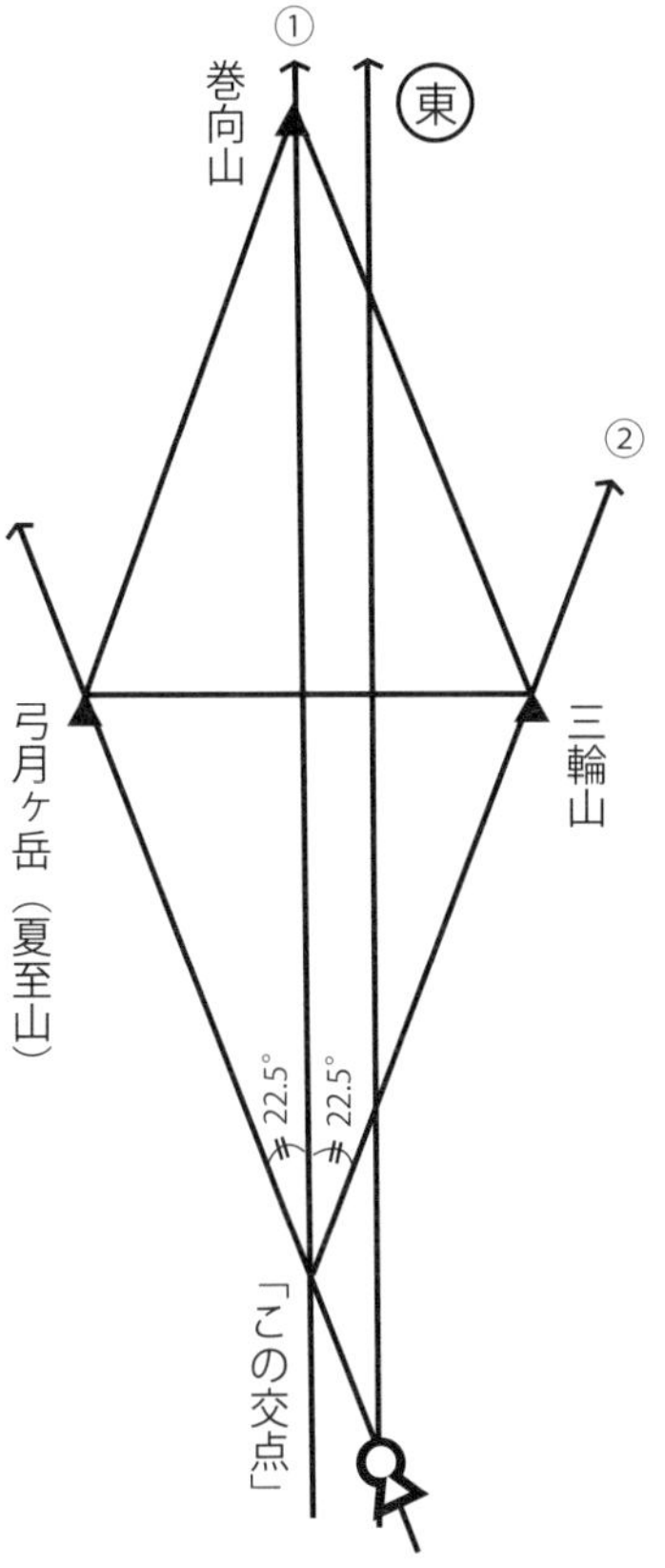

図２２　古代の太陽観測定点

読者よ、豆ちゃんの喜びはいかばかり。すっかり舞い上がってしまっていた。だが、この発見、実は不正確だったのだ。

三輪山は冬至山か？

結論的に言って、冬至の太陽は、『この交点』から観察する限り、三輪山の山頂からは昇らない。

図を見ながら説明しよう。冬至の太陽は、『この交点』から見て、真東より約30度南の水平線位置から昇り始める。その日の出位置は、『この交点』から見て檜原神社の直下辺りだ。そこから三

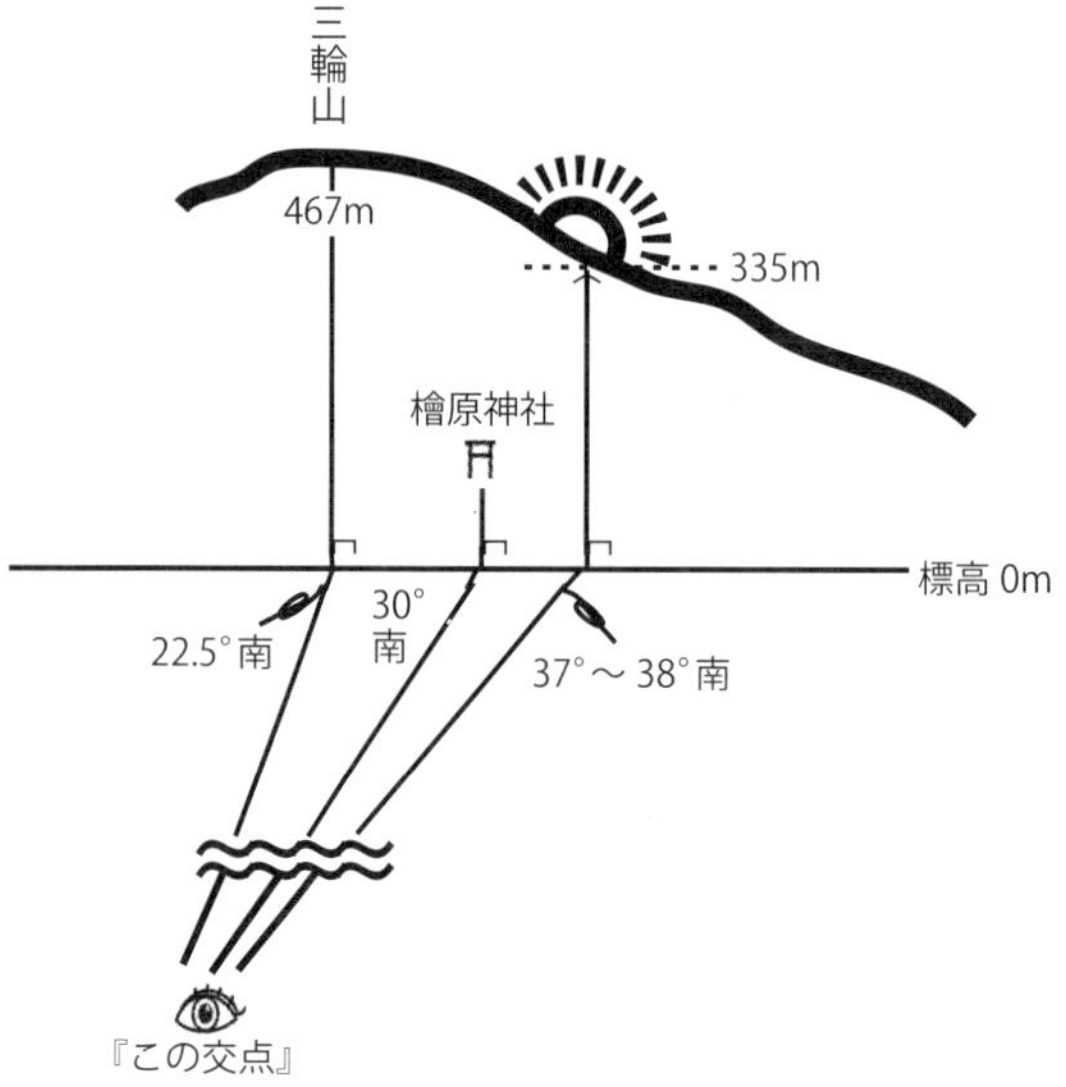

図２３　冬至の日の出と三輪山

輪山に隠されて昇る。結局、山並みからの日の出は、図のような標高３３５メートルの辺りだ。冬至の太陽は、『この交点』から見る場合、三輪山の右の（南の）稜線が段差を作っている場所から日の出する。当然のことだが、冬至の日の出は三輪山の山頂からではないし、山頂直下の「真東から22・5度南」の水平線位置からでもない。だが、広い意味では「三輪山からの日の出」ではある。

今も言ったように、冬至の太陽は真東より南に約30度振った方位の水平線位置（標高０メートル）から昇る。その位置を、地図上に線を引いて調べると面白いことが分る。『この交点』から引いた約30度南の直線は、檜原神社にぶち当たる。その檜原神社の直下の水平線位置から冬至の太陽は昇り始めるのだ。このことを考えると、檜原神社の意味は重要ではないか。この神社は、恐らく古代人によって設定されたランドマークだろう。冬至の日の出（水平線からの）位置を示すためのそれだ

ろう。もちろん、特徴的な地形によるのではないから「ランドマーク（地形的目印）」というのはふさわしくないかもしれない。だがおそらくは、巨石とか峰とかの利用できるランドマークがなかったので、神社を造ってその位置を示したのだろう。この神社を紹介した資料によると、檜原神社は日本書紀の崇神紀にまで遡れる伝承を持っている。つまりこの神社はモモソ姫にゆかりが深いのだ。

3世紀の古代人は太陽を、特に二至二分（夏至・冬至・春分・秋分）の太陽を、深く敬っていたようだ。檜原神社の方角の「目には見えない冬至の日の出の太陽」に敬意を表して、檜原神社というランドマークを設けていたに違いない。このことはもちろん、3世紀の倭国の古代人が、大和の巻向の地からは見えないはずの、水平線からの太陽の日の出の方位を知っていたことを意味する。彼らはそんな日の出の観測能力を持っていたのだ。

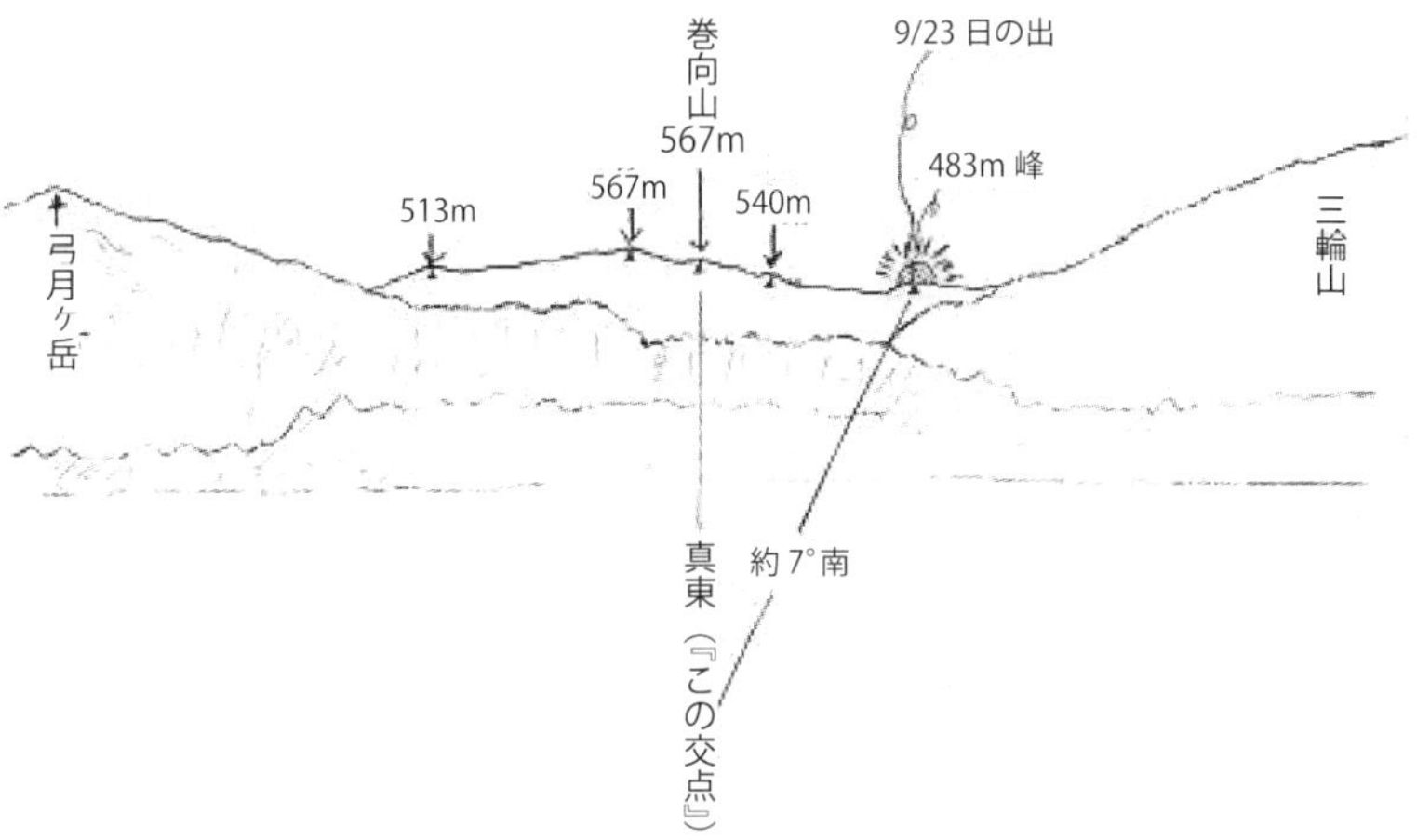

図２４　秋分の日の出

＊標高３３５メートルの段差部　真東より南に37度または38度と思われる方位にある。段差を作っているのは手前の稜線よりも奥にある３３５メートルの高まりなので、そこまでの水平距離と標高で計算すれば、『この交点』直下からの仰角は９度となる。

巻向山は春分（秋分）山か？

正直に言っておこう。『この交点』から見た場合、春分や秋分の太陽は、巻向山の山頂からは昇らない。理由は、巻向山が『この交点』の真東に位置するからだ。良く聞かされてきたように、春分や秋分の太陽は真東から昇り真西に沈む。だが、その日の出とは、水平線から顔を出す太陽だ。その水平線位置の太陽は真東にある。だが、そこから太陽は垂直には昇っていかない。南に傾きながら昇っていくのだ。だから秋分の日の太陽が、東の山並みの上に顔を出す時は、すでにその位置は、『この交点』の真東ではない。繰り返すようだが、日本では、真東から昇った太陽が、そのまま垂直に昇って、天頂を通過して真西に沈むなどということは起こらないのだ。

図は２０１３年９月23日（秋分の日）の巻向の日の出の様子だ。観測点は、地図の『この交点』にごく近い場所だ。この朝午前６時25分、秋分の太陽は４８３メートル峰から昇った。１万分の１の地図で、この４８３メートル峰は『この交点』の３・08キロ先にある。『この交点』は標高約90メートルぐらいに位置するから、観測点からの仰角を求めると、約７・27度となる。『ステラナビ５』では、この時刻の太陽高度は７・37度だから、峰と太陽高度は、ほぼ合っている。秋分の日の山並みからの日の出は、地図の４８３メートル峰で間違いない。

結局、秋分の太陽は『この交点』から見る限り、巻向山頂からは登らないのだ。だが、だからといって巻向山に重要な意味がなかったのではない。春分や秋分の太陽が、巻向山という真東の山の直下の水平線位置から出現する、そのことが重要なのだ。つまり秋分の日の場合、巻向山は、山頂からの日の出ではなく山頂直下の水平線位置が重視されているのだ。巻向山の標高０メートル位置から太陽が出現する日＝秋分（春分）の日なのだ。そういう意味で巻向山は、春分と秋分の日の出を位置を示すランドマークなのだ。

＊太陽観測点からの仰角　地図の上で４８３メートル峰は『この交点』から見て真東より約７度南に位置する。だが『ステラナビ５』では、この峰から日の出する太陽の方位は真東より５・12度南となっている。ほぼ２度近くズレている。これはおかしいと思うだろう。だがこのズレは、ちょっとした錯覚なのだ。実は、ステラナビの「５・21度」という方位角は、地図上の『この交点』からの観測値ではない。先にも言ったが、太陽高度とは本来、水平線上の観測点から測られるべきなのだ。ただ、標高約90メートルに位置する『この交点』から測っても、標高０メートル（水平線位置）の本来の観測点から測っても４８３メートル峰の仰角（＝太陽高度）は同じになる。だが、仰角＝太陽高度は同じでも、峰（＝太陽）の方位角は同じにはならない。標高約90メートルの『この交点』のほうが、本来の観測点（標高０メートル位置）よりも４８３峰に近いからだ。その４８３メートル峰からの距離の違いが約７度と約５・21度という方位角の大きさの違いとなっているのだ。

山並みカレンダー

『この交点』から見た秋分の日（春分の日）や冬至の日の日の出については確かめた。それらの日の出は、巻向山や三輪山の山頂からではないにしても、それぞれ特徴的な場所からの日の出となっていた。だが、『この交点』からの夏至の日の出はまだ確かめていない。それを確かめておこう。

まず、『この交点』は箸墓―弓月ヶ岳のライン上に在る。だから夏至の日の出を「22・5度北」に見られる場所ではある。その意味で、箸墓から見たような、山頂＝太陽中心の日の出を見られる方位の条件は備えている。だが、『この交点』は、箸墓よりも水平距離で600メートルほど弓月ヶ岳に近い。当然、2・582キロという距離条件は満たしていない。だが、結論から言えば、『この交点』からの「夏至山からの日の出」は、箸墓古墳の地下から見たそれと同じ光景だ。どうしてそうなるのか。

先に図21の説明をしたとき、地上から仰角9度で弓月ヶ岳を見上げることができる場所があると言った。箸墓よりも弓月ヶ岳に近い場所で、箸墓の地下からと同じ夏至の日の出を見られると。図21のD地点とはまさに『この交点』のつもりだったのだ。『この交点』の位置は、地図で読めばその標高は90メートルから95メートルだ。もし『この交点』が標高95メートルなら、その場所に高さ6メートルぐらいの物見櫓を立てればいい。そうすれば、箸墓直下標高0メートルから見るのと同じ光景が見られる。もし『この交点』の標高が95メートルよりもう少し低くかったのなら、櫓の高さを調整すればよい。つまり、『この交点』とは、箸墓古墳の地下から見るのと同じように、仰角9度で夏至山の日の出が見られる場所なのだ。

まちがいなく『この交点』は、太陽観測の定点としてふさわしい。古代人達は、『この交点』から東の山並みのから昇る太陽を観測していたに違いない。例えば今も見たように、秋分の日の出は483メートル峰からだが。うまく山頂と太陽が合っている。彼らは東の山並みの特徴ある峰や段差部で、二至二分（冬至・夏至・春分・秋分）のような特別な日を知っていたに違いない。『この交点』から定点観測をすれば、こんなふうになる。

①春分（秋分）の水平線からの日の出は、巻向山の山頂の直下から

②春分（秋分）の山並みからの日の出は、483メートル峰から

③冬至の山並みから日の出は、三輪山の山腹の段差部から

④冬至の日の出（水平線位置）は、檜原神社の直下から

⑤夏至の山並みからの日の出は、弓月ケ岳の山頂から

⑥夏至の水平線からの日の出は460メートル峰の直下から

このことは、さらにこんなことを考えさせる。

「古代人は東の山並みからの日の出位置を観察して、彼らにとって重要な日の太陽の出現位置を山頂などの特徴ある地形で記憶していたのではないか。○○峰から太陽が昇る日のころに種蒔きをするなどと。つまり東の山並みに暦の役目をさせていたのでは？」

巻向山（567メートル）や弓月ヶ岳（409メートル）や三輪山（467メートル）は、二至二分の日を知る目印にも使えたはず。だが、それらの3峰以外にも、山並みの鞍部や段差部を目印に使っていたかもしれない。二至二分の日に限らず、彼らの生活にとって重要な日、例えば重要な祭りの日などを、それらの特徴ある部分から太陽が日の出する日として記憶していたのではないだろうか。結局、『この交点』から見た東の山並みは「山並みによる暦」の役割を果たしていたのではないか。豆ちゃんはそれを巻向の「山並みカレンダー」と呼んでみたい。そんな「山並みカレンダー」があったに違いないだろうと。もちろん現代のカレンダーのように1年365日の全ての日

が、それらの特徴ある地形に割り振られてはいなかっただろう。それは煩雑《はんざつ》に過ぎるはずだ。おそらく、彼らにとって特に重要な日が割り振られていたに違いない。そして特に重要な日とは、例えば祭りの日、重要な農事の開始日、そんなことが考えられる。

そんな山並みの特徴的な地形ということで言えば、三輪山の山頂や巻向山の山頂がある。それらの山頂から日の出する日にも何か重要な意味のある日ではなかったか。それらの峰も『山並みカレンダー』としては利用されていたのではないか。そうだったとすれば、それはどんな日だったのだろう。

調べてみると、三輪山（山頂）からの日の出が見られる日は、現代の太陽暦でいえば2月24日と10月18日のようだ。これらの日が、古代人にとって特別な意味のある日だったとしたら、それはどんな日だったのだろうか。2月24日は良く分からないが、10月18日は、「神嘗祭《かんなめさい》」に関係ありそうだ。神嘗祭は宮中祭祀《きゅうちゅうさいし》（天皇家の祭祀行事）の一つで、その年の五穀の新穀を天皇が神に捧げる意味を持つ。古代の国家規模の収穫祭とでも言えそうな祭りだ。神嘗祭の資料には、10月18日に近い日付も出ている。旧暦と新暦の切り替えで正確な古代の祭日が分からないが、ありそうなことではないだろうか。ちなみに、三輪山の神は酒の神でもある。その酒は稲から生まれる。その意味では、五穀の豊穣、とりわけ稲の豊穣と三輪山には関係が深そうだ。三輪山の山頂から太陽が昇る日と、神嘗祭との関係はありそうに思うのだが。

巻向山の山頂から太陽が昇るのは、いつだろうか。もちろん春分や秋分に近い日のはずだ。調べてみると、春分の日の少し後の4月3日と秋分の日の少し前の9月17日のようだ。4月3日は分からないが、9月17日なら「新嘗祭」がふさわしくないか。この祭りは、その年の稲の初穂をアマテラスに捧げる祭り。太陽暦の9月17日ならそれにふさわしい頃だと思うがどうだろう。

これらのことは、さらに調べなければ確かではない。だが、それにしても、『この交点』からの太陽観測が、古代の祭祀や農事に深く関係していそうなことはありそうに思える。

＊新嘗祭　新嘗祭については、各種の解説記事が、大《だい》嘗祭《じょうさい》（＝践祚《せんそ》大嘗祭《だいじょうさい》、天皇代替わりの年に行われる即位儀式で、その内容に新嘗祭と重なる部分がある）と混乱させているように思われる。本来の新嘗祭は、今に至る各地の神社に伝わる秋祭りの原型だろう。豆ちゃんの育った徳島県のその秋祭りは9月13日を中心とする3日間だった。それはくだんの9月17日に近い。大嘗祭は、その新嘗祭＝秋祭りを宮中の天皇の即位儀式に取り込んだのだと思われる。

最大霊力の太陽

先に言ったように、弓月ヶ岳は、箸墓古墳から見ても夏至山であり、古代の観測定点（『この交点』）から見ても夏至山だ。夏至山は特別な山なのだ。古代人は、夏至山については、特に入念に山頂からの日の出（太陽）にこだわっている。二至二分の日でも、夏至以外は、山頂からの日の出ではなかった。夏至の日のみが、弓月ヶ岳山頂からの日の出になっている。しかも、正確な太陽＝山頂が見られるように考えられている。古代人にとって夏至は特別だったのだ。特別扱いするべき日なのだ。そのような特別な日に日の出する山なので、「夏至山」という名前が今に伝わっているのだろう。

では読者よ、夏至山はなぜ特別だったのか。もちろん、3世紀の古代人にとって、特に卑弥呼＝モモソ姫にとって特別だった理由だ。それはなぜなのか。

　その理由はすでに前にどこかで言ったかもしれない。「夏至の太陽とは最大最高の太陽」と言えるだろうと。そのことをもう一度強調しておきたい。夏至の太陽は一年中で最大の高度に昇る。夏至の日は、昼が最長となり最大の光と熱を地上に降り注ぐ。夏至の日とは、太陽の恵み（威力？霊力？）が最高、最大になる日なのだ。「最高の太陽の日」あるいは「最強の太陽の日」と言ってもいいだろう。太陽の力を「太陽の霊力」というように表現してはどうだろう。その言い方が、古代人にはふさわしいかもしれない。それなら「最高霊力の太陽」である夏至の太陽を記念するには、山腹や水平線からの日の出では不足だったろう。だから弓月ヶ岳（夏至山）山頂からの日の出なのだと。だから夏至の日だけは、山頂からの日の出にこだわったのだろうと。二至二分の他の日は措いても夏至だけをそのようにしたのだろう。


　彼らはこのように、夏至の太陽という「最大霊力の太陽」を尊重している。そうしてそうだから箸墓古墳は主軸をこの峰に向けている。その山頂に視線を向けている箸墓の被葬者であるモモソ姫は、だから弓月ヶ岳という夏至山を斎祀《いつきまつ》っているのだ。彼女モモソ姫は、最高霊力の太陽を崇めているのに違いない。そのことは彼女自身がアマテラスであったことを堂々と、あるいは高らかに、彼女の墓（その主軸の向き）で語っているのだ。

　モモソ姫が卑弥呼なら、ヒミコという名前には日巫女か日皇子の意味も重ねられていただろう。それは太陽神に仕える最高霊力の巫女の意味で、日本書紀の天照大神の古代の別名「大日孁貴《おおひるめむち》」に通じる。日皇子は文字通り「太陽の子」だ。もちろん弓月ヶ岳は、探偵ノート②で示したように、牡牛座ε星という「アマテラスの星」に対応する峰だ。モモソ姫の箸墓がこの峰に主軸を向けるのは、モモソ姫自身が最高霊力の太陽神＝アマテラスだったからにちがいない。

そのモモソ姫とは同時に『魏志倭人伝』の卑弥呼女王。生前の彼女は、倭国女王という地上の最高位者だったのだ。この墓のその位置とその向きは、彼女の生前を讃えてもいるのだ。最高最大の太陽神＝アマテラス＝モモソ姫＝倭国女王卑弥呼だったと。

＊正確な太陽＝山頂が見られる　夏至山としての弓月ヶ岳は、そこから昇る夏至の太陽の光景の精度をいやが上にも高めるために、山頂付近に人工物を建てた可能性がある。小川さんの「夏至の大平」もそのことを示唆している。山頂付近の人工物のことで言えば、現在、弓月ヶ岳の山腹にある大兵主神社は、元は山頂に在ったと伝えられている。現在の神社の位置が、山頂と『この交点』や箸墓を結ぶ直線上に在ることからして、そうだった可能性は高い。

＊モモソ姫自身が最高霊力の太陽神＝アマテラスだった　日本書紀は、モモソ姫がアマテラスだったとは書いていない。崇神紀の編集者は、そのことを極力隠したいかのようだ。そういう日本書紀の編集意図だったと考えられる。モモソ姫をサラッと目立たなく書いて、神武を最大限に持ち上げる、そういう意図が働いているに違いない。だが、古代史探偵流の「星空の神話」的捜査では、このようにモモソ姫がアマテラスだったことが分かってしまう。そのような推理のヒントは『書紀』には驚くほど豊富に残されている。まるで一方で、暗号で伝えたいかのように。

古代史探偵ノート④

モモソ姫の臨終の時を標《しるべ》する位置

纒向遺跡と弓月ヶ岳

纒向遺跡と弓月ヶ岳の関係について、あまり知られていないだろう事実を紹介しておこう。纒向遺跡の向き、とでもいう事実について。

纒向遺跡を調査している桜井市教育委員会は、166次調査で発掘された大型建物遺構についてこのように指摘している。

・建物群は、少なくとも4棟が東西の中軸線上に整然と並び建っていた
・遺構の建築時期は、3世紀前半ごろだと考えられる
・建物群は方位と軸線をそろえて構築されていて、明確な設計図に基づいた強い規格性を持っている
・建物群の中軸線は東西線から約5度振れている

〈奈良古代文化研究会編『纒向遺跡と桜井茶臼山古墳』（青垣出版）から要約〉

大型建物群の建築時期は3世紀前半、つまりこの建物群は卑弥呼の時代のものだ。思い切った言い方をしよう。これらの建物は、モモソ姫＝卑弥

呼が作らせたものだろう。そしてその建物群は、中軸線を東西ラインから約5度北に傾けている。この「5度北」については、その意味を調査者達は述べていない。だが、古代史探偵豆ちゃんには古代人の「5度」は見過ごせない。

「5度北に振れている中軸線？　その向かう先は、もしや…」

　地図の上にこの大型建物遺構の場所を落としこんでみた。そして、その遺構地点から線を引いてみた。だが豆ちゃんは、分度器で「真東から5度北」の直線を引いたのではない。直感に従って先ず直線を引いたのだ。この中軸線の向かう先はすでに見当が着いていた。その直感に基づいて直線を引いた。遺跡の地点から弓月ヶ岳の三角点に向けて。引かれた直線と東西ラインの角度は何度だったのか。

「ほぼ5度！」

　遺跡の中軸線は弓月ヶ岳の山頂に向かっているのだ。纏向遺跡の4棟の建物群の中軸線は、弓月ヶ岳を指している。箸墓古墳の主軸線がそうだったように。

　この事実は一般にはあまり知られていないようだ。古代史探偵は「古代人の5度」に特別な興味を抱いている研究者を未だ知らない。そうだから、軸線の5度の傾きがどの峰を指しているかなどということが、あまり意識には上らないのではないか。

　ではなぜ、大型建物群の中心線は真東より約5度北へ向けられているのか。

　もちろん古代人にとって、弓月ヶ岳が重要な意味がある峰だからだろう。

　読者よ、この峰の意味をもう何度も語ってきた。もう一度だけ繰り返せば、この峰は、最高霊力の太陽の昇る峰。アマテラスの星に対応する山頂なのだ。そうであれば、纏向遺跡の4棟の建物群の軸線の傾きは、そういう最高太陽神やアマテラスの星への敬意を示しているに違いない。そのことはまた、この建物群が、そのような至高の太陽神＝アマテラスを祭る祭殿群のような性格なのだろうか、そんなことを思わせる。

「では、この5度という傾斜角度の意味は？」

この5度という角度は偶然なのか。4棟の建物群は、その中軸線が東西線に重なるように作ることも出来たはずだ。技術的には何の問題もなくそうできたはずだ。同じように、5度ではなくて、10度でも15度でも選べたはずだろう。だが、古代人はそうしなかった。軸線を「5度北」に傾けることを選んだのだ。それは必然、「5度」という角度が選ばれているのだ。この建物群の場所を、弓月ヶ岳との位置関係で、「5度北」になるように選んでいるのだと。弓月ヶ岳を5度北に見るように、この建物群の向きが選ばれたことで、必然的に、その建物位置も決まって来ただろう。後は、その軸線のどの位置に建物群を置くかが問題だったはずだ。

「古代人の5度、伊都国の、平原遺跡の5度がここでも……！」

結論から言えば、5度は月と太陽の関係を象徴している。伊都国や倭国の古代人は、太陽と月の軌道が約5度開いて交差していることを知っていたに違いない。日食現象とは、月の軌道（白道）と太陽の軌道（黄道）の交点で起こる現象だが、5度とは、その太陽の道（黄道）と月の道（白道）の開きの角度なのだ。そういう「古代人の5度」であれば、その「5度」とは、太陽と月の関係を意味するのだろう。纏向遺跡を考える上で、弓月ヶ岳と大型建物群が5度北のラインで結ばれるとは、弓月ヶ岳（山頂）と建物群（遺構）が太陽と月の関係にあるのではないか。最大5度開いて対置する太陽と月だから、弓月ヶ岳を太陽と見なせば建物群は月。弓月ヶ岳をその名のように月の峰と考えると、大型建物群は、太陽の建物。

　前者（弓月ヶ岳＝太陽）の場合、この建物群は、「ツクヨミ」と呼ばれる「月の男神」にも関係が深いだろう。そのツクヨミとは「月読み」であり「月夜見」であり「月弓」でもある。卑弥呼には男弟があって彼が「（女王を）佐《たす》けて国を治める」と『魏志倭人伝』にはある。その男弟こそ、アマテラス＝モモソ姫に対するツクヨミ神＝崇神（10代天皇）だったろう。この場合、崇神はモモソ姫の甥なのだが、神としての神格は弟なのだと考えられる。それならこの建物群は、崇神がモモソ姫を補佐して国事を行う政庁だったのか。

　逆に後者（弓月ヶ岳＝月）の場合、大型建物群は、モモソ姫（卑弥呼）の祭殿あるいは居館だったのかも。

　ちなみに、大型建物遺構の位置について言っておけば、その位置は箸墓古墳のほぼ真北に当たるようだ。さらに言えば、くびれ部（円墳部と方墳部のつなぎ部）の真北ではないかと思われる。大型建物遺構のどの建物がくびれ部の真北なのかまでは分からないが。おそらくこの大型建物群は、ユツキが岳を5度北に見通し、箸墓古墳の真北に位置決めされているのではないか。そうであれば、くだんの大型建物群は、当初はモモソ姫（卑弥呼）の居館として在ったが、後にツクヨミ＝崇神の政庁に建て替えられた可能性もあるのではないか。もちろん4棟の建物群なので、モモソ姫の祭殿と崇神の政庁が割り振られていた可能性もあるが。

＊古代人の5度　福岡県の平原遺跡の被葬者（イザナミ女王）を推理したとき、彼らが「高度5度の日食規模」を重視していることに気づいた。そして、その5度が「イット」であり「伊都国のイト」に通じていることにも思い至った。その平原遺跡の「5度」が纏向遺跡でも登場しているわけだ。

＊ツクヨミ　ツクヨミ＝月弓ということに触れたついでに言っておけば、弓月ヶ岳の山頂の上に弓月が懸

かる光景は、実際に見られる光景だ。桜井市の巻向辺りで東の夜空を観察すれば、真東から約5度北という弓月ヶ岳の辺りの上空に牡牛座（ヒヤデス星団）や弓月を見ることができる。6月から10月にかけてそんな光景が確かにあるのだ。纏向遺跡の4棟の建物群からは、アマテラス＝モモソ姫（卑弥呼）あるいはツクヨミ＝崇神が、そのような光景を見ていたかもしれない。

＊神としての神格は弟　日本書紀はアマテラスとツクヨミとスサノオという三貴子を書いているが、ツクヨミやスサノオを弟、アマテラスを姉として書いている。

ピンポイントの位置決め

今、豆ちゃんは重大なことに気づいてしまった。大きなヒントを得てしまった。何のヒントかといえば、箸墓古墳の位置がピンポイントだということを証明するヒントだ。

「…まてよ、4棟の大型建物は…、5度北の軸線と箸墓（くびれ部）を通る南北線の交点に在る？　これって…？」

確かに、箸墓と4棟の大型建物の建設時期の前後関係は問題だ。恐らくは箸墓が後の建設だろう。だが、そのことは置くとして、2本の意味のある直線の交点に作られたのならそれは、ピンポイントの位置決めなのだ。2本のラインの交点ということは、その位置は右（南）にも左（北）にも、前（東）にも後ろ（西）にも一歩たりともずらせない位置ということだ。まさにピンポイントの1点として決まっていると。

ということは、箸墓の位置も同じだ。「箸墓古墳の位置（後円部中央）は、2本のラインの交点となっている」

71ページの図22をもう一度見て欲しい。箸墓古墳の後円部の中央とは、

・夏至山ライン（弓月ヶ岳を夏至山として見る真東より約22・5度北に振ったライン）
・箸墓ライン（巻向山を通過する東西ラインと平行で、その少し南側を通る東西ライン）
という2本のラインの交点と言える。2本のラインの交点なら、正にピンポイント。

「だが、…問題は箸墓ラインの意味だ…」

問題は2本のラインの意味なのだ。2本のラインのうち、夏至山ラインの意味はすでにハッキリしている。弓月ヶ岳を夏至山らしく見るラインなのだ。その意味はシンプルだ。だから問題は、箸墓ラインの意味。

「箸墓の後円部の中心を通過する東西ライン？」だが、この答えではまずい。このラインを何気に引いたそのままだ。箸墓古墳が造られる以前に、このラインは何を意味していたのか？　古代人はどうしてこのライン上に箸墓を築こうと考えたのか。それが謎だ。


ある日ふっと、こんなことを思った。

「夏至山ラインでは、弓月ヶ岳に重要な意味があった。夏至山を真正面に望むことの意味が重要だったのだ。そのラインの先にある山頂がヒントなのではないか？」

箸墓ラインの東の先、そこにどんな山頂があるのか。地図で調べてみた。だが、箸墓の真東には、ピタリと重なる山頂がない。1万分の1の地図では、箸墓の真東には、これといった山頂は存在しないのだ。あえていえば、巻向山の山頂（約567メートル）から少し南に下がったところにある約540メートルの高みが近い。地図の上で箸墓ラインの3ミリ北。つまり箸墓ラインと540峰とは30メートルズレている。「箸墓ライン上」とはちょっと言いにくい。

山頂ではなくて、山並みの鞍部かもしれない。そう思って探したが、そのような鞍部も見つからない。

「山頂はない…、特徴的な鞍部も…巻向の山並みには…ない…」

だが、ほぼ捜索をあきらめかかっていた時、面白い山頂が見つかった。巻向山塊を越えてさらに東にある天神山だ。その山頂（455メートル）がほぼ真東に当たるのだ。地図の上で、天神山の山頂（三角点）と箸墓ラインは、1ミリほどしかずれていない。10メートル以内だ。古代人の測量点と現代の三角点が必ず一致していたとは限らない。それに、前にも言ったが、地図の上では、箸墓後円部の中心は確かにここだとは定めにくい。1ミリぐらいの誤差は当然考えられる。それなら古代人にとって、天神山が箸墓の真東であった可能性はある。それに天神山の名前も意味ありげだ。

だが、いかんせん天神山は、巻向の側からは見えない峰なのだ。455メートルの山頂は、手前の500メートル級の巻向山の山並みに隠されている。だからこそ、最初の捜索では、天神山など目にも留まらなかったのだ。

「天神山は無理か…、山頂でなければ何を目標物にしたのか…？」

ある日、面白いヒントが浮かんだ。

巻向山は春分の日と秋分の日を表している山だ。『この交点』から見れば、その二つの日、太陽は巻向山の山頂の直下（水平線位置）から昇る。そういう意味で、巻向山は春分の日と秋分の日を表す山だといえる。そのことから気づいた。

「箸墓ラインは、巻向山ラインと平行で、その少し南にある。ということは、箸墓ラインが指し示しているのは…、春分の日や秋分の日に近い日…？」

すでに言ったように、箸墓の真東には、『この交点』から見えるようなそれらしい山頂はない。天神山は巻向山に隠れていて見えない山だ。だが、それらしい山頂がないとしても、それに代わる神社などの人工のランドマークがあった可能性もある。さらに、箸墓ラインが「山並みからの日の出の位置」を指し示しているのなら、先の540峰もありうる。「540峰の少し南から日の出する」などと。このラインに意味があるとしたら、それは「日の出」ではないか。「水平線からの日の出の位置」あるいは「山並みからの日の出」、そのどちらかはまだ分からないとしても。

そして、もしそうだとしたら、この箸墓後円部の真東の位置は、「春分や秋分に近い日」を指し示していることになる。巻向山の直下から日の出(水平線位置)が春分や秋分なのだから、その少し南からの日の出なら、春分の日や秋分の日に近い日だろう。そういうことになるはずだ。

「箸墓ラインは春分や秋分に近い日を指し示している！」

「春分の日の少し手前の日、または秋分の日を少し過ぎた日…」

「もしかして…9月の24日？」

春分の日の少し手前の日は置くとして、秋分の日の少し後といえば、思い当たる日がある。モモソ姫の命日だ。モモソ姫は248年の秋分の頃に亡くなっていた。日本書紀・崇神紀を読めば、そんなことが分かる。『書紀』は崇神10年9月の条(＝記事)にモモソ姫の死を書いている。豆ちゃんが、その記事から追及したところ、モモソ姫が死んだのは、248年の9月24日だった。

4度のズレ

モモソ姫の命日が248年の9月24日であることが分った。探偵ノート①でみたように、モモソ姫と三輪山の神との伝承(小蛇日食)がそのことを伝えている。では、その彼女の命日が箸墓古墳の位置とどのように関係しているのか。それを考えてみよう。

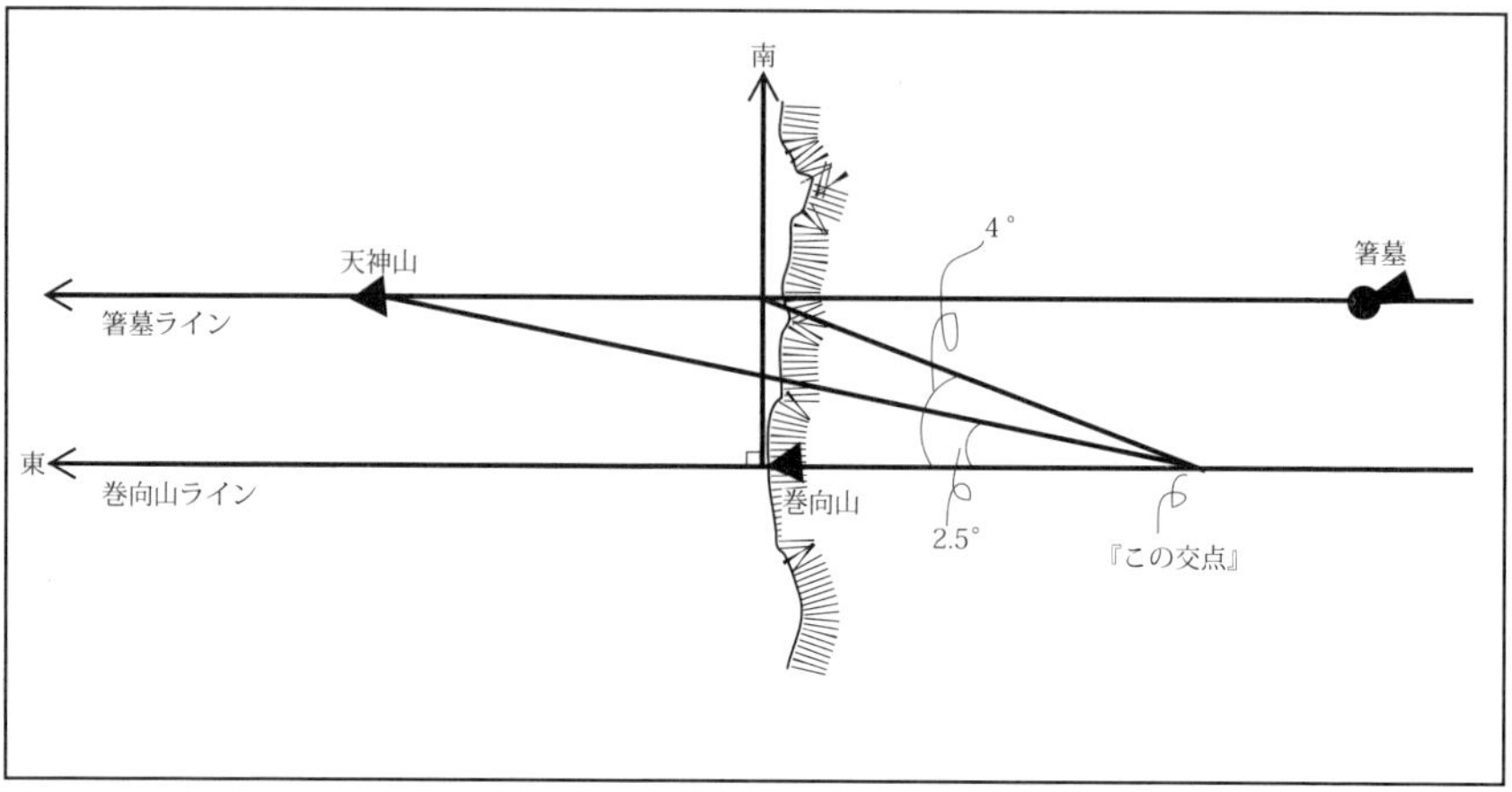

図２５　箸墓ラインと巻向山ライン

まず、箸墓ラインは巻向山ラインから、どのくらいズレているのだろうか。前に言ったが、箸墓後円部の真東の山並みには山頂のような特徴ある目印がない。そこで２本のラインの間のズレを図のように測ってみた。最初、地図に線を引いて分度器で測ったとき、２本のラインの開きは、ほぼ４度だった。念のために三角関数で角度を計算してみたが、やはり４度ほどだ。ちなみに天神山の位置で二本のラインの開きを測れば、それは約2・5度となる。

「いったい、この４度とは何を意味するのか、ひょっとして太陽の出現位置？」

だが、それは違うようだ。秋分の日の水平線からの日の出は真東からだから、その翌日の９月24日でもほとんど変わらないはず。箸墓ラインとは関係ない。山並みからの出現で言えば、秋分の日のそれは、前にも言ったように４８３メートル峰からだ。その翌日の９月24日でもほとんど同じように４８３メートル峰から昇る。その４８３メートル峰は、箸墓ライン（箸墓円墳部の中心から真東に延びるライン）よりもさらに南側にある。これは２０１３年の秋に観察したが、この事実は、２４８年の秋分でもほぼ同じだ。つまり、２４８年の９月24日の日の出の太陽の位置は、水平線からでも山並みからでも、その日の出の太陽は、箸墓（後円部）の真東にはない。箸墓ラインは、モモソ姫の命日の「日の出の太陽」を指し示してはいないのだ。

「箸墓ラインは何を指し示している？　山頂でもなく命日の日の太陽でもない…？」

「…、天神山は箸墓の真東にあるけど見えない山だし…」

「４度南の位置…４度？　もしや…」

＊ほとんど変わらない　太陽は、夏至の日（６月23日）から秋分の日（９月23日）までの92日間に約30度の移動なのだから、１日平均約０・33度ずつ南にズレる計算。ただしこれはあくまで計算による平均値で、実際の観測ではない。そしてこの平均０・33度の微妙な移動を、目視の日の出観察で前日と翌日の日の出位置（山並み）の違いとして実感するのは難しい。

高度４度の太陽

箸墓ラインの謎解きは、濃い霧に包まれて見通しが立たなかった。推理は厚い壁にぶつかって停滞、突破口がなかなか見つからない。だが、その厚い壁が突然消えることになった。謎の霧は急速に晴れていった。霧の晴れた壁の向こうに明るい太陽が輝いていた。

謎解きのヒントは「４度」。さらにいえば「４度の太陽」。

「モモソ姫の命日の日の太陽、箸墓ラインの指すものはその太陽だった。」

古代人が箸墓の位置を決めた理由は、太陽だった。「4度の太陽」、箸墓後円部の真東にあったのは、モモソ姫の命日の日の太陽だったのだ。ただしその太陽は、日の出の太陽ではない。水平線から顔を出す太陽でも、山並みから出現する太陽でもないのだ。箸墓ラインが指し示していた太陽とは、モモソ姫の命日の日の、「山並みの向こうに隠れた太陽」なのだ。

もう少していねいに説明しよう。

2 4 8年9月24日、午前6時09分34秒。太陽は高度4・10度に位置している。

高度4・10度、読者よ、このことだ。この「4度」に意味があるのだ。古代人はその「4度」を「死度」と見なした。つまり、高度4度の太陽は「死度（死渡）の太陽」なのだと。その「死度の太陽」を「臨終のモモソ姫」だと考えた。箸墓の古代人達は、そう考えたのだ。だから彼らは、モモソ姫の命日の日の高度4度に達した太陽の、その真西に彼女の墓を築いたのだ。

命日の日の高度約4度に達していた太陽こそ、臨終のモモソ姫。古代人はそう考えた。

すこし時間を巻き戻してモモソ姫の死の様子を振り返ってみよう。

先に図3（18ページ）で示しておいたあの星空、2 4 8年9月24日の夜明け前、午前5時04分のものだ。モモソ姫という月が畢の右の箸に貫かれて、西空を下っている。いわゆる日本書紀の「箸が陰を突く」光景（天象）だ。それは、モモソ姫が死を迎えようとしていることを意味していた。

その光景は、畢の星座がさらに西空を下りながら、月が畢の三角形に入って行きながら続いていく。同時にそれは夜明け前なので、東の空は明るさを増してくる。そしてそんな6時09分、太陽は東の山並みの向こうに隠れてはいるが、高度4・10度の高さで方位2 7 3・15度（真東より約3度南）に位置していた。振り返って西空を見れば、もう

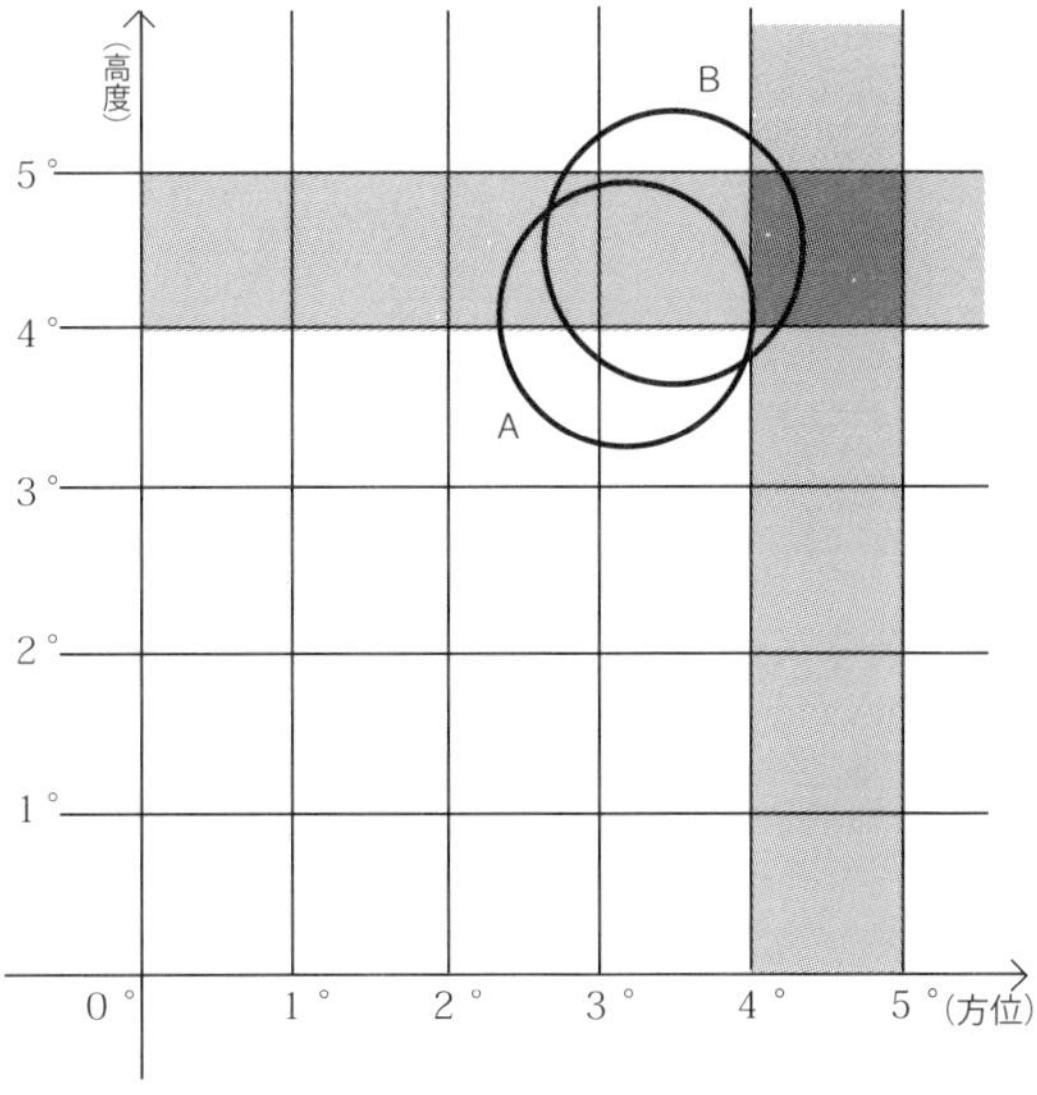

図２６　死度の太陽①

畢の星座は見えない。星々は空の明るさに消されて、十九夜の月だけが見えている。

　読者よ、日本書紀は、このように死に行くモモソ姫を星空の光景（天象）で語っている。そこに語られている臨終のモモソ姫とは、まさに高度「4度」に昇った太陽なのだ。確かに『書紀』は、モモソ姫が太陽ですよとは書いていない。モモソ姫がアマテラスだったとも書いてはいない。だが、このように記述を天象として読み解けば、モモソ姫とはアマテラスで、太陽だった（太陽としての存在＝神）と分かる。高度4度（＝死度）の太陽＝モモソ姫なのだと。そう、モモソ姫の命日の、「死度（4度）の太陽」こそ、箸墓後円部の真東にあるものだった。箸墓ラインの指し示しているものはそれだったのだ。

　高度4度＝死度の太陽について、もう少し詳しく説明しておこう。『ステラナビ5』によれば、モモソ姫の死の直前の太陽の方位と高度はこのようになる。

方位270・42度　…　高度　0・15度
　　273・00度　…　　　　3・89度
　　273・15度　…　　　　4・10度6時09分34秒（A）

２７３・29度　…　４・30度
２７３・43度　…　４・51度６時11分34秒（Ｂ）
２７３・57度　…　４・71度
２７３・72度　…　４・92度６時13分34秒

この場合、方位２７０度は真東を意味する。もちろん太陽の位置はその中心で考えている。今、そのように考えて、ＡとＢのふたつの時刻の太陽を、グラフ上に描いてみた。図26の黄色の部分が高度４度（または方位４度南）の範囲だ。高度４度の範囲で言えば、Ａの太陽は半分以上の部分が、その範囲の中に入っている。その意味でＡの太陽は「死に行く太陽＝死度の太陽」だ。そしてＢの太陽も、その大部分が高度４度の範囲にある。高度５度の範囲に属する部分にしても、ほんの数分前には高度４度に属していた。つまりＢの太陽は、中心部を含む全体に近い部分が「死度の太陽」なのだ。Ｂの太陽は、「完璧に臨終」ではないだろうか。すでに死後硬直さえ始まっていそうだ。そのことからすれば、Ａの時点でも、モモソ姫の死のときの太陽と言えそうだ。Ａの太陽は、今まさに臨終を迎えようとしているモモソ姫の象徴だろうか。

ところでＢの太陽といえば、部分的に「高度４度で方位も４度南」の位置にある。高度と方位の「ダブル４度」にある太陽だ。まさにＢの太陽は、死後硬直が始まっているモモソ姫を表しているにちがいない。

「えっ、まてよ…、まさか…？」

ダブル４度、そのときハッとした。

「Ａの太陽こそダブル４度だったのでは？」

「古代人の角度は、現代人と違うかも？」

先の図は現代人的な考え方で描いている。だが、古代人もこのような角度の見方をしていただろうか。違っていたのではないか。倭国の古代人は「０」を知らなかったはずだ。それなら彼らの「４

度の範囲」と現代人のそれは違っていたはず。そのことは、古代と現代の年齢の数え方の違いからも分かる。現代の「満年齢」は、誕生を0歳と考える。だが、古代の「数え年」は誕生即1歳なのだ。古代の角度に「0度」がなかったのなら。年齢の数え方と似たようなことが起こるはず。古代人の「4度の範囲」は、現代人が「3度」と見なす目盛りから始まるはずだ。

グラフを描き直して見よう。図27がそれだ。黄色く塗った（四）の部分は、古代人が「4度南」あるいは「高度4度」と見なしていただろう領域（範囲）を意味する。

Aの太陽は、その時点で、全体の4分の3ほどが「4度」の領域にある。だが、Aの時点以前に高度4度に達していた部分を考えれば、Aの太陽は、全体がすでに「死度の太陽」なのだ。臨終を越えて、すでに死んでいるモモソ姫を暗示するAの太陽だろう。古代人はそのように見ていたのではないか。

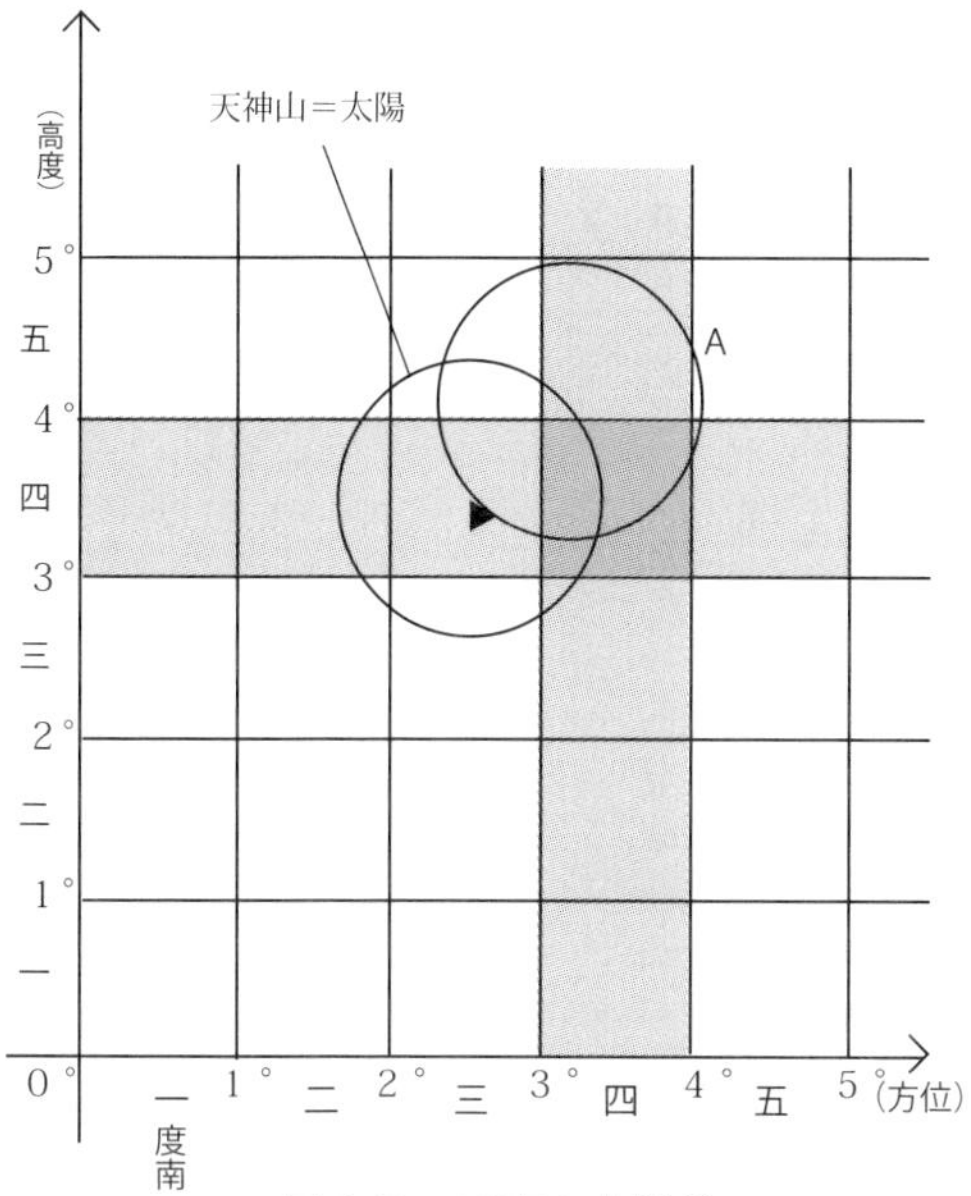

図２７　死度の太陽②

モモソ姫の臨終と天神山

ふと思いついて、図27に天神山の山頂を入れてみた。方位2・5度南、仰角（太陽高度）3・5度、図の▲がそれだ。そして、その天神山の山頂に中心が重なる太陽も描いてみた。

「何と……！」

読者よ、「天神山に重なる太陽」は、太陽の中心を含む大部分が「4度」の領域にある。そしてさらにその4分の1の部分は、今まさに、ダブルで死度（＝4度）の領域に入ってきている。この図の「Aの太陽」が死んでしまった太陽＝死体のモモソ姫、を意味するのなら、「天神山＝太陽」は、今、臨終を迎えるモモソ姫を表しているのではないか。

「天神山太陽に重なる太陽こそは、今まさに臨終を迎えようとしているモモソ姫だ」

天神山の山頂は、箸墓古墳からは見えないけれど、モモソ姫の臨終の時の太陽がちょうどその位置にあった。太陽中心＝山頂として。恐らく古代人はそのことを知っていたのだ。それを知っていて、天神山の真西に箸墓円墳部の中心を定めたのだ。

天神山はモモソ姫というアマテラスの死の時を示す山。だから天神山とは「アマテラスの山」の意味なのだろう。「夏至山」という名前が、モモソ姫（卑弥呼）の時代（3世紀）からなのであれば、「天神山」という名前も3世紀からの可能性が高い。

読者よ、どう思う、このような「箸墓の位置」選びを。豆ちゃんには、推理し始めた時には思いもしなかった結論だった。何という古代人達だろうか。彼らは巻向の地形を、まるで現代の地図を持っているかのように把握している。このことで思い当ることがある。

「箸墓は、昼間は人が作り、夜は神が作った」

崇神紀には、そんなふうに書かれている。夜には神が作ったって、ハハハ大げさな人たち。以前には、確かそんなふうに思ったことがある。

だが今は違う。この表現は誇張ではない。この「神」とは、測量の技術者たちのことだ。箸墓作りの指揮を取った設計者であり技術者である人達だ。彼らの測量力のレベルは正に神業的。恐らく彼らは、夜間に作業をしたのだろう。灯火を使って距離や角度の測量をしたのではないか。そうして箸墓の向きや位置を決め、古墳の形や大きさを定めたのだろう。地面に設計図を描き、作業の進行を導いたりもしたはずだ。彼らには、正に現代の地図を持っているかのような、位置関係の把握ができていたはずだ。それは天にいます星神なら、そのようなことができるはずという意味において、正に彼らは神のようだったのだ。天神山の位置と箸墓との関係が偶然でないなら、彼らの神業的技量を認めざるを得ないのではないか。

＊古代の角度　倭国の古代人が「0を持たない古代人」だったことは、「数え年齢」の伝統がそれを示していそうだ。そのことから、先に示したような古代人の角度の見方が考えられる。だが、古代の角度については、さらに厄介な問題がある。2、3世紀の倭国人は「古代中国流の1度＝円の３６５分の１度」を使っていた可能性があるのだ。現代の1度は円の３６０分の1だから、古代の1度は現代の1度より「少し小さい1度」だといえる。だから、例えば三角定規の45度の頂角を、古代中国流の1度で計れば、それは45度を越えた数値（約45・63度）になる。先に巻向三山の巻向山の頂角は、正確には44・5度ほどだと言っておいた。だが、今言う古代の測定では、それは「古代の45度（領域）」だったことになる。また例の『メソポタミアの直角三角形頂角』についてもその22・5度は古代人的には23度（領域）だったかもしれない。このように、古代人の角度は、豆ちゃんには「厄介な未解決な問題」を残している。そういうことで、本来は現代の計測値を補正して古代の測定値に直して書くべきだったかもしれないが、そうしなかった。そうしてしまうと、豆ちゃんの説明が複雑になりすぎて、読者には分かりにくい

だろう。だから、豆ちゃんが必要だと思った場合のみ、補正した数値を示している。それ以外は、現代の数値で書いている。

＊ステラナビゲータ『5』と『10』について　小蛇日食（248年9月5日）は両者とも最大93％食で同じだ。だが、『5』では最大食に達するのが6時3分だが、『10』では5時47分だ。およそ16分、『10』が早い。では9月24日、太陽が天神山の山頂に達する時刻はどうか。その日の太陽が、方位272・53度で高度3・5度に達するのは『5』では6時5分ごろ（方位272・53度、高度3・21度）、『10』でも6時5分ごろ（方位272・521度、高度3・415度）だ。両者の数値は微妙に違うが、そもそも観測点も『5』と『10』では微妙に違う。そのようなことを勘案すれば、「死度の太陽」（天神山＝太陽）はステラナビの『5』でも『10』でも同じように確かめられるといってよいだろう。

日・月・星三位一体の主

読者よ、分かるだろうか。この臨終を語る物語では、モモソ姫の死が、畢宿という星（星座）と月と太陽で語られている。彼女の死の直前、畢宿の星座に月が懸かる光景が起こっていた。まさに臨終の時、太陽は「高度4度」に昇っていた。彼女の死は結局、月・星（畢）・太陽で語られているのだ。そのことは、モモソ姫とは、「日・月・星」で語られるべき存在だったということだろう。そのような存在として、古代倭国で、モモソ姫は見られていたに違いない。

モモソ姫とは、太陽であり、月であり、星である存在なのだ。それらの天体の生まれ変わり的な存在、それがモモソ姫（卑弥呼）だったのだ。まさにそれは「アマテラス神」ということなのだ。太陽も月も星も、天空に照り輝いている。だから彼女は「天照大神」なのだ。繰り返して言うが、モモソ姫はアマテラスだった。そして、このことはまた、アマテラス（天照大神）とは、『太陽・月・星』の三位一体の神なのだということだ。アマテラスという神は、普通に太陽神と考えられている。もちろんそれはアマテラスの重要な意味なのだが、月と星（畢）の側面も忘れてはならないことなのだ。

　さて、この探偵ノートの最後に、もう少しだけ話しておきたいことがある。「はしのみはか（箸墓）」というこの古墳の名前のことだ。豆ちゃんはこう言いたい。

「箸墓（はしのみはか）という名前も、命日の星空に由来する。」

箸墓古墳の位置は、古代の「大市《おおいち》」だったようだ。崇神紀にはそのように書かれている。だが、それなら『大市墓』と呼ばれてよさそうではないか。日本書紀で天皇陵とされる古墳は、だいたいにおいて墓の所在地が古墳名になっている。特に初期の10人の天皇では墓の名を地名で書いている。だが、『箸墓』はそうではなさそうだ。まあ「大市」が、日本書紀の編集当時（7、8世紀）の地名で、3世紀までは遡れない可能性もないことはない。そして、例の現在の地名「箸中」が3世紀当時にすでにあって、その地名から「箸墓」なのだという可能性もないとは言えない。

　だが、既に説明したから分かってもらえると思うが、箸＝畢の星座だ。そういうことでいえば、箸墓という名前は、星空由来というべきだろう。箸墓古墳が「大市墓」でなくて「箸墓」だったのは、何を置いてもモモソ姫の死の日に「畢に月」の天象が起こったことに由来するに違いない。畢の三角形の左右の2辺を箸と見なしたから「箸墓」なのだと。箸墓古墳の「箸墓」という名前も、モモソ姫の命日の星空に由来するのだと。そしてそうであれば箸墓古墳とは、位置も形も名前も命日の星空由来、と言えるだろう。

＊大市《おおいち》　古代史探偵は「大市」もまた星空由来だろうという気がし始めている。日本書紀の崇神紀には「大田多根子《おおたたねこ》」という人物が登場する。三輪山の神の子孫なのだ。そして、纏向遺跡のある場所の近くに「大田」という地名が現存する。大田と大市に共通する「大」は畢宿の星座由来の地名では？　畢の星座の「Y」字形を、「大」字の形に見立てているのかも。だから「大市」＝「畢の地上」なのではないか。だが、これはまだここだけの話。読者よ、内緒の話だ。

古代史探偵ノート⑤

形は鏡・玉・剣＝畢・昴・参

前方後円墳のモデルは「畢に月」

箸墓古墳は、「前方後円墳」という形をしている。その「前方後円墳」とは、「前が方形（四角形）で後ろが円形をした墳墓」という意味だ。確かに箸墓古墳はそのような形をしている。ただし、方形といいながら、箸墓古墳のそれは三角形だ。だが、まあこれは広い意味で方形と見なしてもいいだろう。

「前方後円墳」という用語は、江戸時代の研究者、蒲生君平《がもうくんぺい》の使った言葉だという。彼は、箸墓古墳のような古墳の形を「牛が引く屋根付の車の形」と見なしたようだ。後円部は人が乗る客室の部分で、前方部は客室部に繋げてそれを牛に引かせる轅《ながえ》（＝人力車なら車夫が握っているコの字型の柄）の部分。そう見なしたから、方墳部は進む牛車の前の部分で「前方」。他方、人が乗る客車の部分は後部にある。だから「後円」なのだ。なぜ「円」が後ろで「方」が前なのかは、そういうことだったのだ。

ちなみに、箸墓古墳や「崇神天皇陵」「景行天皇陵」などのような宮内庁が管理している「陵墓（天皇の墓）」や「陵墓参考地」には、それらの古墳の前方部に接して、遥拝所《ようはいじょ》という施設が設けられている。古墳を参拝する場所だというのだ。これは江戸時代以降に設けられたものだろう。古墳の築造時から設けられていたのではないはずだ。遥拝所が前方部にくっ付いているのは、「前方部が前」と見る蒲生君平の見方によるのだろう。

さて、その「前方後円墳」とは、古代史探偵豆ちゃん流には「箸墓型古墳」のことだ。もっと言えば、「前方後円墳」のルーツは箸墓だ。考古学や歴史学の本では、箸墓古墳のことが「最初期の前方後円墳」などと書かれているが「最初期」はあいまいだ。確かに、箸墓古墳に似た形の、より古いと思われる古墳も報告されていたりはする。だが、たとえそれが事実だったとしても、後の時代の前方後円墳の隆盛は、箸墓古墳があってこそのことだろう。箸墓古墳こそ前方後円墳の全盛のルーツに位置すると考えられる。箸墓古墳以後の前方後円墳は箸墓古墳をまねたに違いない。そういう意味で箸墓古墳こそ前方後円墳の第1号の古墳というべきではないか。

箸墓のような前方後円墳は、酒壷あるいは単に壷をモデルにしていると説明されことが多い。いわゆる「壷モデル説」だ。ずいぶん有力な説で、現在でも多くの論者達がそれを主張している。前方後円墳を「壷形墳」と呼ぶ研究者もいる。

だが、前方後円墳の由来は壷なのだろうか？古代人は壷をモデルにして箸墓古墳の形を決めたのだろうか？　古墳の形を壷に似させようとしたのだろうか。

結論から言えば、古代人は壷をモデルに箸墓を設計してはいない。壷ではない別なものを表そうとしたのだが、結果として壷のようなシルエットを持つことになったのだ。繰り返して強調するが、箸墓古墳のモデルは壷ではない。

図28は箸墓古墳の航空写真だが、このように緑の木々に覆われた箸墓古墳の平面形は、言われてみれば壷のシルエットに似ている。図29は箸墓後

円部から採取された壷だ。正確に言えばこれは「壷形土器」で、普通にいう「壷」ではない。この土器の底には穴が開けられていて、水は溜められない。この土器は、箸墓の後円部に立てられていた円筒埴輪の上部に載せられていたもので、つまり埴輪の一部なのだ。その用途は祭祀用で、日常品としての壷とは果たしている役割が違う。だから「壷形土器」という言い方をする。

図２８　箸墓古墳航空写真
（橿原考古学研究所提供）

図２９　箸墓古墳出土の特殊壺形埴輪
（宮内庁書陵部所蔵）

さてそれでもこの「壷形土器」と箸墓古墳のシルエットは確かに似ている。壷モデル説が有力なのも分かる気がする。

だが読者よ、壷に似ていることから直ちに壷がモデルと言ってはいけないのだ。問題はなぜ壷に似ているのか、なのだ。

図30は縄文の壷だ。この縄文の壷のシルエットも箸墓や壷形土器に通じるものがあると思わないか。箸墓の後円部のような円形のふくらみ部はないが、それでも「撥《ばら》形に開く」とも形容される

箸墓古墳の前方部の姿との類似は見て取れるだろう。

この縄文の壷はどんな用途で使われていたのだろうか。この形の縄文壷には、中に水を入れて煮炊きされた形跡があるものが見つかっている。おそらくこのような形の縄文壷は、中に水を溜めたり、煮炊きをしたりする容器だったのだろう。だが、このような形では、水を入れて溜めるにも、火にかけて煮炊きするにも、どちらにしても安定が悪いだろう。なのに、このような形をしている。

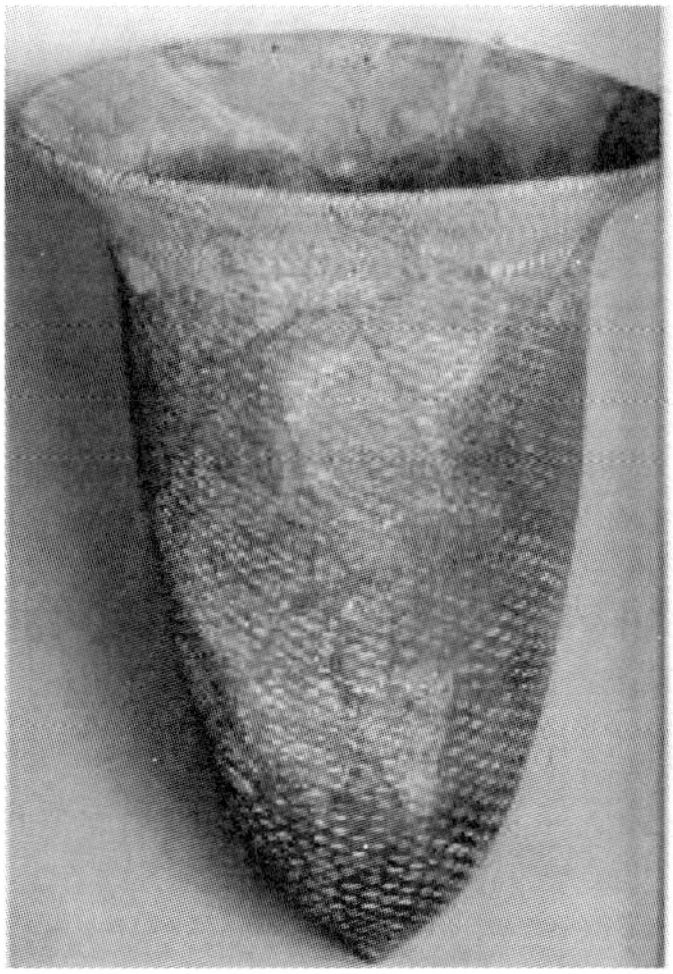
図３０　縄文の壺
（大川遺跡出土の押型文をほどこす尖底深鉢）＝（橿原考古学研究所附属博物館提供）

なぜこんな形をしているのだろうか。

読者よ、もう豆ちゃんのほのめかしが分かってもらえただろうか。「壷は水に関係の深い容器」というヒントはどうだろうか。さらに、前に言ったが、「箸墓の前方部は畢の星座の形」というヒントはどうだろうか。

そうなのだ、この縄文壷のシルエットも畢の星座の形ではないか。この縄文壷は、水を溜めるもの。だからそのシルエットに畢宿の星座の形を取らせている。水に関係の深い墓と水に関係の深い壷だから、両者とも畢の星座の形をしている。それが正確な事実なのだ。モデルという言い方をあえてすれば、この縄文土器も箸墓前方部も「畢宿の星座がモデル」なのだ。箸墓も縄文壷も畢の星座をモデルに形作られた。だからそのシルエットが似ることになった。そう考えるべきなのだ。そういう意味で、前方後円墳は「壷モデル」ではなく「星座モデル」なのだ。

そしてさらに、前方部だけではなく箸墓古墳全体のモデルと言えば、「畢に月」だと言えるだろう。前方部が畢で後円部は月なのだ。月だから円墳部はあのように整った円形なのだ。そして、その「畢に月」の形と言えば、先の壷形土器も同じシルエットなのだ。あの壷形土器こそ「畢に月」をモデルにしているといえる。それは「天の水を請い求める形」とでも言えるだろうか。

このように、壷形土器や箸墓古墳さらに縄文土器に共通するのは、その「形が星空に由来する」ということなのだ。特に畢宿の星座に関係していることなのだ。思うに、壷の場合、その中に溜める水の神聖さを保障したいのだろう。だから畢宿のシルエットを採らせている。ちなみにこのように考えると、畢宿の星座を信仰する伝統は、弥生を超えて縄文の時代からあるということになる。

「畢に月は雨」その古代の伝承から考えると、箸墓古墳が周濠を持っていた理由が分かる。周濠の水は「畢に月」がもたらす雨（天の水）なのだ。箸墓古墳とは「畢に月は雨」という呪文を天に向かって掛けている姿、この古墳はモモソ姫（卑弥呼）の「雨よ降れ」という呪術の姿を示しているモニュメントなのだ。そうして周濠はその呪術が実現している姿でもある。箸墓古墳はその周濠も含めて、「畢に月は雨」を表現している。

だが、箸墓古墳の形の意味は「畢に月は雨」だけではすまされない。この前方後円墳の箸墓古墳には、別な意味も隠されている。いや、隠されているというよりも、別な意味がハッキリと表現されている。

前方後円墳は三神山

そもそも古墳とは、本来は緑の森ではない。作られた当初の姿は緑の森ではなかったのだ。図31・32は橿原考古学研究所が企画したレーザー測

図３１　箸墓古墳（平面図）

量による赤色立体地図だ。この立体地図は箸墓古墳の本来の姿をリアルに教えてくれる。箸墓後円部は５段に造られている。他方、前方部は３段に企画されていたのだ。従来の墳丘測量図では、前方部の側面に段築はないと思われていた。だが、このレーザー測量図では、墳丘測量図では曖昧《あいまい》だった前方部の構造もよく分かる。前方部側面も段築されていたのだ。

図３２　箸墓古墳（鳥瞰図）

その段築とはこういうことだ。図32を見てほしい。後円部は五段に作られている。だから斜面は、滑らかな円丘としてつながってはいない。段差が出来ている。円丘を横にスライスして、そいつを一つ飛ばしに抜き取ったようだ。だから、各段のところで、テラスのような平坦な部分が出来ている。立体地図で言うと、赤っぽい斜面に対して白っぽい平坦面だ。前方後円墳は、このような作られ方をする。これを考古学では「段築」と呼んでいる。正に段を築いているのだ。

さて、これは以前からの豆ちゃんの感じ方なのだが、この立体地図でも同じ印象だ。
「何なんだ、この後円部の姿…、この同心円の重なりは何？　円とくっついた3段の三角形…これは何を表現しようとしている？　壷？　違うだろう…。」

箸墓の緑の森から、木々を取り去って、築造当初の姿を思い描けば、側面の景色は、古墳全体が、葺き石で覆われているという不思議な姿だ。そして、段築によって描き出された同心円もまた印象深い。

このような立体地図を前にしては、「壷のシルエット」などという輪郭線の説明だけではすまされない。5段の後円部や3段の前方部の、段築の意味も問わずにはいられない。この異様な人工の段丘構造物は「壷モデル」では片付けられないものだ。さらに、「月に畢は雨」でも説明が付きにくい。このように、全身が葺き石で覆われた段丘（古墳）は何を意味するのか。その意味が分かったのは、ある新聞記事を目にしたからだ。

「中国では、三つの神山、『三神山』がありました。蓬莱、方丈、瀛洲の三つです。その山には仙人が住んでいて不老不死の薬があると言われていました。…（中略）…後の文献によると、蓬莱というのは東海にあって、周囲が五千里。方丈は東海の中心にあって五千里四方とあります。周囲と四方という言葉から想像すると、蓬莱というのは丸く、方丈は四角い島だと考えられます。瀛洲は玉と石がある山だと言います。こういう思想が苑池の設計に取り入れられていきます。」（亀田研究課長・奥野記者　毎日新聞）

分かった。前方後円墳が分かった。そうだったんだ。前方後円墳は三神山だったんだ。全身に電流、背中がビリビリ。以来、友人たちに語りまくったが通じなかった。なぜこんなシンプルなことが誰にも気づかれないのだろうか。

　ちなみにこの記事は、箸墓古墳について語られたものではない。他のいかなる古墳について語られたものでもなかった。引用部分は、明日香の苑《えん》池《ち》遺構（7世紀の天武天皇の時代の庭園遺構）のことを解説した新聞記事の一部分なのだ。

　だが、記事を読んで、これはまさしく前方後円墳のことだと思った。前方後円墳の説明として、ピタリと当てはまっている。丸い蓬莱山《ほうらいさん》と四角い（三角形の）方丈山《ほうじょうさん》をくっつけて、それら全体を葺き石で覆えば、それは、前方後円形の丘になる。その表面全体が葺き石で覆われているのなら、それは、正に瀛洲《えいしゅう》を意味する。エイシュウとは、「玉と石のある山」だから、つまり葺き石で覆われた古墳の姿と通じる。前方後円墳とは、三神山だったのだ。

　前方後円墳とは、「蓬莱・方丈・瀛洲」古墳。三神山を同時に一体で表す。それが造形のアイデアだ。前方後円墳とは、三神山を一つの形に合体させた古墳なのだ。実に明快だ。実にシンプルなアイデアだ。

　結論として、箸墓古墳の形、つまり「前方後円墳」というデザインは、かの古墳が「東方海中にある三神山」として企画されているからだ。

　三神山は古代中国で、紀元前から語られる神仙境のひとつだ。中国の東方の海中にあるとされた3つの島からなる神仙境のことで、3つの島は同時に3つの山でもあるので三神山だ。それらの島または山には仙人が住み、不老不死の仙薬があるとされた。秦の始皇帝が、この不老不死の仙薬を求めて、方士《ほうし》（不老長寿の呪術、祈祷、医薬、占星術、天文学に通じた学者）の徐福《じょふく》を派遣したことが　司《し》馬遷《ばせん》の『史記』に載っていることは有名だ。

　さて、三神山の神仙境は中国大陸の東方海中にある。その東方海中といえば、それは正に古代中国から見た倭国の方位だ。そして、倭国には不老不死にも通じそうな長寿のモモソ姫（卑弥呼）がいた。モモソ姫の墓を築くなら、この「三神山」のアイデアこそ、重要な造形動機ではなかったか。箸墓古墳の築造者たちは、モモソ姫を、三神山を表す墓に葬りたいと思ったに違いない。

天上の神に供えた鏡と剣

読者よ、箸墓の形の謎を、「畢に月は雨」や「三神山」で解いてきた。ここでしばし豆ちゃんの独り言に付き合ってほしい。豆ちゃんは、箸墓古墳の平面形を追究しながらよくこんなことを思っていた。

「そもそも、古墳の平面形にどんな意味がある？飛行機もヘリコプターもない時代、古墳の平面形など誰も目にできない。例え高い山に登っても、現代の飛行機から見るような平面形は見られない。我々が航空写真で見る古墳の平面形は、古代の誰にも見られなかったのだ。それなのに、古代人にとって、古墳の平面形など、どんな意味があったというのだろう？」

古墳を上空から見るということは現代でこそ難しくない。航空写真がある。現代人なら簡単に古墳の上面の景観を知ることができる。だが、古代人にはこれはできなかった。やろうとすれば高い山に登ってそこから見るしかないが、それでも正真の平面形とはいかないだろう。真上から見る方法は古代にはなかったのだ。

だが、われわれが形を造形するのは、見せるためだ。また、見られることを意識するからだ。そうだから装飾もする。だったら、古代人も見せようとしていたし、見られていると意識していたのだ。だからこそ、古墳の平面景という形がそこに作られている。

「一体誰に見せたかったんや？」

豆ちゃんのこの疑問は、ふるさとの列車に乗った夏の日に解けた。列車が鉄橋の上に差し掛かって、車窓から川原で遊ぶキャンパー達を観たのだ。その時分かった。

「古墳は真上から見られる姿（形）を意識して設計されている。なぜなのか。上空から見ているモノが居たからだ。それは、モノというべきではない。『存在』あるいは『神』と言うべきだ。彼ら古代人は、天空に居ます神々からの視線に供えて、古墳の平面形を設計したのだ。天の神からの視線を意識していたのだ。神が天空から見そなわす古墳なのだと。古墳の平面形とは、天空の神々に捧げられた形（姿）なのだ。」

モモソ姫の古代、彼女等の上空には、天なる神々がいた。それは、人々の思いの中に確かに存在していたのだ。その彼らの神とは、夜の天空に輝く星星だった。『日本書紀』や『古事記』には、八百万《やおよろず》の神々が高天原にいたと書かれている。その高天原とは、文字通り「高い天の原っぱ」で、天空のことだろう。古代人は天空に神々が居ると考えていた。

このことは、どうでもいいことではない。われわれの思いの中に神がいないからといって、彼ら古代人を考えるとき、彼らの神のことを忘れてはだめだ。彼らの伝えた話には、天なる神々がそれこそ数多登場する。彼らによれば『八百万の神』。八百万の神々は、高天原に坐すのだ。そこから下界の古代人たちを見そなわしている。それが古代人の論理なのだ。では、さらに問おう。

「彼ら古代人が天空の神々に供えた、箸墓古墳の（形の）意味とは？」

もう一度箸墓のレーザー測量図に返ろう。後円部は、葺き石の斜面とテラスが交互に繰り返されて同心円が描かれている。同心円が強調されている。同心円だ、同心円の帯、同心円帯が印象深い。

強調されているのは同心円だ。正に、段築とはこの同心円を描き出すためのものではないのか。同心円を描くために彼らは、段築という技法を使っている。

「そうか、鏡だ！　鏡の背面、映す面ではなく模様の描かれている面、そこには、同心円帯が使われている。」

箸墓の後円部の平面形は鏡を表現している。それなら前方部の意味は何か。鏡と剣、鏡と来れば剣だ。前方部の三角形は剣を表す。鏡を象徴する同心円と剣を表す三角形、それを組み合わせたのが箸墓の形。箸墓の平面形は、鏡と剣なのだ。シンプルだ、シンプルな表現意図だ。古代人はすぐれた造形家だ。

豆ちゃんが後円部を鏡だと直感したのは、段築で描き出された同心円からだった。だが前方部を剣と察知したのは、一種の連想だ。鏡と剣という組み合わせが閃いたからだ。

だが、その連想は豆ちゃんだけのものだろうか。それは、古代人にとってもそうだったのではないか。鏡と来れば剣という連想は、古代人こそそうではなかったか。

豆ちゃんの鏡と剣という連想は、おそらく「三種の神器」からではないか。そしてその三種の神器（鏡・玉・剣）はまた、「道教」に関する福永さんの説明を思い出させる。

福永光司さんによれば、道教の神器の鏡と剣が天皇家の神器に取り入れられたというのだ。そして、そもそも「天皇」という言葉そのものが道教の用語なのだと。つまり、天皇家の三種の神器とは、道教の神器が起源で、天皇の用語も道教が起源なのだと。

古代中国の「二十八宿の星座」には、『天皇大帝《てんこうたいてい》』という星があった。星図にある鉤陳《こうちん》とはポラリス、つまり、今の私たちの北極星のことだ。そのことから想えば、このポラリス（北極星）の近

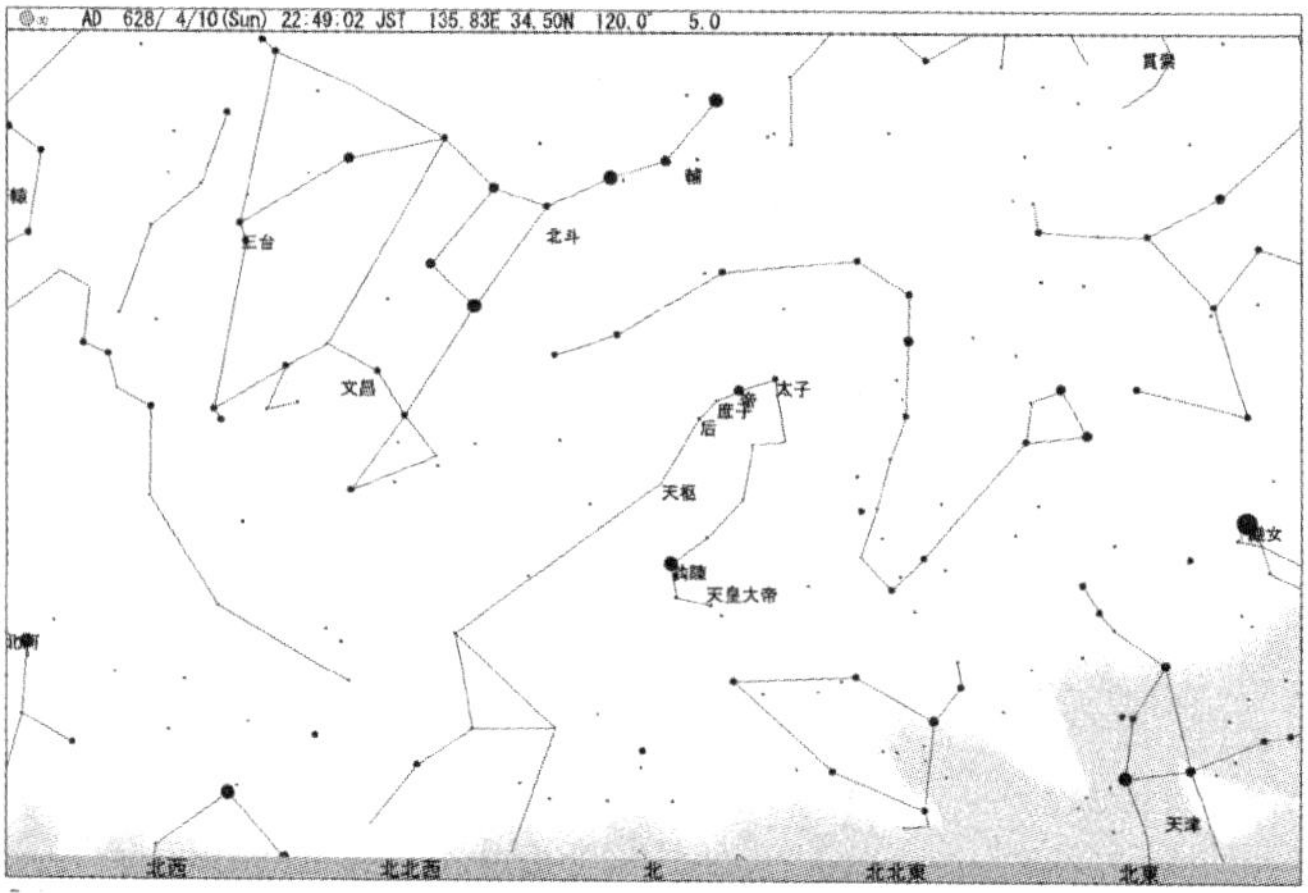

図３３　天皇大帝（ステラナビゲーター５・星図より）

くの天皇大帝とは、真の天の北極の位置を示しているのでは。古代中国では、このポラリスの近くの天の真の北極にある星として、『天皇大帝』を考えたのではないか。つまり、実際に星はなくても天の真の北極の位置にあるべき星として仮想したのでは。豆ちゃんはそう思った。すると、この『天皇大帝』から「皇帝」という言葉が生まれたのだろうか。この星が、天の北極に位置し、全ての星たちの動きの中心にあるから。おそらく、「天皇」という言葉もこの星座に由来しているのだろう。つまり、「天皇」は「皇帝」の向こうを張った言い様なのだろう。どちらも星空起源の言葉なのだ。ということは、「天皇」を使った古代の連中は、古代中国の「皇帝」の由来を知っていたにちがいない。福永さんの指摘はこのように考えれば納得できる。

だが、星空がルーツといえば、天皇の用語だけではない。天皇家の三種の神器もまた星空がルーツなのだ。三種の神器といえば「鏡・玉・剣」だが、これは星空のよく知られた星座を象徴するものだ。このことにはもう少し後で説明することにしよう。

鏡と剣に話を戻そう。すでに2世紀の頃、九州の弥生墳墓にも、鏡と剣の副葬が見える。さらに副葬品には玉類もあった。つまり三種の神器がそろっていた。もちろん、箸墓以後（箸墓は発掘調査されていないが）の古墳にもある。箸墓以前とされるホケノ山古墳でも鏡と剣が出た。福永さんは指摘する。

「鏡が神（天照大神）もしくは神である人（神人）を象徴するという考え方や信仰は、同じような思想信仰として、日本よりはるかに古く中国に見られます。」（福永光司『道教における鏡と剣』）

つまり、鏡は「大神もしくは天神の象徴」だった。だからこそ、それらは、大王（天皇）の墓とされる古墳に埋納される。埋葬された墓の主の象徴物だったのだ。

原田大六さんが発掘した「平原弥生古墳」（福岡県、平原遺跡の1号墓）では、四面の径46・5センチの大鏡を含め、39面の鏡が発見されている。この39面という枚数は、一人の埋葬者に副葬された数としては日本最多なのだが、その遺跡は、3世紀の邪馬台国以前の墳墓遺跡としては屈指の内容を持っている。その副葬品の質と量は、王墓（女王の墓）にふさわしいと考えられている。そうであれば確かに、鏡は平原遺跡の女王という神人の被葬者にふさわしかったのだ。

後円部はモモソ姫自身を表わす鏡

さらに、神人や神について、福永さんの本から引用させてもらおう。

「中国古代の『荘子』の哲学で、『神人』とか『至人』とか呼ばれているのは、宇宙と人生の根源的な真理、いわゆる「道」の真理を体得した哲人のことですが、この至人（神人）の徳は鏡によって象徴され、鏡は至人の体得している「道」の真理を哲学的に象徴するとされます。…（中略）…一方また、剣を皇帝権力の神聖性の象徴とする道教的思想信仰も、漢の王朝の創始者、高祖劉邦の斬蛇剣の神話として既に古く『史記』や『漢書』に記述が見え、…」（前掲書）

福永さんの指摘からさらに考えてみよう。モモソ姫は特別な存在だった。そのモモソ姫が、死後に住まうべき場所はどこだろう。彼女が死後に復活すべき場所は、三神山をおいて他になかったのではないか。モモソ姫はその山で、神人という最高ランクの存在として復活すべき存在ではなかったか。そう願われ、それが当然と思われたモモソ姫だっただろう。それが、古代人達が箸墓を「三神山の合体形」として設計した動機だったのではないか。

さらに言おう。日本書紀のモモソ姫についての記事を古代史探偵流に読み解けば、彼女は１０４歳という信じがたい長寿（後に探偵ノート⑦で詳述）だった。その『書紀』のモモソ姫とは卑弥呼のことだった。その長寿のモモソ姫＝卑弥呼を、その長寿にふさわしく、不老不死の仙薬があり神人が住まうという三神山としての墓に葬り、そこで神人として復活を願うモニュメント、それが前方後円形の箸墓だったと言えるだろう。

その三神山の箸墓は、神人であるモモソ姫が眠るために、その後円部の平面形に鏡の形をとらせているのだ。モモソ姫にとっては、鏡を副葬するだけでは足りなかったのではないか。墓の形にまで表したかったのだろう。

おそらく、モモソ姫の墓である箸墓には、１０４面の鏡が副葬されている。もっと具体的に想像すれば、棺を取り巻くように１００面の魏から贈られた三角縁神獣鏡。棺の中に四面の大鏡。その4面の大鏡は、平原遺跡の大鏡のように、モモソ姫自身を表す鏡だ。そうして、仕上げは箸墓後円部の平面形という巨大な鏡。箸墓の後円部の形は、そのように設計されていたのだろう。

箸墓の後円部はその平面形が鏡として企画されている。一方、前方部の造形アイデアは剣だ。その理由は箸墓のレーザー測量図からも見て取れる。箸墓の前方部は、3段に段築されている。この3段という段築こそが前方部が剣の理由だ。

日本書紀では、イザナギ(伊奘諾)やスサノオ(素戔嗚)が自らの十柄の剣を「3段に打ち折る」描写がある。またアマテラスがスサノオの剣を3段に折る場面もある。さらにアマテラスがスサノオを臨戦態勢で待ち受ける場面では、彼女は長さの違う3本の剣を身に帯びている。十柄の剣と九柄の剣、八柄の剣だ。これらの場面で、剣は3段に折られたり、長さの違う3本の剣だったりしている。つまり「3段＝3本＝剣」という繋がりがうかがえる。箸墓の前方部は剣を表すので3段の段築で築かれているのだ。もちろん、前方部の三角形は剣のシルエットに通じる。

「3段に折った剣」や「長さの違う3本の剣」とは何か。実は星空の有名な星座なのだ。オリオン座の三ツ星がその正体（実体）なのだ。オリオンは東の空に登ってくる時、三ツ星は縦に3つ並んで昇ってくる。これが3段に折った剣。そのオリオンが南の空に昇ると見慣れたオリオン星座の姿となって、三ツ星は斜めに並ぶ。これが長さの違う3本の剣。オリオンの三ツ星は、洋の東西を問わず、男神や女神の腰のベルトや腰紐に描写される。そして、腰に挿した剣をも意味する。小三ツ星を剣や男性器、女性器に見立てることもある。そのオリオンの三ツ星は、古代中国の二十八宿の星座によれば、参宿《しんしゅく》に当る。参宿の星座は、オリオン座の三ツ星と4隅の明るい星（ベテルギウス、ベラトリクス、リゲル、κ《カッパ》星）の7星からなる星宿だ。

箸墓前方部が3段に段築されていることはオリオン星座の三ツ星に深く関係している。前方部の平面形には畢の星座の形が使われていたが、3段という段築には参宿《しんしゅく》の星座の意味がある。この前方部3段の意味についてはもう少し後に詳しく説明する。

丙辛の干合

ここまで、箸墓の形の意味を「畢に月は雨」や「三神山」、「鏡と剣」というアイデアから考えてみた。三つ目の「鏡（後円部）と剣（前方部）」についてもう少し説明しておこう。

「鏡と剣を合わせた形に作っているが、それならそのことには、どんな意味があるのか？」

もちろん、三種の神器の鏡と剣という意味がある。そして、箸墓の主・卑弥呼は、天皇家の祖先だと考えられる。それなら、鏡と剣は古墳の形に採用されてもよさそうだ。しかしそれなら、そもそも三種の神器とはなぜなのだ。なぜ、鏡と剣と玉はワンセットで神器とされなければならないのか。何よりもまず、なぜ剣と鏡はセットなのか。福永さんによれば、それは道教の神人の持ち物だというが、それならなぜ、鏡と剣が神人には不可欠なのか。

この謎を解くヒントは、吉野裕子さんの本にあった。吉野さんによると、「鏡と剣」は陰陽五行の信仰における「呪物」なのだ。「鏡と剣」でどういう呪術をするのかと言えば、「丙辛《へいしん》の干合《かんごう》」という古代人の考え方があったのだという。吉野さんの説明を要約しよう。

・丙とは円錐形《えんすいけい》の山。古来、火を象る山として、円錐形の山容を持つ山が信仰されてきた。
・辛とは、剣。辛の字は剣の象形だ。
・十干《じっかん》では、丙と辛が出会うことを「丙辛の干合」という。
・「丙辛の干合」は、化して五行《ごぎょう》の「水」を生む。
つまり、丙と辛が合って水が生じる。

これは、古代人の自然観、あるいは宇宙観なのだろう。自然界はそのような仕組みで成立していると古代人は見ていたのだ。「丙辛の干合」をヒントに箸墓を眺めてみよう。

なるほど、確かに箸墓古墳では、方丘の剣（辛）と円丘（＝後円部、丙）がくっついている。つまり「丙辛の干合」が実現している。そしてその箸墓古墳の麓には周濠が広がっていて（現在の大池は、箸墓の周濠の名残だと思われる）水が湛《たた》えられている。「化して五行の水を生じる」なのだ。間違いない。箸墓は「丙辛の干合という陰陽五行の呪術」を実現している姿なのだ。

これを言い換えるとこうなる。箸墓古墳は、円丘（鏡）と方丘（剣）で「丙辛の干合」を実現し、水を生じさせようと呪術を掛けている。だから、方丈（前方部）は剣でなければならなかったのだ。そうなのだ、もう何度も繰り返すことになるが、箸墓古墳とは、それ自体、水を生みもたらそうという呪物なのだ。そしてそれこそ、モモソ姫が神人として永遠に住まうに相応しい場所ではないか。なぜならモモソ姫＝卑弥呼は、ヒミコ（＝日の巫女＝太陽の巫女）として雨を予言したり、いや予言というよりは呪現することも期待されていたのでは。

古代では、水田稲作は国にとって最重要の基幹産業だったろう。水は稲作の必須条件。水は日の巫女としての彼女の使命ではなかったか。水の呪術、それこそは箸墓の機能ではなかっただろうか。鏡と剣を合わせて天の水（雨）を呼ぶ。天の水を呼ぶ呪術、箸墓はその姿で、その呪術を天に向かって掛けているのだ。つまりそれは箸墓の形が「畢に月」の形を取っていることにも通じているのだ。

箸墓古墳はまず「畢に月」の形を取って「天の水」を呼んでいる。だから円と三角形（頂角45度）のシルエットなのだ。だが、それにプラスして「丙辛の干合」という呪術で雨を呼んでいるのだ。だから段築で5段の同心円や3段の三角形を描き出した。「鏡と剣」を表したのだ。実に念が入っている。これでもかと言うように、「水の呪術」を完璧にしようとしているかのようだ。箸墓古墳は「天の水（雨）」にこだわっている。

そういえば、箸墓古墳の最新の考古学的想定では、箸墓古墳の周濠は巻向大溝と繋がっていた。巻向川とも繋がっていたようだ。その巻向大溝には運河の機能があったように考えられている。その人工水路によって、古墳の築造物資も墓ばれたのだろうと思える。巻向大溝のような古代の人工水路が、箸墓の周濠と繋がっていることは重要に思える。それは、運河の機能とともに、こんな意味もあったのではないだろうか。

「巻向大溝の水源に箸墓が位置し、箸墓が天に請い求めた神聖な天の水が巻向大溝を通じてこの地に配られるシステムではなかったのか。」

箸墓はそういうシステムの中心に位置すると考えられないか。単に箸墓築造や物流のための運河＝巻向大溝というよりは天の水をめぐらす水路システムだったと考えるべきでは。

埴輪の謎

「埴輪は何のためにあるのか？」

そんなことを思ったことはないだろうか。「墳丘の土が流れ落ちるのを止めるため」そんな理由を読んだことがあるように思うが、ちょっと疑問だ。そんな効果はあっても、それがメインだとは思えない。埴輪の謎は、豆ちゃんにとって久しい謎だ。おそらく、初めて埴輪の写真を見た頃からの謎にちがいない。教科書で見た埴輪の兵士のぽっかりと開いた目、その素朴な、技巧を感じさせない表現が印象的だった。縄文の土偶よりもなぜか惹き付けられた。

だが、箸墓古墳から採集され埴輪は、そのようなタイプ（形象埴輪＝兵士、家、馬など）ではない。

箸墓の墳丘から宮内庁によって採取された遺物（破片）に、「特殊器台形埴輪」と「特殊壷形埴輪」がある。特殊器台とは、図のような円筒形の筒状の土器で、その上に壷のようなものを載せるためのものだ。上に壷のような器物を載せる台だから「器台」なのだ。特殊とは、日常の品というよりは葬送祭祀に関係する用途のものだからそう言っているのだ。このように、器台やその上に載せる壷（特殊壷）をセットにして、それを葬送祭祀に使い始めたのは弥生時代の吉備地方からのよ

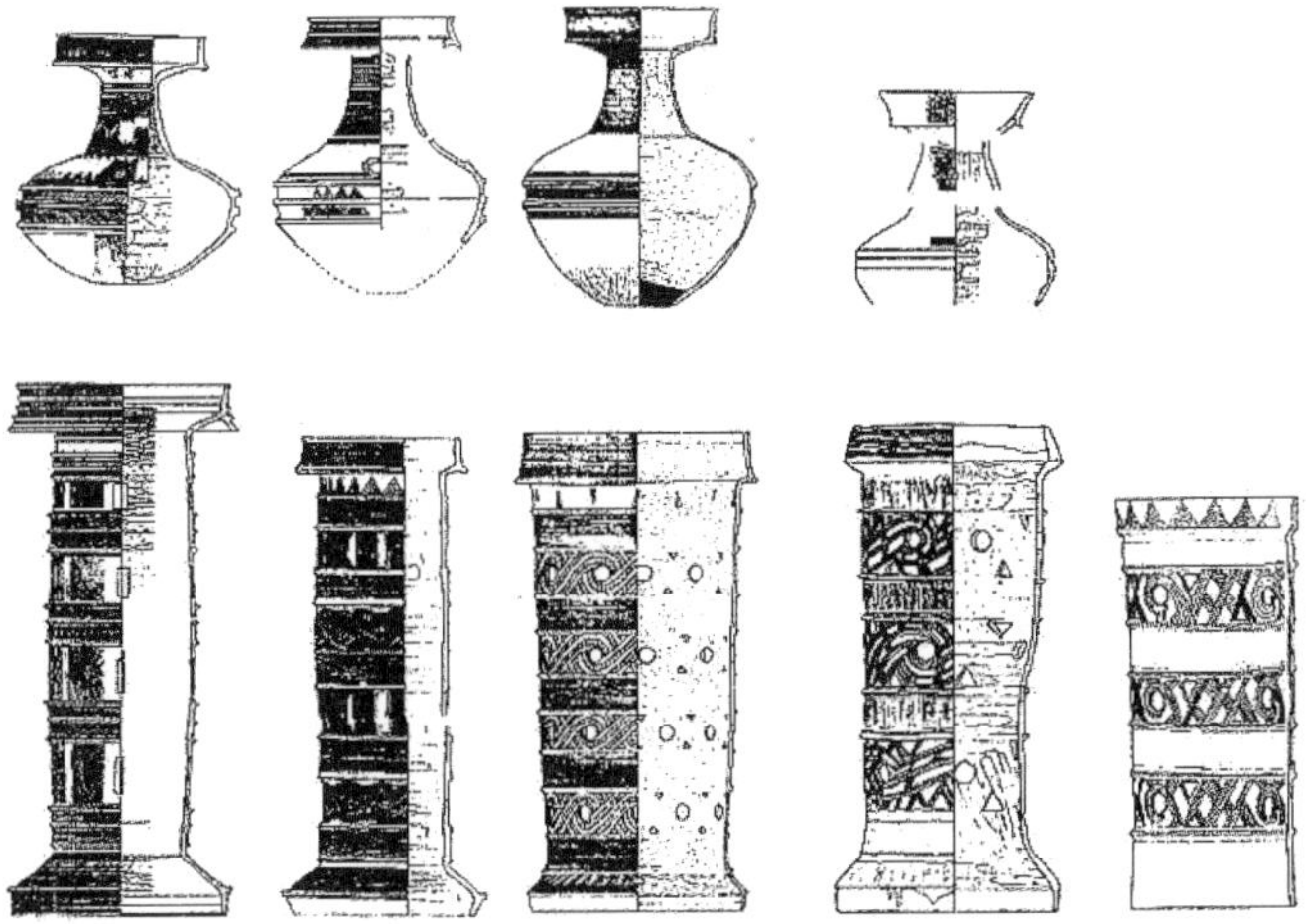

図３４　特殊器台形埴輪

うだ。その吉備に起源を持つ「特殊器台」と「特殊壺」の埴輪が、箸墓からも採取された。それが、箸墓古墳の「特殊器台形埴輪」と「特殊壺形埴輪」なのだ。箸墓ではこのような円筒形をした埴輪が墳丘に置かれていたのだ。だが、その数量や置かれていた位置は良く分かっていない。採集された破片から、これらの埴輪は、

「恐らく後円部の最上段の5段目当たりにそう多くない数が置かれていたのだ」

と思われている。だが、こんなことさえ、立ち入りが禁止されていて詳しくは分からない。立ち入り調査さえ出来れば、こんなことは、直ぐにも分かるはずなのだが。

　考古学では、特殊器台が円筒埴輪の起源と言われているとか。また本によっては、「特殊器台形埴輪からやがて円筒埴輪に変化した」と説明されていたりする。だが、ここではそこまで詳しく両者を区別する必要はないだろう。豆ちゃんは「特殊器台形埴輪＝円筒埴輪」のつもりで話すことにする。原田大六さんも、「円筒埴輪」で箸墓の特殊器台形埴輪を語っている。

　さて、その円筒埴輪又は特殊器台形土器と特殊壺、これは一体何のためのものだったのか。豆ちゃんの尊敬する考古学者原田さんは「殉死者の立棺だった」と指摘した。原田説を要約してみよう。

・中国では、長沙馬王堆《ちょうさまおうたい》の軑侯《たいこう》夫人の死骸は十数枚の衣裳にくるまれ、布の棒の様にされて、九本の紐でしっかり縛られていた。これは、死骸が呪縛されていたことを意味する。それは、死骸への恐怖から、死骸を土中に埋めるのに終わらず、呪縛し再起を不可能にした上で埋葬したことをも意味する。

・吉備の円筒形器台に見られ箍状突起帯《たがじょうとつき》は、北部九州の甕棺に見られる箍状突起帯《たがじょうとつき》や、さらには中国の死骸を縛る紐と同じ呪縛の意味を

持つ。

・吉備の宮山型の円筒形器台には、棺に使用しているものが知られている。これを単なる転用とは考えられない。

・卑弥呼が（垂仁紀の記事から考えて）、生き埋めにして立てたというのは疑わしいが、「埋み立つ」というのは、殉死者が地表上に出されていたというのは意義がある。

・吉備の円筒形器台は、日常のそれよりも大型で、大人の殉死者なら無理だが、幼い少女（童女）なら中に入れられる。そのように殉死者を、鬼にささげる犠牲としたのだろう。

さらに原田さんは、吉備の尾根に連なる大土坑墓と、そこに立てられた円筒形器台をヤマタノオロチ伝説に繋げている。オロチとは尾根で、その尾根の大土坑墓に立てられた円筒形器台は犠牲にささげられたいたいけな童女の棺だと。

「その犠牲はいたいけな童女、現在ならば小学校三、四年生の女の子が、『凡そ人死ぬる時に、若しはおのれを経き（自殺）して殉ひ、或るは人を絞りて（絞殺）殉しめ、（孝徳紀2年3月「薄葬令」）』とある殉死者となされたということは、足名椎・手名椎ならずとも、父母の悲嘆と少女の驚愕は、たとえようもない残酷物語である。その犠牲は、円筒形器台を破壊して、食われるようになっている。夜出てこれを食うのは、鬼神の一つ狼であったろうに。この残酷さ、言語に絶する非道さ、古代の非人間さを、私は、底ぬけの壷を載せた円筒形器台に見たのである。古代の鬼は犠牲を要求した。黄泉の大女鬼王と化身した卑弥呼が、『殉葬者奴婢百余人』を要求したのは、いわれもなき大量殺人であった。そのむごたらしさに私は慄然とする。」（原田大六「卑弥呼の墓」）

「吉備の国で発生した「供献的棺」それは「犠牲の棺」あるいは「殉死の棺」と断言できる物であった。古墳に樹立した円筒埴輪の起源は「殉死の棺」にあった。（前掲書）

箸墓の円筒埴輪は殉死者の立棺だったのだろうか。その中に、幼い童女の殉死者が埋葬されていた？　そんな立棺が、箸墓墳丘に104個も立て並べられていた？　それらの立棺が風で倒れると、中の殉死者の死体を鳥や犬が…、もし、円筒埴輪の中に生きたままの奴婢たちが閉じ込められ、埋め立てられていたのなら…夜ともなれば、墳丘から生き埋められた奴婢たちのうめき声が風に乗って流れてくる…。

何という凄惨《せいさん》なイメージか。本で読んだだけで、リアルなイメージに圧倒される。食欲がなくなり、寝付きにくかった。

原田説には長く影響され、埴輪を考えるたびに思い出していた。だが、今、

「殉死者の立棺だろうか？　この墳丘上には、殉死者の棺など置かなかったのでは？」

そんな気持ちになっている。原田説の呪縛は解けたかも。もちろん殉死者はあったのだ。倭人伝はそう記している。104人を殉葬したと。そのことの非情さ悲惨さは、今でも思う。だが、古代史探偵は今、

「殉葬の場所は墳丘上じゃない。円筒埴輪は、別な意味のものだ」

そんな気が強くし始めているのだ。

円筒埴輪は天の水の聖化装置

原田説は、日本書紀の垂仁紀の記事を踏まえている。その垂仁紀には、垂仁（第11代天皇）は殉死の伝統を改めた、と書かれている。殉死者を古墳の域内に生きたまま埋め立てる習慣を止めさせ

たのだと。だが、そのことは、それ以前までは、そういう殉死者の生き埋めがあったということを想像させる。

その垂仁紀には埴輪と殉死についてこのように書かれている。

「天皇の弟のヤマト彦命《みこと》を築坂《つきさか》に葬るとき、生前彼に仕えた人を集めて、ことごとく、生きながら陵の廻りに埋め立てた。日がたっても死なず、昼に夜に泣きうめいた。終に死んで朽ちて腐り、犬やカラスが集まって食みついばんだ。この泣きうめく声を天皇が聞いて、悲しいことだと思った。

そこで、野見宿禰《すくね》に相談すると、彼はよいアイデアを出した。出雲の国の土師部《はじべ》を百人召し出して、粘土で人・馬およびいろいろな物の形を作って、それらを生きた人に代えて陵に立てようというのだ。それを後代の決まりにしましょうという。

天皇は大いに喜んで言った。

『今より後、陵には必ずこの粘土の物を立てて、人を傷ましめてはならない』」（垂仁紀）

書紀は、人間を生きたまま埋め立てたと言っているが、「墳丘の上に」とは言っていない。「陵の域《めぐり》に埋み立つ」と言っている。「陵の域」とは陵域で、それは、周濠もその手前の堤もその範囲だ。豆ちゃんシンプルに思ったことがある。

「犬がやってこられるのなら、手前の堤だろう。あるいは、水が入れられる前の周濠の底かも」

人柱《ひとばしら》という風習がつい百年ほど前まであって、洪水の災難を逃れるため若い独身女性が水の神に生贄《いけにえ》（又は犠牲）として捧げられた。生きたまま橋げたや土盛りの柱に括られたと聞く。その風習から遡って想えば、箸墓古墳の殉死者が葬られた場所も、ふさわしいのは水の近くではないか。そのことからすれば、墳丘上の円筒埴輪は殉死者とは無関係ではなかったか。

箸墓の墳丘からは、円筒埴輪（特殊器台形埴輪）や底無し壺形土器（特殊壺形埴輪）の破片が採取されている。だが、それらの破片から、復元される埴輪の個数はわかっていない。もちろん、今のところ、104個分あったかどうかなど知りようはない。さらに、それらの埴輪が墳丘上のどの場所にどのように立てられていたかも分っていない。ただ、それらの土器が、吉備に起源を持つ古いタイプのものであることだけは確かなのだ。

思うに、それらの埴輪は、周濠で囲まれた墳丘内にあったのだ。そうであれば、殉死者とは無関係ではないか。墳丘の上は、聖なる上にも聖なる場所だろう。そこには、被葬者以外何人たりと侵入を許されないだろう。ましてや生身の人間が、そこに晒《さら》されることなどありえたのだろうか。殉葬はあっても、その場所は古墳の墳丘上ではないだろう。

墳丘上の埴輪は、きっと、先に述べた箸墓の『水の呪術』に関係しているのではないか。箸墓は、天に向かって雨＝聖なる水を希《こいねが》う呪術を掛けているモニュメントだった。それなら、墳丘上の円筒埴輪も、「聖なる天の水」への信仰と関係していそうだ。

例えば、箸墓の墳丘から出た底無し壷形土器とは、壷の形をしているが、肝心の壷の底部にわざと穴が穿《うがたれて》いる。それは、土器を焼いた後で開けた穴ではない。焼く前からその様に穴を開けて作られているという。そのことは、この壷型土器が、いわゆる日常の品の壷とは機能がちがうということを意味する。この底なし壷、または穴あき壷は、壷型だから、蓋もしてないのだから、天の水を受けるものではある。だが、それを貯めるものではないのだ。受けた天からの水を通過させるのだろう。そのために穴が穿たれている。そして、その壷の下には、それを載せるための円筒埴輪が置かれていた。

その器台である円筒埴輪または特殊器台型埴輪には、表面に文様が描かれている。恐らくそれは、その内側を通る水に呪文をかけているのだろう。器台は、土で作られ火で焼かれている。そこを水が通過する。これは、粘土という土から整形したものを、木を燃やした火で円筒埴輪に仕上げて、水を扱う容器にすることを意味する。五行の「木・火・土・金・水」の内、「金」以外はみな揃っている。恐らく、この古墳が全体として、鏡と剣であれば、そこに「金」があるとみるのだろう。鏡・剣という「金」の上に残りの四つが備えられているのだろう。埴輪にはそういう意味もあるに違いない。円筒埴輪は、天からの水の聖化装置のつもりなのだろう。

さて、円筒埴輪の表面には呪文が模様として施され、中を通る水に呪文を掛ける。それによって、天の水はさらに聖化される。五行の全てが備わった聖なる水となるのだ。壷に穴が開いていたように、器台にも穴が開いている。壷が受けた水を器台は、聖化し、聖化された水は、墳丘面を伝い流れ、麓の周濠に注ぐ。その水は、いやがうえにも聖なる水だ。その水こそ箸墓が天より請い求めたものだ。それは、古墳というモモソ姫（卑弥呼）の体を伝い、麓の周濠に受けられ、巻向の山々から集まり下った聖なるクニ（国または邦）の水とブレンドされる。聖なる水は、なおいよいよ聖化され、ブレンドまでされたというわけだ。その水が大地に配られる。箸墓からは、巻向大溝という人工水路が勝山古墳の辺りまで伸びていた。

箸墓とは、そういう水の聖化システムではなかったか。巻向大溝とは、この聖化された水の分配という意味を持っていなかったか。単に古墳を築くために必要な物資運搬用の運河だったのだろうか。

＊箸墓古墳の殉死者が葬られた場所　探偵ノート③で述べたことに関係するのだが、仰角９度で見上げる観察者の位置は箸墓の周濠の外堤に近い場所だろう。豆ちゃんはその辺りに内堤があったと見ている。その内堤と外堤の間の周濠の底に１０４名の殉死者は葬られたのではないか。箸墓で、モモソ姫（卑弥呼）の陵域と奴婢の墓域は画然と分けられていただろう。両者が混じることはなかったはずだ。そういう意味では、奴婢の墓域は、外堤の地下だったかもしれない。

古代史探偵ノート⑥

天体現象を表現する築造設計

前方部3段築成の意味

箸墓前方部は、畢の三角形にシルエットが決められていた。そしてさらに、前方部は3段に段築されていた。その3段の段築には、オリオン座の三ツ星、つまり参宿の意味が隠されていた。日本書紀は、オリオン座の三ツ星を「三段に折った剣」や「三本の長さの違う剣」に描写している。そのような「剣＝三ツ星」の意味を表すために、前方部は3段に築成されていたのだ。そのことを、さらに注意深く見てみよう。そしてそのために、もう一度箸墓古墳の前方部の形について、気になることを確かめておきたい。

もう一度、橿原考古学研究所の企画したレーザー測量図を観てみよう。彼らの想定図は、現実の箸墓の測量図（赤色立体地図）とほぼ合致している。だが、よく見ると、大池に接する左側ではよく合っているが、道路に接する右側では、想定図と実際は、少しズレている。特に前方部の三角形の右の端の部分は、現実の姿とかなりズレている。まるで、右端の底角を切断したような現実の箸墓の姿だ。この部分はどうしてこのように想定図とズレているのだろう。古墳が作られてから、この部分が崩落でもしたのだろうか。

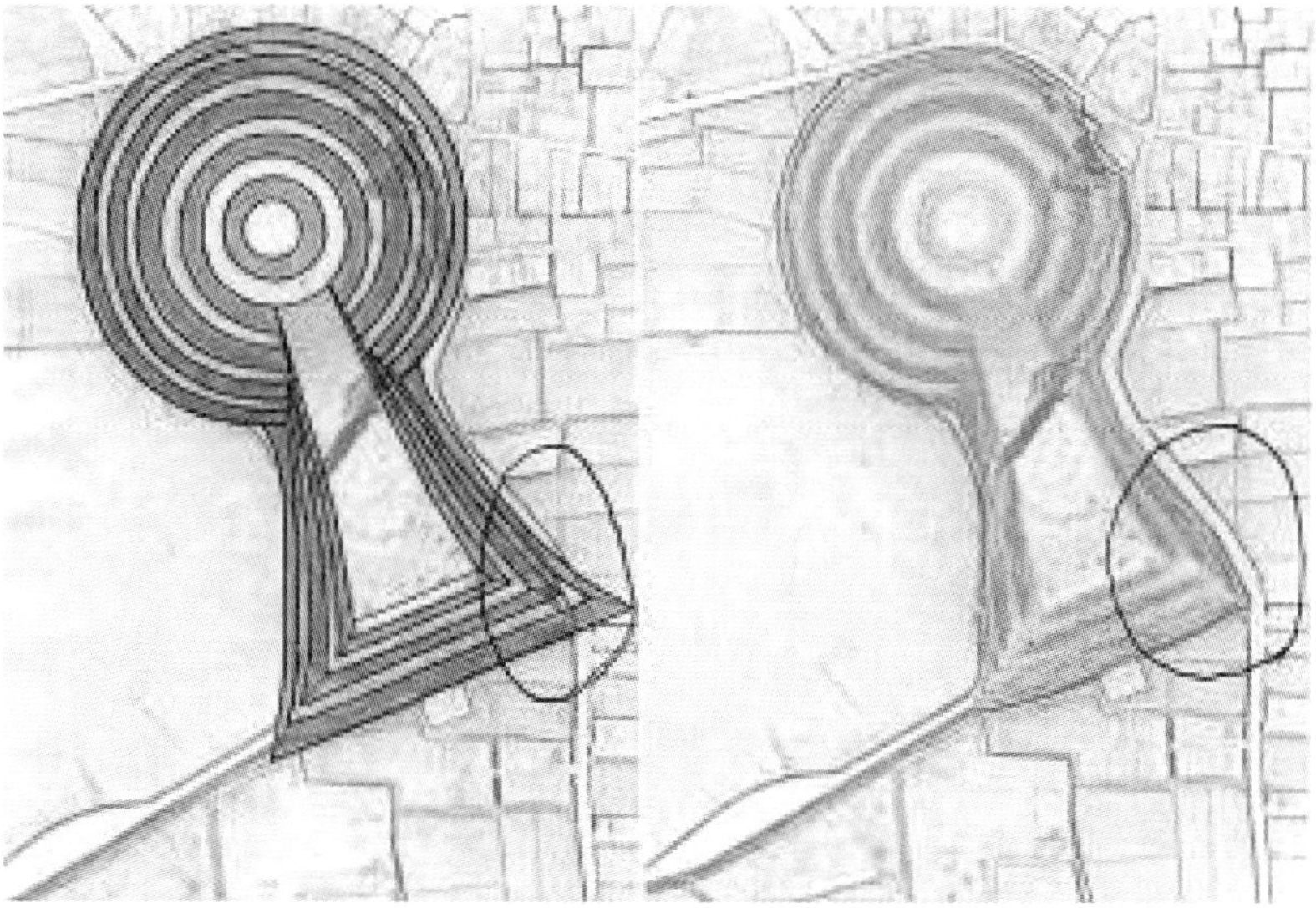

図３５　前方部の右隅は崩れ？
（橿考研のレーザー測量と墳丘想定図に豆板加筆）

だが、そうだとしたらきれいに崩落したものだ。後円部にはまるで虫食いのような凹み部分があるが、それは明らかに後代の傷みによるものだろう。だが、前方部の今問題にしている箇所は、そのようには思えない。その部分の段築の様子にしても整っている。作られて後に崩落したので、きれいに修復してこうなったのだろうか。豆ちゃんは違うと思う。この部分は最初からこのような形に作られていたのだと思う。そう思う理由を示そう。

前に言ったように想定図の前方部は、頂角45度の二等辺三角形になっている。そのことは、レーザー測量図の前方部の左右の辺の傾きともよく合っている。そのうえで、その二等辺三角形を考えてみよう。図36のように底辺に垂直で、頂角を2等分するような線を引く。元の三角形を、頂角22・5度の直角三角形に2等分したのだ。できた直角三角形は、いわゆる「メソポタミアの直角三

図３６　前方部三角形の設計

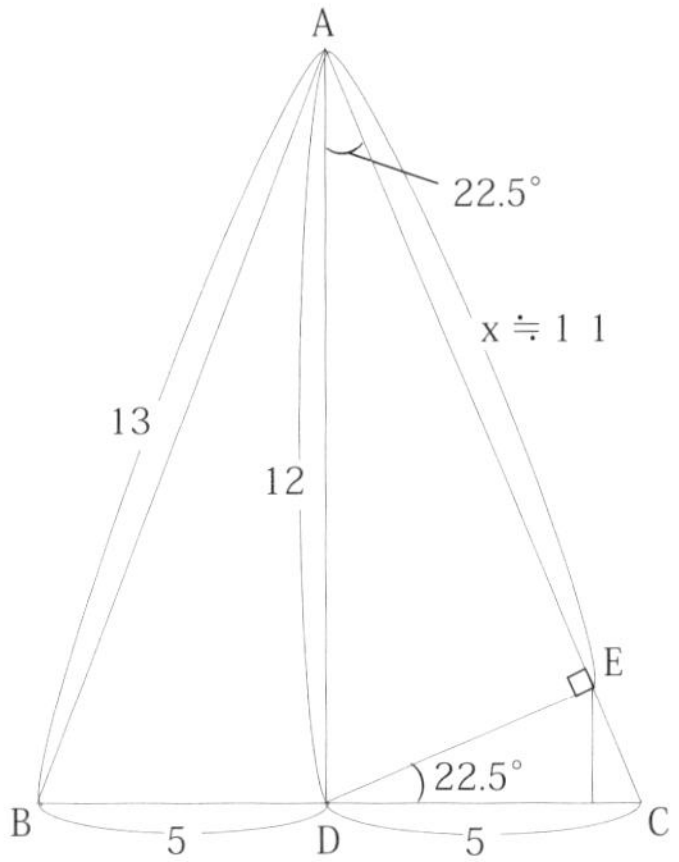

AEをxとすれば
△ADCと△ADEは相似形
対応する辺の比で
AC:AD=AD:AE
辺AEをxとすれば
13:12=12:x
13x=144
x=11.076……≒11

角形」だ。この三角形の辺の比は13対12対５。すると前方部の左の斜辺（ＡＣ）は13、前方部の中央の辺（ＡＤ）は12となる。

　次に前方部の右半分の直角三角形で、点Ｄから斜辺（ＡＣ）に垂線（ＤＥ）を引く。できた小さな三角形（△ＤＥＣ）も頂角22・５度の直角三角形となる。またしても「メソポタミアの直角三角形」だ。

　この小さな直角三角形（△ＤＥＣ）と元の直角三角形（△ＡＤＣ）は相似形だ。相似形だから当然対応する辺の比は同じく「13対12対５」となる。このことを使って図に示したような式を解いて計算すると、前方部の右の斜辺のうちＡＥの部分の長さは、比でいうとほぼ11となる。つまり、ＡＣ（＝ＡＢ）対ＡＤ対ＡＥは「13対12対11」なのだ。

　もし、前方部の三角形（△ＡＢＣ）を３本の剣と見るなら、剣の長さ（辺の長さ）の比は、

・左の剣（ＡＢ）…13
・中央の剣（ＡＤ）…12
・右の剣（ＡＥ）…11

となる。そしてさらに、この数字のうちどの剣でも「３」に当る部分が柄の長さ（３柄）であるとするなら、刃の長さ（刃長）の比は「10対９対８」となる。剣の長さは現代でも刃長で言うのだが、おそらく古代でもそうだったのだろう。３本の剣は、十握の剣、九握の剣、八握の剣だったのだ。

　豆ちゃんの結論はこうだ。

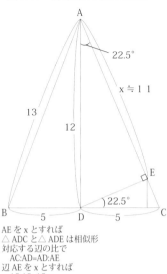

「箸墓前方部の三角形は、長さの違う3本の剣を意味するように作られている。」

そのために右の斜辺は、「八柄の剣」を表すために、右の底角（角C）の手前で断ち切られて作られた。つまり図のEFで最初から切り取られて作られたのだ。ただ、現実の箸墓前方部のその部分は、図のEFのように底辺BCに対して垂直ではない。点Eでの屈折の角度は、図では157・5度（角AEF）だが、実際のその部分は、もっと大きいように見える。古代人は、点Eを作って八柄の剣の存在を示したかったのだ。つまり、右の斜辺（AC）は点Eで屈折していればよかったのだ。EFがBCに垂直である必要はなかったのだろう。彼らはEFが垂直になることを不自然だと避けたのだろう。それが現実の箸墓の姿なのだ。

繰り返すが、この部分は築造後の崩落ではなくて、最初から計画的にそのように作られていたのだ。そしてそのことは、箸墓前方部が参宿の星座、特に三ツ星を意識して前方部が作られたことを示している。前方部は、剣を表すためにもそのシルエットは三角形でなければならなかった。そして、前方部の右角がカットされたような特異な形は、3本の長さの違う剣を表すため。さらに前方部の3段という段築は、3段に折った剣を表すためなのだ。

前に前方部は、「畢に月」を意味するために、畢の三角形に作られたと言った。だが前方部が畢の三角形を表すためだけに作られたのなら、そのシルエットが頂角45度の二等辺三角形であればいいのだ。別に3段に築く必要もないし、右隅の角をカットするような工夫も必要ない。だが、古代人達は、前方部を、畢宿の意味と参宿の意味の両方が表れるように作りたかったのだ。

読者よ、箸墓前方部は巧みな表現だと思わないか。その畢の三角形のシルエットも重要だったが、３段という段築の数にも重要な意味があったのだ。箸墓の古代人は、このように形の細部にも段築の段数にも、重要な意味を持たせている。彼らは、彼らにとって重要な意味を、形の中に巧妙に織り込んでいるのだ。箸墓の形は、彼らの天なる神への、彼らの祈りとでもいうべきだろうか。姿あるいは形による呪文というべきかも知れない。

後円部5段の理由

箸墓後円部は五段に築成されている。実は、この五段築成はめずらしいのだ。天皇陵級の大型前方後円墳でも、多いのは三段タイプだ。箸墓の五段はかなり特殊だといえる。ではなぜ、箸墓後円部は五段築成なのだろうか。

「前方部は三ツ星の『３』で、３段。では五段の『5』は何？」

「5を名前に持つもの…？」

「前方部は鏡。鏡と五…？」

古代の鏡には、そのデザインに同心円が使われている。同心円帯に文様が配置されている。その同心円帯には三重のものも五重のもの（後に説明）もある。だが、鏡の名前に5が付くようなものは聞かない。

待てよ、5の付く神器がある。そうだ、三種の神器だ。「鏡・玉・剣」の三種の神器、その中に5の付く名前を持つ神器がある。そう、玉を表す神器、ヤサカニのイホツミスマル（八坂瓊五百箇御統）の玉だ。イホツは五百箇と書く。５００個だ。

「後円部は、八坂瓊五百箇御統《やさかにのいほつのみすまる》を表す。だから五段築成なのだ！」

日本書紀には「八坂瓊五百箇御統《やさかにのいほつのみすまる》」と呼ばれる神器が登場する。アマテラス（天照大神）の象徴物とでもいえる神器で、アマテラスが身につけている大連珠《だいれんじゅ》のことだ。この連珠はかなり長い。日本書紀では「八坂」と書かれているが、豆ちゃんは「八坂＝八尺」だと考える。古事記にはこの神器のことが「八尺の勾玉の五百箇ミスマルの珠」のように書かれているからだ。もちろん、この「八尺」が勾玉一個の大きさを言っているとは考えられない。八尺は、あくまでもこの大連珠全体の長さにちがいない。古事記の言い方は、この大連珠には、その中に3個の勾玉も同じ紐（玉の緒）に繋ぎ込まれていたからだろう。そのことは、福岡県の平原遺跡の発掘調査から分かる。平原遺跡では、八坂瓊五百箇御統の玉と思われる遺物が発見されている。原田大六『平原弥生古墳』によれば、その「イホツのミスマル」と思われる五百箇近い琥珀《こはく》色の丸玉と青い3個の勾玉の発見された場所はほぼ同じだった。

「…木棺内からは、腰部南側に琥珀蛋白石《こはくたんぱくせき》の丸玉群が置かれ、そこからずれ落ちた状態に、瑠璃勾玉3個が棺底に向かって、被葬者の右脇に並んで出土した。これがアヲ色系勾玉であることを合わせると、琥珀蛋白石の丸玉と勾玉は1組として考えられ、『古事記』の記載そのままの『八尺の勾玉の五百津の美須麻流の珠』であることが知られる。」（原田大六『平原弥生古墳』、傍線は豆板）

つまり、本来は連珠として繋がっていたのだが、勾玉はズレ落ちた状態だというのだ。原田さんの言う「琥珀蛋白石《こはくたんぱくせき》の丸玉（後の再調査でガラス製とされた）」と3個の勾玉とが、ひと繋ぎの連珠とされていたことは間違いないだろう。

ちなみに原田さんは、書紀の「八坂」や古事記の「八尺」については、次のように解釈している。

『この「八尺」「八坂」の「八」は数詞でも美称でもなく、「弥」への当て字。「弥」はイヤともヤとも訓む。イヤは、ものの程度の盛んなことをあらわす。「坂」も「尺」も漢字に意味はない。もし「尺」を実寸としたら、勾玉には不相応な漢字である。一尺は後漢尺で約二十三センチメートルであるから、八尺にすると一・八四メートルとなるが、これには何の意味も無いからである。弥生時代の勾玉で最大のものは筑前国（福岡県）春日市須玖岡本で出土した瑠璃（ガラス）製勾玉で、全長五・四五センチメートルで先端が欠失している。…中略…要するにヤサカはイヤサカで、いよいよ栄えるということであった。』（前掲書）

だが豆ちゃんは違うと思う。この『八尺』は数詞で表した実際の長さだ。その理由はこうだ。人の両手を張り広げた長さは「1尋《ひろ》」で、それはその人の身長にほぼ等しい。その1身長＝1尋はまた、張り広げた手指の間隔の「1咫（アタ）」で計ると「8咫」に等しい。ただしこの場合、その測り方が重要だ。この1尋という張り広げた両手を、胸の前で、まるで大樹を抱えるようにして、両中指先を触れるようにする。そうしてできた円の円周が8咫。これが八咫鏡《やたのかがみ》の鏡の大きさだ。この「8咫」の咫とは、原田さんが指摘しているが、円周を測る単位だということだ。八咫鏡とは、まさに円周を測ったから咫という単位を使って「8咫」と書かれたのだ。

だが、八坂瓊五百箇御統は、「八尺」で「八咫」ではない。そのことから、この連珠の長さは、連珠を丸い形に置いたその曲線の長さを言っているのではないのだ。おそらく、この一繋ぎにした連珠を、直線にぴんと張り伸ばしたその長さを測ったのだ。つまり、一本の紐に500個の丸玉と3個の勾玉を通し、その中央部で折り返し両端を合わせる。つまり2列にして伸ばすのだ。その真っ直ぐな長さを言うのだから「咫」ではなく、八尺といったのだろう。

その長さ「八尺」はこの場合、先の八咫鏡の円周に等しい。つまり八尺＝1尋＝1身長＝8咫だ。もちろんその1身長＝1尋はその被葬者（平原遺跡の女王）の1身長または1尋だ。そういう長さ（大きさ）に作ることによって、この神器もまた、持ち主その人（女王）を表すのだろう。

三種の神器の玉が八坂瓊五百箇御統の玉のことだと分かってもらえただろうか。そうであれば、箸墓後円部が八坂瓊五百箇御統の玉を表現していることはもう分かってもらえるのではないか。円墳部の五段とは、八坂瓊五百箇御統の玉を表すためだ。五段の「五」と五百箇の「五」だ。つまり、「五百箇御統」を表すために五段に作られているのだ。

後円部が三段に作られても、鏡を表すとは考えられる。鏡を表す同心円の表現なら、五段の段築でなくともよい。三段でも鏡には見えるのだ。だが、八坂瓊五百箇御統の玉を表すのなら、三段ではダメなのだ。イホツミスマルは、「五百個ミスマル」だから、「五」の意味が現れなくてはならない。

八坂瓊五百箇御統の「五」、五重の塔の「五」。これらの五は、特別な神聖さの表現にちがいない。五重の塔という仏教の伝統と八坂瓊五百箇御統という日本古来の伝統。それらに共通する神聖数の五。その「5」という数の持つ意味はまだよくは分からない。だが「五体満足」などという使い方を見れば、おそらくは「4＝死」に対して「5＝生」の意味があるのでは。「死体＝四体」と「生体＝五体」とか。

古代人は数を神聖視していたにちがいない。数は呪力を持つとされていたのだろう。八尺瓊のイホツミスマルには「八」「五」などの数がちりばめられている。「三」も入っている。繋ぎこまれた大きな勾玉は3個あるからだ。こうした数は、重要な呪術的意味があったはずだ。恐らく、イホツミスマルという呪具は、持ち主の体全体に5重巻に纏われて使用されたのではないか。五体といわれる体の部位を纏うように。豆ちゃんは、ふと、東大寺法華堂の執金剛神像を思い浮かべた。その風をはらんだ天衣の様を。

「卑弥呼の身体（神体）を基準にした長大な連珠、彼女はそれを自らの五体と呼ばれる部位に巻き着ける。八坂瓊五百箇御統の連珠に五重巻きにされた卑弥呼…」

そういえば書紀のウケイの場面では、アマテラスは、この連珠を頭、両耳の辺り、両手の5箇所に巻きつけている。

八坂瓊五百箇御統は、それによって五という数の存在を強調する。そして、この神器はアマテラスに関係が深い。だからモモソ姫（卑弥呼）というアマテラスの箸墓後円部には、必要欠くべからざるデザインだったのだ。五段築成は、八坂瓊五百箇御統の玉の存在を象徴し、主張しているのだ。

「では八坂瓊五百箇御統の玉とは何を表す神器？」

勾玉はダイヤモンドリング現象

アマテラスが身につけている八坂瓊五百箇御統とは、たくさんの玉と3個の勾玉を統べて作られた大連珠だった。その連珠の中には3個の勾玉《まがたま》が組み込まれていた。そのことから、豆ちゃんは思う。この大連珠は太陽を象徴している神宝だろうと。

勾玉の形の由来は謎だといわれている。世間ではよく、生命誕生の際の胚の形に似ていると説明される。だが豆ちゃんの見方は少し違う。勾玉の形は、皆既日食の際のダイヤモンドリング現象に

図３７　平原遺跡出土ガラス勾玉
（文化庁保管・伊都国歴史博物館提供）

図３８　ダイヤモンドリング現象
（撮影・提供　戸田博之氏）

由来する。写真の勾玉は平原遺跡のそれだが、その姿と写真のダイヤモンドリング現象を見比べてほしい。確かに勾玉は、「胚の姿」に似ているが、こうしてみると、その生命の成長の大元である太陽の、その太陽のダイヤモンドリング現象の姿にこそ、さらによく似ているだろう。そうであれば、その姿は正に「幼生の太陽」と言って良いのでは。

読者よ、勾玉はなぜ3個セットなのだろう。おそらく3個で3度の若返りを暗示しているのだ。そしてそれはまた4度目の若返りはないという意味も示しているはず。「4度目は死」なのだと。

ではその大連珠で、勾玉以外の琥珀《こはく》色の丸玉は何を意味するのか。恐らく、それらの丸玉も太陽を表しているのだろう。それらの丸玉は、太陽を象徴しているので琥珀色なのだろう。平原遺跡では、八坂瓊五百箇御統の大連珠の他に3種類ほどの連珠が復元されている。そしてそれらの連珠はみな、くだんの大連珠よりは短いのだが、同時に、丸玉の色も違っている。それらの中小の連珠では、琥珀色ではなく、青い小さな丸玉が使われているのだ。おそらく、琥珀色の丸玉とは表すモノ（意味）が違うのだろう。思うに、琥珀色の丸玉を繋いだこの大連珠は「太陽の連珠」とでも呼ぶべきものだったのだろう。太陽を意味する琥珀色の丸玉や太陽の幼生を意味する3個の勾玉を繋いだことで、この大連珠は太陽を意味していると考えられる。

後円部に施された段築は同心円を強調していた。そのことから、箸墓は「鏡と剣」なのだと分かった。後円部は鏡であり同時に玉（八坂瓊五百箇御統）なのだということも分かった。そうであれば箸墓は、「鏡と玉と剣」を表す。それはまさしく、「箸墓とは三種の神器」を表している（意味している）」と言える。そしてこのことは、これまで分かっている箸墓古墳の形の意味ともよく合っている。「箸墓＝太陽・月・星」は、三種の神器が象徴している天体なのだ。

だが読者よ、「箸墓＝三神山（蓬莱・方丈・瀛洲）」は少し違うと思われるだろうか。だが、こう考えてみてはどうだろう。箸墓＝三神山も、箸墓＝三種の神器もどちらも、「三つのモノが1セットになっている」ことで共通している。このような見方を、「三位一体」というふうに言う。箸墓の形は「三位一体」の考え方で計画されている。そのように意味が形に織り込まれて築かれているのだ。

＊勾玉と八坂瓊五百箇御統　三種の神器の玉について言っておけば、世間では普通、この玉とは、勾玉のことだと思われている。八坂瓊五百箇御統の玉のことだとは考えられていない。それは日本書紀や古事記が「八坂瓊の曲玉」などと「八坂瓊五百箇御統の玉」の短縮名あるいは省略名を使っていることに原

因があるだろう。確かに正式名は長いのでそういう省略形を使いたい気持ちは分かる。豆ちゃんも正式名が長くて複雑なので「その大連珠」などと書いている。三種の神器の玉が勾玉だと思われているのはそういう理由による。だが、くどいようだが、正しくは玉の神器の正体は八坂瓊五百箇御統なのだ。

(勾玉が太陽の幼生を意味することや、なぜ勾玉が3個なのかという勾玉の意味、あるいは正体についての詳しい説明は拙著『星空の神話1　イザナミ＝わたしは昴―平原遺跡のイザナミ女王―』を参照してほしい)

後円部は真円ではない、大日食？

前方部や後円部の段築の段数に込められた意味は分かった。だが箸墓古墳の形の謎はまだ全部解けたわけではない。実は豆ちゃん、後円部の形に、以前から気になっていることがある。

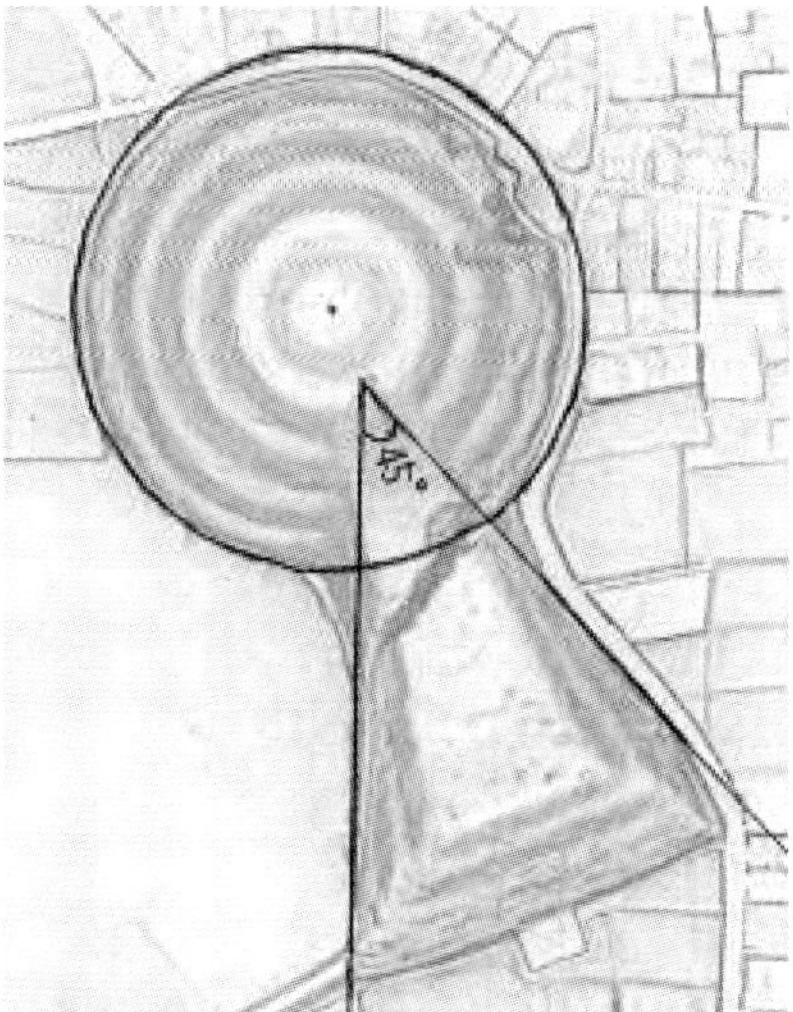

図３９　後円部は真円？
(橿考研のオルソ写真に豆板加筆)

「箸墓後円部って真円なのか？」

普通は「真円だ」と思われている。だが、豆ちゃんには疑問だった。レーザー測量図に出会う以前からだが、墳丘測量図（２０００分の１）をトレース用紙に写して、後円部の円の中心を探そうとしたことがある。うまく中心が探せなかった。今回のレーザー測量図でもやってみた。だがやはり、うまくいかない。

「この円ってほんとに真円なのか？　右側が詰まっていないか？」

後円部の右半分の円弧はなにかおかしい。崩れたのか？　などと悩ましかった。例の橿考研の立体地図を見てほしい。コンパスで後円部の中心を探してみた。向かって左半円の円周にコンパスを当てると、右半円の円周は、現在の後円部円周より外にはみ出る。これはなぜだろうか。これも崩れですますのだろうか。それにしては奇妙に三日月状あるいは繊月状《せんげつじょう》にずれていないか？

「もしかして、これも古代人の意図的な設計？」

モモソ姫・卑弥呼の死の契機になったのは93％食の大日食だった。その大日食は、最終的に7％分の太陽が隠されずに繊月状に輝いていた。もし、古代人がこの事実を箸墓後円部に反映させようとしたのならどうなるか。レーザー測量図の後円部は、向かって右側の円周が、真円の円周より少し内側に寄っている。そういうことではないのか。箸墓後円部は、太陽や月のような真円ではなく、93％食の大日食を反映した設計になっているのでは。つまり箸墓後円部は、太陽を意味する真円と月を意味する真円を重ねるとき、同じ中心で重ねずに、中心を少しずらして重ねているかもしれない。箸墓古墳の企画者ならやりかねないことだ。今そんな気がしている。

この理解が正しいなら、箸墓後円部は日食を表現している。つまり月に覆われた太陽の部分を。そして、月に覆われずに残った7％の太陽を後円部には造形しなかった。そんな可能性がある。

円筒埴輪は鏡の立体文様—太陽のコロナ

さて、探偵ノート⑤でみた箸墓の円筒埴輪だが、箸墓の何処に、どのように設置されていたのだろうか。箸墓で採取された円筒埴輪のカケラはそう多くはない。採取の状況から、研究者たちは、それらが後円部の五段目の辺りに、そう多くない数が置かれていたと見ているようだ。だが、宮内庁が考古学者たちの立ち入り調査を拒んでいる現状では、確かなことは分からない。箸墓以後の後代の前方後円墳では、後円部の円周をぐるりと囲むように多量の円筒埴輪が埋め立てられていた例もある。結局、立ち入り調査が許されなくては、箸墓での円筒埴輪の使われようは、確かなことが分からない。

　だが、古代史探偵は、あるとき、こんなことを想像した。

「恐らく、現に採集者たちが推測しているようなことだったのだろう。つまり後円部の五段目の辺りに、そう多くない数の円筒埴輪が立てられていたのだろう。極めて端的に言って、特殊器台と特殊壷のセットが8セット立てられていたのではないか。五段目を円形に取り囲む形で」

図４０　平原大鏡（内行花文鏡・１１号鏡）
＝文化庁保管、糸島市立伊都国歴史博物館提供

　それはこういうことだ。前に言ったように、箸

墓を企画した彼等は、箸墓の後円部を「巨大な鏡」としてデザインしたのだ。箸墓を天空から見たとき、後円部の形が、鏡のように見えるように設計した。つまり、箸墓の後円部＝大鏡だ。その場合、後円部の埴輪は、箸墓という大鏡の背面の文様となるようにデザインされていたのではないか。特殊器台と特殊壷のセットは、箸墓という鏡の、いわば、立体模様としての役割があったのではないか。

「どこかに、五層の同心円の模様を持つ鏡はないものか」

そんなことを思いながら、古い鏡を眺めていた。こういう捜査は「これだ！」と一発で分かるものだ。経験上そうなのだ。ぐちゃぐちゃ、ごちゃごちゃ無理やり理屈で納得するものではない。見れば即「これだ！」と分かるようなものなのだ。

写真の鏡は、平原遺跡から出土した平原大鏡だ。鏡片を繋ぎ合わせて復元した原田大六によれば、この大鏡の直径は46・5センチもある。そしてこの鏡の円周は被葬者の8咫の長さになっている。いわゆる八咫鏡だ。

みれば分かるだろう。この鏡は、同心円が強調されている。そして、その同心円は、5重の同心円帯で出来ている。（5重の同心円は箸墓古墳の5段につながるデザイン）

・一番外側の黒く見える無文様の部分
・その内側に何本もの同心円が重なっている部分
・黒い背景に八方手裏剣状の輝きが浮かび上がっている部分（実は太陽の光輝の表現）
・白っぽい背景に黒い八つの葉っぱか木の実のようなものが出ている部分（実は太陽コロナの表現）
・一番内側の円の部分（鏡の紐の部分）

先の大鏡と箸墓のつながりについて説明しよう。豆ちゃんはこんなふうに想像している。

もう一度大鏡の写真を見て欲しい。「5重の同心円帯」で言うと、一番内側の鈕《ちゅう》（青銅鏡の裏面の中央の盛り上がった部分で、鏡を吊るす紐が通る穴が開いている）と「八葉」の部分に注目してみよう。

コロナ＝「八葉」が、鈕の円から8枚出ている。

「この八葉、これを後円部の最上段で立体的に表そうとしたのが、円筒埴輪（特殊器台形埴輪）と底無し壷（特殊壷形埴輪）ではなかったか。」

築造時の箸墓で、五段目＝中央部の円丘の外側、つまり4段目のテラスに、8基の円筒埴輪に特殊壷形土器を載せたセットを置けば、この八葉を表現できるのではないか。その埴輪のセットを上空から見れば、それが「八葉」のつもりではなかったか。箸墓で、円筒埴輪のセットはそのように使われていたのではないのか。

いったい、箸墓から採取された円筒埴輪や特殊壷の破片はどのくらいの量があるのだろう。それらを集めて復元すればどれほどの大きさになり、それらを箸墓の5段目の裾のテラスに置いてみれば、どんな景観になるのだろう。「八葉」らしく見える程の大きさなのだろうか。それについては、現状では判断できない。

ただ、こんなことは、古代史探偵としては言える。

「まぎれもなくこの平原大鏡こそ箸墓後円部の原型か設計図だったろう。箸墓後円部は、その平面景を超巨大な内行花文八葉鏡として造られているのだ」

そして、箸墓がいつか発掘調査される日を想いながら予想して置こう。

「恐らくは、箸墓を仔細に発掘調査すれば、その葺き石の積み方などにもっとはっきりと意匠《いしょう》の工夫が見られるのではないか。例えば、三つめや四つ目の同心円帯を表すのは、やろうと思えば葺き石の工夫でできるだろう。積む石の種類を変えるとか、大小の石を積み分けるとか。」

ちなみにこの鏡は、通常「内行花文八葉鏡」と呼ばれている。だが、古代史探偵的には、この鏡は、『皆既日食・金環日食鏡』とでもいうべきものだ。

カブラのような「八葉」を太陽コロナだと見れば、この部分は皆既日食を表している。その外側に、八方手裏剣のような尖りがある部分は「花文」ではなく、太陽の光輝だ。その光輝と、すぐ内側の円に注目だ。尖りと尖りをつなぐ弧のカーブは、内側の円と接することなく円を巡っている。内側の円で途切れていない。そこは、先ほどのカブラのようなコロナが内側の円で8つに途切れているのとちがうところだ。だから、この八方手裏剣の光輝は金環食を表していると見られる。

実は、彼ら古代人にとっては、皆既日食と金環食は、彼らの観測方法からは、「中心離角0度00分の日食」という点で同じなのだ。計算で予測する日食としては、皆既日食も金環食も同じ。つまり彼らにとっては、皆既日食も金環食も本質が同じもの、と考えたのではないか。だからこのように、ひとつの大鏡の文様として、皆既日食と金環食の両方をデザインしたのではないだろうか。

これまで考えてきたように、モモソ姫・卑弥呼は248年9月5日の大日食を契機に死んだ女王だ。彼女はアマテラスなので太陽と月の重なりである箸墓後円部に埋葬されただろう。その後円部は鏡と考えられていた。そのように造られたはずだと考えられる。古代人が、後円部を鏡として企画したのなら、それらしく造る意匠として、最上段の5段目の周囲にくだんの円筒埴輪（特殊壷も含む）を立体紋様として採用したことはありうるのではないか。

三種の神器のルーツも星空

三種の神器、普通には鏡・玉・剣だが、天皇家の神宝としては、より正確には「八咫鏡・八坂瓊五百箇御統の玉・草薙の剣（天叢雲剣）」というべきだろう。これらの神宝の内、八咫鏡と八坂瓊五百箇御統の玉については、すでに取り上げて考えた。草薙の剣についてはまだ触れていない。そのことはまたいずれ機会が来るだろう。今は、草薙の剣のことは置いて、三種の神器という神宝のセットについて、そのルーツについて考えておこう。

　三種の神器という神宝のセットは、箸墓以前にもある。北部九州の弥生時代の遺跡からは、特にそのセットが出土する。平原遺跡の女王墓でもそのセットが見られる。この三種の神器の伝統が平原遺跡の時代よりもさらに古くまで遡れるのは間違いない。それなら、いったいこの三種の神器のルーツとは何なのか。実は、世間の書物では謎のようだ。読んだ範囲では、先に引用した福永さんの本に、「三種の神器の伝統は古代中国の道教に辿れるらしい」とあった。だが、それでもそれは「伝統としてすでにあった」という指摘で、それ以上には言及してはいない。

だが豆ちゃんによれば、三種の神器のルーツは実にシンプルなのだ。明快に語れるのだ。三種の神器のルーツは星空なのだ。星空が起源、そう思いさえすればそのルーツの星座は直ぐにも分る。アッと思い当たるだろう。三種の神器のルーツの星座とはこうなのだ。

・鏡＝畢宿（牡牛座の顔の部分＝ヒヤデス星団）
・玉＝昴宿（牡牛座の肩の部分＝プレアディス星団）
・剣＝参宿（オリオン座の腰の三ツ星と両肩両足の明るい星）

玉は昴宿

古代中国の占星術では、七曜（日・月・金星・木星・火星・水星・土星）と星宿の対応は、畢宿《ひっしゅく》と月が対応し、昴宿は太陽と対応している。つまり、

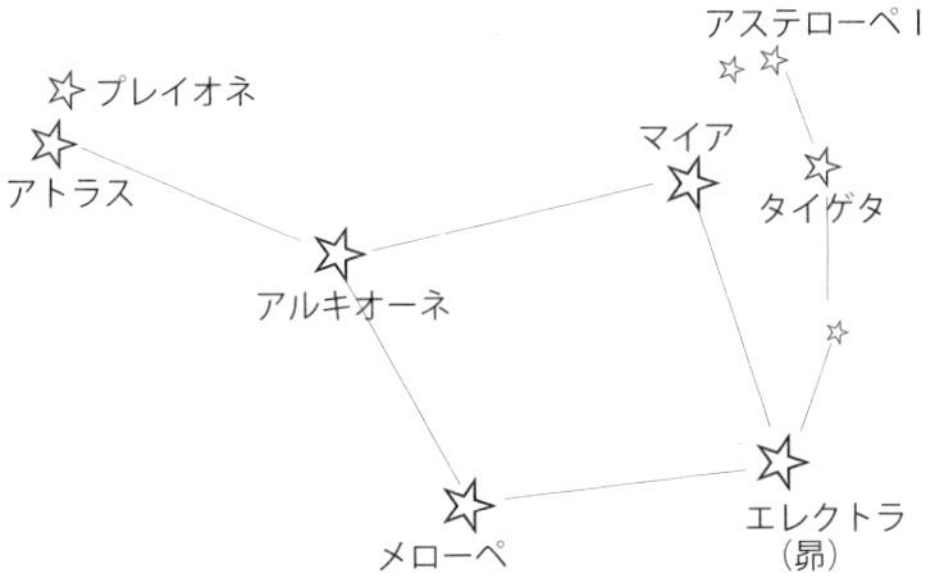

図41　昴宿の畢星

スバル宿＝太陽だ。そして平原遺跡では、太陽は八坂瓊《やさかに》の五百箇御統《いほつのみすまる》の連珠として表されていた。だったら、昴宿＝太陽＝玉（八坂瓊の五百箇御統）だ。それは同時に、昴＝玉（八坂瓊の五百箇御統）なのだろう。そう思ってみれば、なるほど昴（スバル）とは「統べる」に由来する言葉で、八坂瓊の五百箇御統はたくさんの玉を糸で通して統べてある。その様子はまた、スバルがたくさんの星星の集まった星団であることとつながっている。スバル星座こそ全天で一番有名な星団だといってよい。そのスバルの中には特に明るい星が5つか6つある。また目の良い人には肉眼で12個ぐらいの星が確認できるという。

平原遺跡出土の装身具の写真を見よう。

一番左の一番長く連なった小玉の連珠は、被葬者の頭部にあたる場所から出た。紺色のガラス製の小玉が、写真の状態で468個繋がれている。だが他にも、破片が採取されていて、その破片を合計した重量からすると、24個分の小玉が考えら

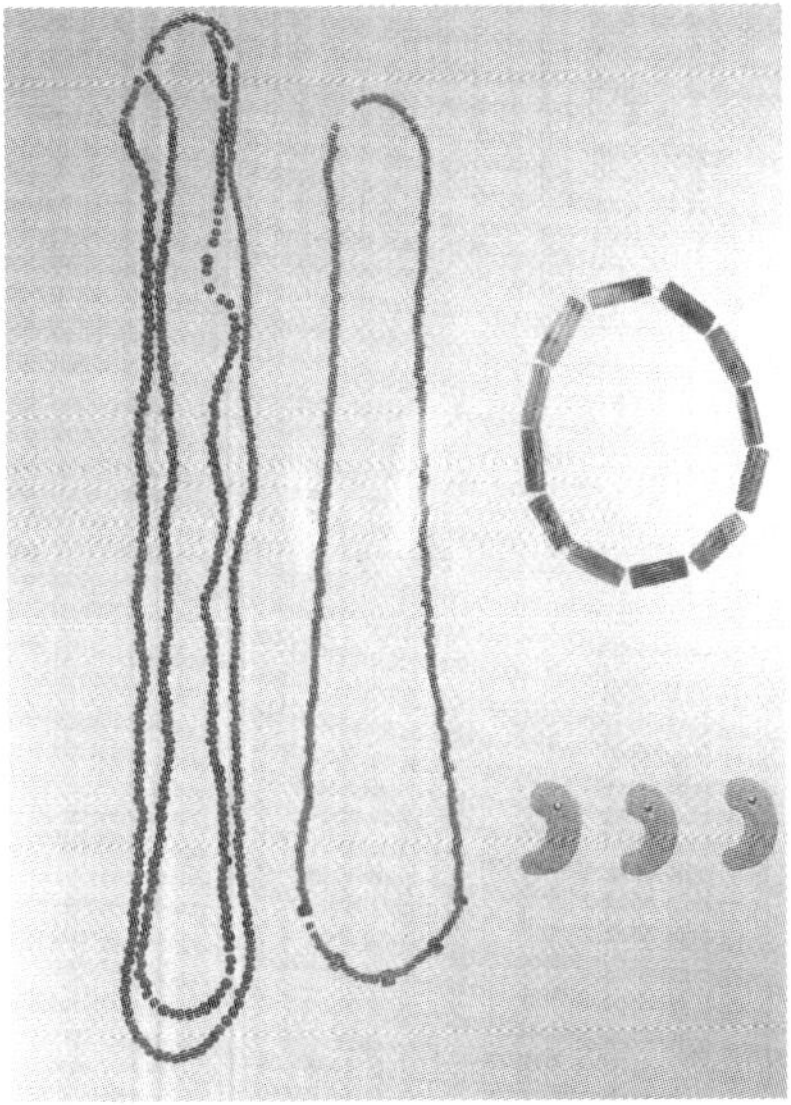

図42　平原遺跡出土の「装身具」
（伊都国歴史博物館発行絵はがきより）

れるという。総計492個分の小玉が出土したことになる。その小玉は、1連に繋がれると全長約133センチとなるという。この連珠の長さは、平原大鏡の円周＝平原女王の身長（146センチ）に近い長さだ。

中央の連珠は左の連珠ほど長くはない。この連珠は、途中にやや大きめの5個の玉を含んでいる。それは、スバルの良く目立つ5個の恒星を表すのだろうか、それとも5惑星を表すのだろうか。5惑星は昴宿のあたりを通ることもある。そう思えば、この連珠はスバル星座そのものだ。この連珠は、平原遺跡の周溝から見つけられた。そのことは、この四角い形の遺跡（1号墓）が、スバル星座と深く関係している証拠のように思える。

最後に一番右側の管玉のリングは、出土の場所が、やはり被葬者の頭部の辺りらしい。12個の管玉がつながれているが、その12個とは、目のいい人なら見えるスバル星の個数だろうか。いやそれよりも12個だから、この数は、一年＝12カ月の12を思わせる。太陽を中心に考えれば1年は365日だが、その1年に月は12回の朔望サイクルを繰り返す。1年間に12回、月は昴宿（スバル星座）の近くを通過する。そんなことを思わせる連珠だ。

平原遺跡の被葬者は、先に示した八坂瓊五百箇御統の連珠の他に、この様な3種類の連珠を副葬していた。そしてそのどれもの連珠が、スバルとの関係に満ちている。太陽との関係が深い連珠＝八坂瓊五百箇御統、月との関係が深い連珠＝12個の管玉の連珠、すばる星座そのもののような連珠。これらの連珠は、全て、スバルであり、スバル星座と太陽、月、惑星、恒星との関係を暗示した連珠なのだろう。

鏡は畢宿

畢宿と鏡の対応は、畢宿を天井の井戸だとイメージするといい。畢宿を古代中国や古代日本では、「水の豊かな宿」と考えていたことは前に話した。「畢に月は雨」とか「雨降り星」の伝承を思い出して欲しい。「天の真名井＝畢宿」のことも言っておいた。その井戸の水面には人の顔も映る、月や太陽を映すだけではなく。つまり、井戸は鏡に通じるのだ。だから、畢宿は鏡で象徴される。三種の神器では八咫鏡のことだ。

銅鐸も畢宿

だが、畢宿という星座を象徴する青銅器をめぐっては問題がある。この畢宿を象徴する青銅器が、銅鏡だけだと思ってては間違いなのだ。古代の日本列島で使われた青銅器については謎があるといわれている。その謎中の謎の青銅器が銅鐸だ。

だが、古代史探偵豆ちゃんには、銅鐸は謎の青銅器ではない。

実は、銅鐸も畢宿の象徴物なのだ。銅鐸のシルエットは、畢宿の星座の形に似ている。畢宿の星座の形から柄の部分（γ星―λ星）を外して7星で考えてみればいい。あるいは、その柄は銅鐸を

図４４　流水文の銅鐸
（天理市石上町出土、宮内庁蔵）

吊るす紐か何かだと見ればいい。銅鐸には吊るされるべき環は付いていないが、紐を通せる穴は、写真のように開いている。

銅鐸が水につながりの深い祭器だとは容易に分かる。水を意味する「流水文」が模様に使われている。また、銅鐸は弥生の民が、稲の豊作を祈った祭器だろうと言われている。稲の豊作には水は不可欠。だから豊かな水を祈り求めるのは当然だ。そして畢宿は、水の宿だ。天上の井戸だ。

古来、円錐形の単独峰が神山としてあがめられている。三輪山のような山容の山だ。そのシルエットも銅鐸のシルエットも同じようだ。銅鐸とは、あの円錐形の神山から、神を地上に引き寄せてくる神の依り代だったのだろう。神山に登る代わりに、あるいは、神山の麓までいちいちお参りに出向く代わりに、神山そのものの象徴物である銅鐸を作り、それを安置して拝む。その銅鐸に、神山の神が依り付くと考えたのではないか。それが依り代という観念だろう。そして、その依り代である銅鐸そのものも神なのだ。そういう古代信仰の論理なのだろう。その神を辿れば、銅鐸↓神山↓畢宿の星座となる。円錐形の神山と銅鐸をはじめとする青銅祭器の関連に気づくきっかけをくれたのは、井上香都羅『銅鐸「祖霊祭器」説』だった。執念のフィールドワークの賜物と言うべき本だ。

畢宿の象徴物を巡って、銅鏡と銅鐸の二つが並立していた。しかしやがて、銅鐸は地中に埋められ、銅鏡が代わってその地位に着いた。

そうだったのではないか。それは、この列島で、太陽神族とでもいうべき卑弥呼の一族が支配者として、次々に「国つ神」とよばれた各地の神山を神と信仰する弥生の民たちを支配下に組み入れていったのではないか。畢宿=水の豊かな宿と考えて、畢宿を銅鐸という祭器にして信仰していた人々は、太陽神族（天神族）である卑弥呼たち（その祖先）の支配下に入り、それゆえ、銅鐸を地

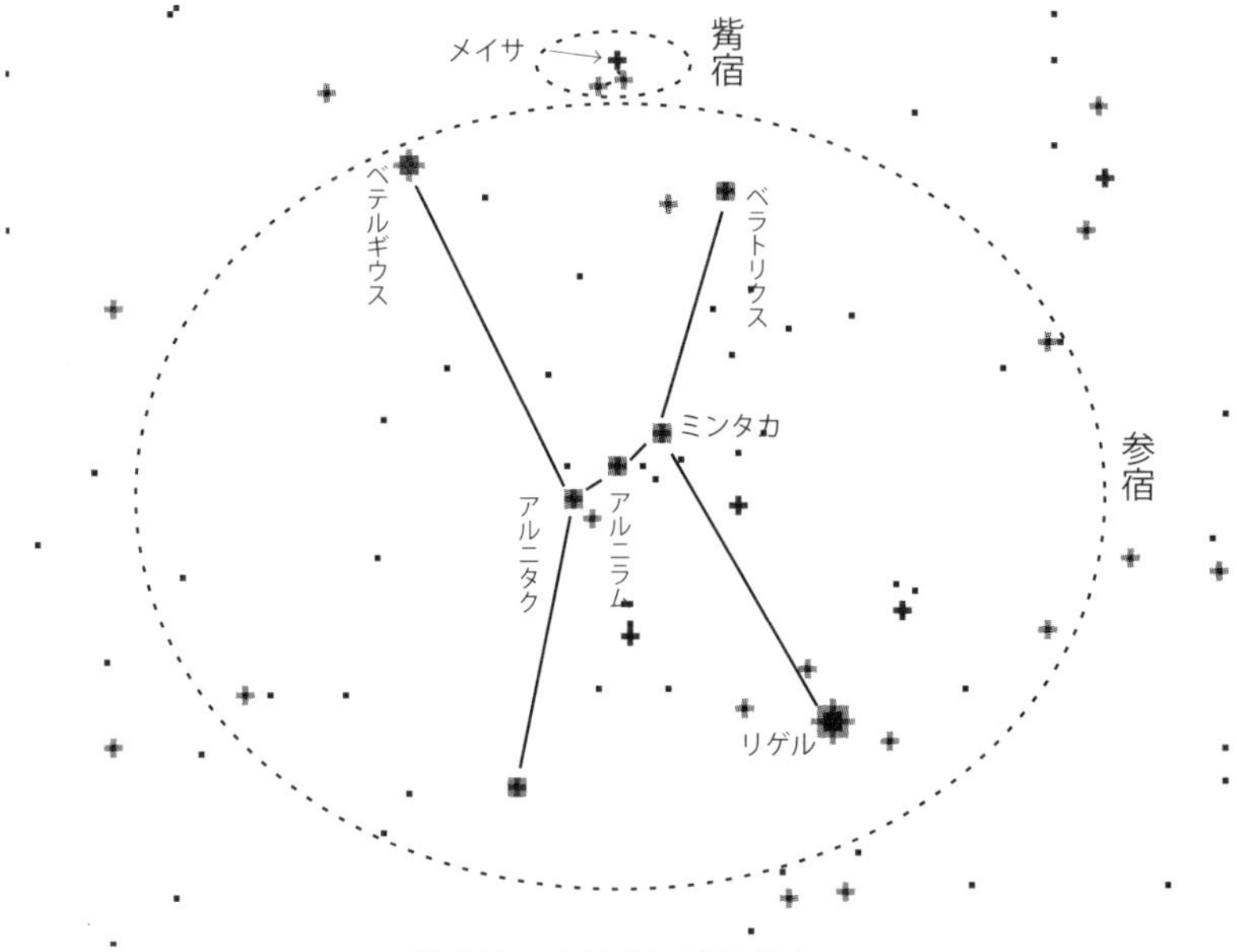

図４５　オリオン座の星々

下に埋め、銅鏡神を拝むことになったのではないか。畢宿を鏡で象徴していた卑弥呼たちが、倭国を統一支配していくことによって、銅鐸神は銅鏡神に置き換えられていったのだ。銅鐸神は埋められなければならなかった。これは、太陽神族が弥生の銅鐸神族を支配していったことの帰結なのだろう。このように考えると銅鐸は、謎の青銅器だろうか？

剣は参宿

参《しん》宿が剣であることを説明しておこう。古来、西洋神話では、オリオンの三ツ星は、オリオンという武人の腰のベルトだった。それは腰につるす剣をも意味するし、そのベルトの辺りにある男根を意味することもあった。古代日本では三ツ星は女性の腰の裳紐《もひも》だったようだ。また、その裳紐の下に衣服で隠されている女陰でもあったのだ。

（この辺りのことは勝俣隆『星座で読み解く日本神話』に詳しい）要するに、洋の東西を問わず、三ツ星は、腰の辺りにあるものを意味する。また、書紀の神代上の神話では、三ツ星が、宗像の三女神（田心姫《たこりひめ》、湍津姫《たぎつひめ》、市杵嶋姫《いつきしまひめ》）としても描かれている。その三女神は、スサノオの剣から生まれている。剣はスサノオの象徴物だが、スサノオをオリオン星座とみなせば分りやすい。スサノオ＝オリオンが、スバル＝アマテラスと、畢（ヒヤデス）＝天の真名井を挟んで向かい合っている。それは冬の夜空のすばらしい星空だ。

その星空を描写しているのが、書記の神代上の「ウケイ神話（誓約神話）」だ。この神話、世間の日本書紀の解説では、さっぱり訳の分らない代物だが、古代史探偵のように、星空の光景だと見れば、実に明快だ。このことはもっと詳しく説明したいが、いつかウケイ神話を取り上げる時に譲りたい。

古代史探偵ノート⑦

大きさは身長の１０４倍

突然出現した異次元の巨大古墳

モモソ姫たち３世紀の古代人（倭国人）は、箸墓古墳を極めて精緻な計画で作っている。箸墓とは、古代人の意図の結晶だ。そういう墓（古墳）なのだ。箸墓の位置は、この一点という妥協なしの位置に作られている。それは極めて計画的で周到な設計なのだ。そして箸墓古墳の形もまた、極めて巧妙に、幾重にも重ねられた意味を表現している。

そうであれば、『箸墓の大きさ』についてはどうだろう。その大きさが、「大きければ大きいほど良かった」などと済ましていいだろうか。「この大きさの意味は？」と問わなくていいものだろうか。古代史探偵は、そのことを問わずにはいられない。

さて、こんなことは、前に言ったことがあるような気がする。

「箸墓より古くて箸墓より大きい古墳は現在までのところ見つかっていない」

結局箸墓古墳とは、それ以前の墳墓と比べて、最大の大きさで突然に出現した墳墓なのだ。

現在、箸墓古墳より古くて箸墓古墳より大きい古墳は見つかっていない。それなら古墳時代とは、箸墓古墳という巨大な前方後円墳の出現から始まったのだ。そう言っても間違いないはずだ。

「箸墓古墳は、突然に現れた。あの巨大さで唐突に出現した」

　3世紀の中頃、突然、巨大な前方後円墳が出現したのだ。それまでにそんな大きさの古墳はなかった。もちろん典型的な前方後円墳の墓もなかった。箸墓は「巨大さ（大きさ）」と前方後円墳という「形」の両面で、突然に出現した墓なのだ。箸墓古墳以前にも古代の墓はあった。それらは、「弥生の墳丘墓」と呼ばれる盛り土のある墳墓だ。山陰の出雲地方には、「四隅突出型《よすみとっしゅつがた》」の墳丘墓が知られている。池上曽根遺跡の「方形台状墓《ほうけいだいじょうぼ》」または「方形周溝墓《ほうけいしゅうこうぼ》」も弥生時代の墓だ。だが箸墓古墳は、それらとは形の完成度や築造規模の大きさがまるで違う。あえて言えば、いきなり異次元とでも思えるような形・規模・精度の古墳が突然出現したのだ。ただ、「異次元」などという形容をしたが、それでも弥生の墳丘墓と箸墓古墳には共通点もあるのだ。

　確かに弥生の墳丘墓と古墳時代の前方後円墳では形がまるで違う。だがそれでも、共通点もある。一見、形の共通点はなさそうだが、形のルーツという点では共通なのだ。それは、「方形台状墓」または「方形周溝墓《ほうけいしゅうこうぼ》」や「四隅突出型弥生墳《よすみとっしゅつがたやよいふん》丘墓《きゅうぼ》」や「楯築《たてつき》弥生墳丘墓」も含めて、これらの弥生の墳丘墓も、箸墓古墳のような「前方後円墳」も、これら古代の墳墓の形は、すべて「星空ルーツ」だということだ。

　方形台状墓や方形周溝墓は鬼宿（かに座・M44散開星団）や昴宿（牡牛座、M45）の星座を、四隅突出型弥生墳丘墓は、参宿（オリオン座）を、楯築弥生墳丘墓は心宿（さそり座）をそのルーツとしているのだ。そして、その星空ルーツの墳墓の歴史が、モモソ姫という卑弥呼女王と箸墓古墳の登場で劇的に変わることになったのだ。

さて箸墓古墳以前の古墳ということでは、纏向古墳群にも注目すべきだろう。この古墳群には、箸墓より少し古くて、形も箸墓に似ている古墳が5基ある。その5基は意味ありげに箸墓の近くに在るのだが、それらの5基はどれも箸墓よりも小さい。古墳の全長を比べて言えば、箸墓はそれらの2倍とか3倍に近い。だがこれらの6基を現地で目にすれば、その規模の違いは数値以上に圧倒的だ。、箸墓はそれらの5基とは異次元に巨大だ。ははは、またしても「異次元」の登場。読者よ、古代史探偵は今、科学的冷静さを欠いているかもしれない。眉に唾、眉に唾。だが、そんな「異次元」な感動が、謎を追う動機を強めてくれることも事実。

「何であの大きさなのか？　あの巨大さの理由は何？」

支配者が大きな権力を誇示するために巨大な墓を作った。そんな理由を、読んだ本で聞いた気がする。確かに大きな権力がなければ、あのような巨大な墓は築けない。だが、そうだとしても、なぜあのサイズに大きいのか。そのサイズを決めた理由は何？彼らの本にはそんな理由は書いてなかった。

「大きければ大きいほど良かった？」

「古代人は理由があってあの大きさに決めたはずでは？」

「だったら箸墓は、なぜこのサイズに大きいのか？」

＊楯築弥生墳丘墓　岡山県の「楯築弥生墳丘墓」は注目すべき古代の墳墓だ。この墳墓は、かなり規模が大きい。弥生の墳丘墓から箸墓古墳への変化あるいは飛躍の直前に位置する大きな墳墓だと見られる。批判を恐れずに言えば、楯築弥生墳丘墓は、モモソ姫の父「孝霊（天皇）」その人の墓ではないか。楯

築弥生墳丘墓は、その規模や精度という点で、卑弥呼の直前の倭国王の墓ではないかと考える。

大きさの基準は何だったのか？

「箸墓の大きさは、何か基準になる物があって、それによって決められたにちがいない」

エジプトのギザの大ピラミッドの場合、地球の子午線の長さを知っていて、その数値を縮小して底辺の長さにしていたようだ。つまり古代エジプトのピラミッドの設計者は地球の大きさを知っていた節がある。また、ピラミッドの大きさの企画には、円周率（π）や黄金数（φ）が使われていたようだ。古代人は自らの知識をモニュメントに織り込んだのだろう。というか、ピラミッドの建設とは、当時の数学的、物理学的その他の彼らの到達していた最高度の学問力の結晶としてのものだったに違いない。彼らの「宇宙や自然」への理解の結晶としてのピラミッドだったはずだ。

ただし彼らは「宇宙」や「自然」という言葉は使っていない。それは現代の我々の言葉だ。彼らの言葉に最も近い言葉としては現代の「神」なのだろう。ピラミッドは「神の世界」を表現したモニュメントだ。そして同じく、箸墓古墳も楯築弥生墳丘墓も古代人の「神の世界」を表現しているモニュメントだ。

さて、箸墓もまた、何かの基準物を元にあの大きさに決められたはずだ。箸墓を計画した古代人たちは、何を基準物に箸墓を設計したのか。

箸墓の場合、それは、太陽や月と関係していたはず。なにせ、大日食を契機に死んだモモソ姫の墓なのだから。日食は、太陽と月の重なりの現象だ。後円部は太陽と月の重なりを表しているに違いない。それなら、彼らは太陽や地球や月の大きさを知っていて、その縮図にしたのだろうか。

それは、ほとんどありそうにも無かったのだが、ざっと大まかに調べてみた。小学生の理科の資料集を使ってそれらの天体の大きさを調べ、箸墓の後円部の直径と比べてみた。大雑把なところ、どうもそれらしくなかった。いかに賢い古代倭国人といえども、太陽や月の大きさを知ることは難しかったのだろう。見かけの大きさならともかく、実物のそれを知ることはなかったようだ。

前方後円墳という墓の形式は、箸墓が元になって生まれたはず。「箸墓型古墳」こそ前方後円墳なのだ。それなら、

「箸墓は、先行する古墳の何倍かになっている」とは思えない。箸墓の近くの例の5基は、確かに箸墓に先行して作られているようだが、このアイデアもどうも違う。それらの5基はモデルや基準ではなかったようだ。これらの5基は、箸墓を含めて6基でワンセットに作られているのだろう。さらに言えばこのセットには、少し離れた場所にある桜井茶臼山古墳を含めるべきではないか。この7基こそ、ワンセットで造られているように感じる。

しかし、箸墓と先の5基では表現の意図するものが異なるのだろう。つまり築造者は、7基を大きい2基と小さい5基に分け、それらを性格づけして形を作り分けている。そんなふうに考えたのは、後円部の形からだ。箸墓は明らかに真円形だが、くだんの5基は真円ではない。研究者達がいう「不整円」だ。楕円のように崩れている。どうも意識的にそのように造られているようだ。

箸墓をこの5基とは同列には扱えない。やはり箸墓古墳は、形も大きさも、突然に降って湧いたように現れているのだ。

そもそも、箸墓の大きさはどのくらいか。ふつう、全長約２８０メートル、後円部径約１６０メートルと言われる。だが、この数値、研究者によって、かなり違っている。

	墳丘長	後円部直径
末永雅雄	273メートル	157メートル
寺澤　薫	280メートル	160メートル

一体、このような違いはなぜなのか。大ピラミッドの底面の正方形の1辺の長さは定まっている。研究者による違いなど聞いたこともない。だが、箸墓の場合、大きさの数値はこのようにばらついている。その理由は、これらの数値がどれも、実際の発掘調査に基づく測定値ではないからだ。この両者の数値にしてもそうだろう。おそらく二人とも、地図や写真から、これらの数値を導いたのだろう。あるいは周辺からの観察と測量からの推定値だ。決して、墳丘の基壇の部分を確かめて得た測定値ではないはずだ。箸墓古墳は宮内庁によって「陵墓参考地」に指定されていて、立ち入り調査や発掘調査が禁じられているからだ。

「古墳のサイズはこのように計測する人や、計測する時の条件等によって異なる。それを解消するには同じグループの古墳をなるべく多く集めて尺度を求めることが必要である」（佃収「神武・崇神と初期ヤマト王権」）

これは、発掘調査が許されない現状での、工夫の一端を述べたのだろう。なんと健気な意見だろうか。発掘調査ができれば、データの正確性は飛躍的に高まるだろうに。研究の基礎データとして確定し、「研究者によって違う大きさ」は解消するにちがいない。だが、現状では、大きさの数値は、正確な計測値とは言い難い。箸墓の大きさのデータは、およそ科学的とは言いにくい現状なのだ。古墳の大きさという基本のデータがこのようなありさまだとは。発掘調査を実現することが近道にちがいない。いや、本筋でもある。だが、そのことを望みつづけてきた研究者達の願いは、今のところかないそうもない。そのことにこそ大きな問題がある。

そんな現状だが、それでもだいたいの大きさは分かっているとしよう。だが、さらにややこしい問題がひかえている。古墳や古鏡の尺度の問題だ。邪馬台国論争では、この尺度のことがよく話題になる。古代人はどんな尺度を使っていたのか。倭人伝に「百里」とあっても、それが古代中国のいつの時代の尺度で測られているかが重要だ。それによって、1里が現代の何メートルに当たるのかがちがってくる。箸墓や纒向遺跡も古代の尺度で作られている。その尺度の実態はどうだったのか。図書館で調べてみたが、よく分からない。クッキリと納得できる本には出会えなかった。

最近の考古学的な成果から、箸墓古墳は卑弥呼の死と近い頃の築造だと見られている。その卑弥呼の墓は、魏志倭人伝には「径百余歩」と書かれている。その「歩」は、古代の長さの単位だ。その「歩」という単位は、古代中国ではいつの時代も変わらずに同じ長さを示していたのではない。時代が違えば、同じ「1歩」や「1尺」でも、その長さは変わるのだ。

佃さんも言っているが、古墳のデータを解析して、その古墳がどんな尺度を使っているかを調べる手がある。だが、その古墳の基礎的なデータこそ、今も言ったように発掘調査ができないのでは、正確さを欠くだろう。そしてそういう不正確なデータを元にしては、古代人が使った尺度も分かりにくいだろう。

「古墳の正確な大きさも確定しない。尺度の問題も解決していない。そんな現状で大きさの謎が解けるのか…。これはそもそも無理なことなのか？」

平原大鏡は8咫

平原大鏡（写真は140ページ）とは、福岡県の平原遺跡《ひらばるいせき》で発掘された鏡だ。平原遺跡出土の大きな鏡ということで平原大鏡なのだが、この大鏡、その直径が46・5センチもある。ちなみにこの大きさは、弥生時代から古墳時代の全期間を通じて、遺跡（墳墓も含む）から発見された鏡としては、未だに日本一の大きさを誇っている。その平原大鏡が、箸墓の大きさの謎を解くヒントを与えてくれた。平原大鏡と平原遺跡ついて、少しだけ紹介しておきたい。

平原遺跡は福岡県前原《まえばる》市にある弥生時代の墳墓遺跡で、地元の考古学者、原田大六が中心になって発掘調査された。実は、平原遺跡から出土した鏡は、全て破片に割れていた。割れずに完全な形で残っていた鏡は1面もなかったのだ。平原大鏡は、原田大六によって、鏡片が繋ぎ合わされて復元されたのだ。

平原大鏡については、すでに「探偵ノート⑥」のところでも触れている。ここでは、この大鏡の大きさについてのみ、簡単に説明しておこう。この46・5センチという直径がどのような理由で選ばれているのかということだ。

原田さんは、この大鏡は「八咫鏡《やたのかがみ》」として造られていると指摘した。その八咫鏡といえば、日本書紀にも登場する三種の神器の一つで、アマテラスの象徴物のようにも描かれている。三種の神器として皇室に今も伝えられているというが、原田さんは、伊勢神宮にも伝わっていると考えている。図は、原田さんの本からの転載だが、彼が平原大鏡を八咫鏡だと言う理由は、この図を見ればよく分かる。彼によれば、平原大鏡は、その円周が8咫《あた》になっている。ちなみに咫とは、張り広げた手指の親指と中指の間隔で測る身体尺だ。この場合、問題はその8咫の元の1咫という長さ

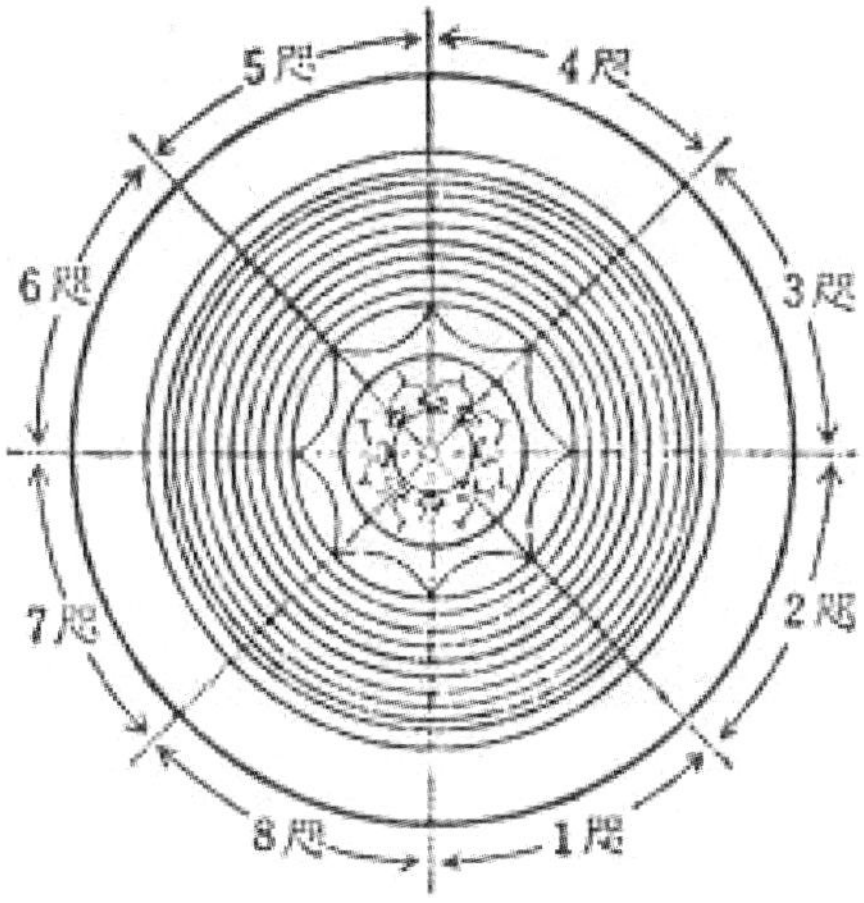

図４６　八咫鏡

だ。誰の1咫を採用しているのかという謎だ。原田さんも指摘しているが、もちろんこの大鏡の場合、その8咫とは、この大鏡の持ち主（墓の被葬者）自身の手指で測っての8咫だ。この大鏡は、外国から伝来したものではない。倭国内で特別に作られたと見られている。つまり、日本産の特別製の鏡なのだ。そのような特注の鏡であれば、この8咫の基準になっている1咫とは、墓の被葬者の手指による1咫がふさわしいだろう。それが、最も特注の論理にかなうはずだ。平原遺跡の1号墓の被葬者は女性だが、彼女自身の1咫でこの大鏡は大きさが決められたに違いない。

ところで、この大鏡の円周が彼女の8咫だということは、同時に、彼女の身長がこの円周の長さに等しいことを意味する。この墓の被葬者を平原女王と呼べば、

「平原女王の8咫＝平原大鏡の円周＝平原女王の1身長」

なのだ。

読者よ、「8咫＝1身長」は分かるだろうか、説明してみよう。

今、豆ちゃんが、自分の胸の前で両腕で大木の幹を抱くようなポーズを取る。そのポーズで、この豆ちゃんの胸前の腕が描く円周を豆ちゃんの1咫で測ってみよう。先ず、左腕を半円を描いたそ

のままにしておいて、右手の1咫で左腕の先から、この円の内周を測り取って行く。すると4咫で、右手の親指は、胸の中央に届く。ぜひ読者もやってみてほしい。そんなふうになるはずだ。

さらに今度は、右腕で半円を作り、左手の1咫で5咫目から測り進む。8咫目で、右手の指先に達するはずだ。豆ちゃんの胸前の円の円周は豆ちゃんの8咫なのだ。

さて、説明はまだ終わらない。今度は、作った胸前の円を左右に張り広げる。腕が描いた円は解けて直線になる。この張り広げた両手の指先から指先までの長さは、豆ちゃんの「1尋《ひろ》」だ。「尋《ひろ》」は多くの読者には耳慣れないかもしれないが、今でも釣りをする人たちには普通に使われている単位だ。同時にこの1尋の長さとは、その人の1身長にほぼ近い。そのことは釣りをしない人でも良く知っているのではないだろうか。昔からそのように伝わっている。結局、豆ちゃんの1尋＝豆ちゃんの8咫＝豆ちゃんの1身長、なのだ。それは読者でもおそらくそうなるだろう。

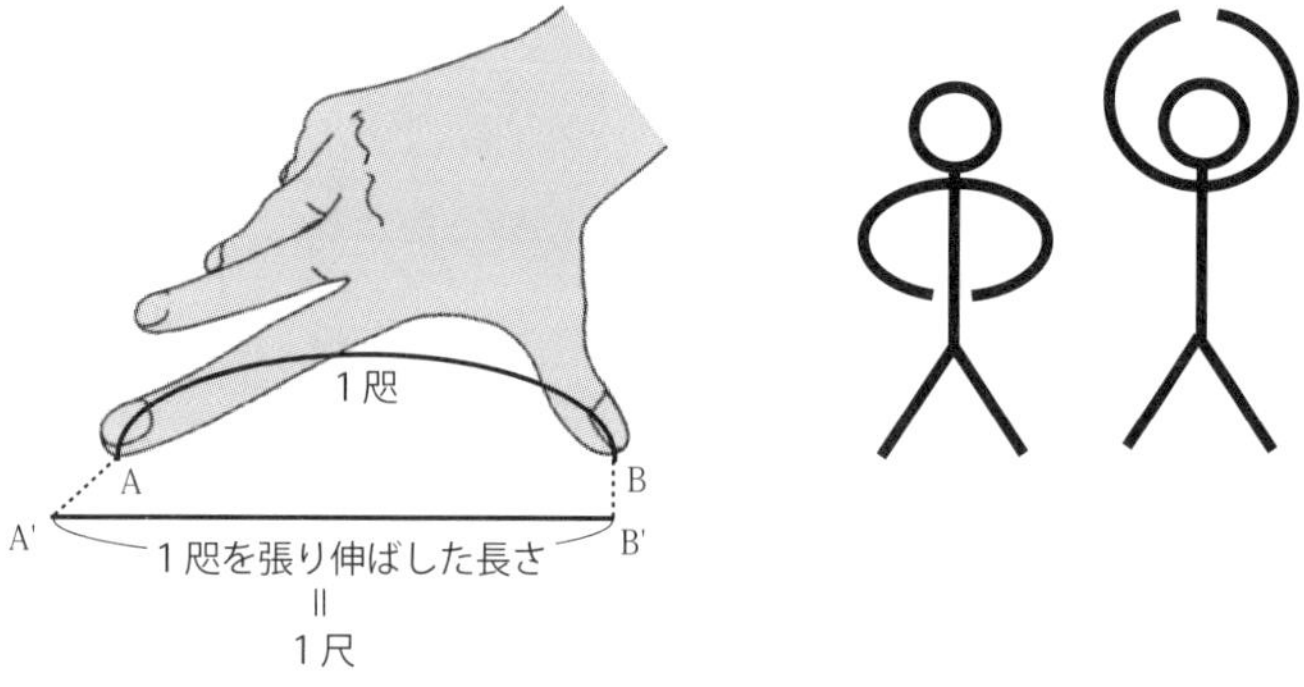

図４７　１咫と１尺

ちなみに、古代の倭国には「咫」と同時に「尺」という長さの単位もあった。そして、古代人は咫と尺を使い分けていたようだ。咫とは曲線の長さをいう単位、尺は直線の長さをいう単位だと。先の平原大鏡の円周は曲線だから8咫だ。だが、その8咫を直線に張り伸ばした1尋や1身長は直線なので8咫と言うわけにはいかない。そこで1咫を直線に張り広げた長さを1尺と決めておくと、8咫＝8尺だ。古代中国の尺度を調べると、「咫と尺は元は同じ」という説明と「1咫＝8寸、1尺＝10寸」という解説が混在している。これは、本来は同じ長さで、咫は曲線を尺は直線を測る単位として使い分けていたのが、後にそのことが忘れられて、咫の手指を直線（平面）に当てて測ったりし始めたことから、咫の方が尺より短くなったと考えられる。

話を平原大鏡に戻そう。結局、この平原大鏡の大きさとは、1号墓の被葬者が、自分の胸前で、両腕で大木の幹を抱えるようなポーズ（両指先を触れ合わせて）を取った時、その姿勢で出来る円の大きさなのだ。その胸前の円＝平原大鏡なのだ。そして、平原大鏡の円周＝平原女王の身長でもある。

この大鏡は、そのように作られることによって、平原女王を記念する大鏡なのだ。この大鏡は、彼女の1咫や1尋の長さ単位に特別に作られた。そのことによって、この大鏡は平原遺跡の女王を表しているのだ。そのことをさらに突き詰めていえば、「平原大鏡＝平原女王」なのだ。この大鏡とは結局、平原女王自身を表している。

「平原女王の鏡は特別製、あの鏡は特注なのだ。それは何故？　それは彼女が特別だったからだ。彼女は特別な存在だった…」

「そうか、特別な存在のためには、既存の物は使わないんだ。」

平原女王は特別な存在だったので、だからその特別な存在にふさわしく特別な鏡を作った。それがあの直径46・5センチの大鏡だ。そういう古代人の意志（論理）なのだ。特別な存在のための特別な鏡（八咫鏡＝平原大鏡）ということなのだ。

「だったら箸墓の鏡も特別の特注の鏡だ。モモソ姫の特注の鏡のはずだ！」

モモソ姫の身長が基準

平原大鏡という八咫鏡の論理をモモソ姫にも適用する。すると、

「モモソ姫の鏡もモモソ姫を基準（尺度）として作られたはず」

と考えられる。そしてそのモモソ姫の鏡は、

「箸墓古墳の後円部の石室の棺の中に副葬されているはずだ」

と考えられる。豆ちゃんはそう考えて、箸墓古墳が発掘調査できない現状を嘆いていた。

だが、ある日、ハッと気が付いたのだ。それは例の「箸墓古墳＝鏡と剣」と繋がるのだ。

「発掘ができなくても分る！　モモソ姫の特注の鏡はわれわれの目の前にある。いやずっと目の前にあった！」

読者よ、もう分ってもらっているだろう。箸墓の後円部こそモモソ姫の鏡なのだと。彼女の特注の鏡とは、すでに在ったのだ、われわれの目の前に、箸墓の後円部として。

さて、箸墓後円部＝モモソ姫の鏡と考えると、箸墓後円部の大きさはどうなるのか。

「箸墓の後円部は、直径をモモソ姫の身長の100倍にしてあるのでは？」

まず考えたのはそのことだ。モモソ姫は「倭迹迹日百襲姫」だから「100」を名前に持っている。また彼女が倭国女王卑弥呼なら、銅鏡100枚を魏からもらっている。モモソ姫も卑弥呼も「100」に縁の深い人物だ。そのうえ、「100」

とは太陽を意味する。だったら「１００倍」はありそうだ。モモソ姫は、自身の身長の１００倍を後円部の直径に選んだのだろう。それというのも、箸墓後円部を、自身を表す鏡のつもりで作ったからだろう。これはもう平原大鏡という八咫鏡どころではない。もっと巨大な鏡だ。だが、その論理というか考え方は、平原大鏡（八咫鏡）と同じだ。どちらも被葬者自身の1身長を基準とする鏡だという点で。

末永さんの調べでは、後円部直径は１５７メートル。この値を採用すれば、彼女の身長は約１５７センチだったことになる。箸墓の後円部は、１５７センチの彼女の身長の１００倍に造られたのだろう。つまり、モモソ姫の１００身長（尋）だ。それが箸墓後円部の直径だろう。

平原遺跡の女王は、径46・5センチの特注鏡で存在を主張した。しかし、平原女王のおそらくは後継者だろうアマテラス＝モモソ姫は、古墳の大きさで自己主張したのだ。もちろんそれというのも、古墳の円墳部を鏡と見立てていたからだ。彼女等は二人とも、鏡の大きさで自己主張した点では同じだ。

だが、モモソ姫の鏡は、とてつもなく大きかった。何とスケールの大きい自己主張。何ともすごい。恐らく、平原の女王は伊都国の女王だったのだろう。だが、モモソ姫は、伊都国を含む30国からなる倭国連合の女王だったのだ。倭国女王モモソ姫（＝卑弥呼）だから、伊都国女王よりは、格は上がっている。そのランクアップに対応しているのが、箸墓円墳部が巨大鏡というアイデアではないだろうか。もはや、円周八咫の大鏡ではすまされないとでも思ったのだろう。

「だが、モモソ姫の身長が１５７センチといえば、古代人には長身過ぎるような…」

＊「１００」とは太陽を意味する　１７１ページ参照

後円部の直径はモモソ姫の104倍

100倍というのは違っていた。104倍だったのだ。豆ちゃんは100倍のアイデアにかなりこだわっていたのだが、ある日図書館で、興味深い研究論文を見つけた。それは、宮川徏さんほか数名による共同研究論文だ。代表して『宮川論文』と呼ばせていただく。宮川さん達は、「前方後円墳の規格性」というテーマで研究していた。

彼らは前方後円墳の後円部のサイズを平均しているうちに、そのサイズが「ある数値の整数倍に収斂《しゅうれん》してくる」ことに気づいた。そうしてその整数倍の仕組みを追及し、明らかにした。それが、尋・区による規格性の発見だ。『宮川論文』からまとめると、箸墓の規格はこうなる。

・前方後円墳の設計・企画には、基本となる方形区画があった
・後円部直径を8等分した一単位が重要で、「一区」と名付ける
・その一区は、「一尋《ひろ》」の整数倍となっている「区」が「尋」の何倍になっているかで古墳の大きさが決まる
・箸墓の場合、13尋が一区を構成する
・前方後円墳の「一尋」には、小尋（女性）と大尋（男性）のタイプがある

宮川さん達は、箸墓以外の多くの古墳も同様の手法で分析している。その資料によれば、それらの巨大前方後円墳での大尋や小尋は、すべて同じ数値ではない。同じく大尋でも、その数値は古墳によって違いがあるのだ。つまりこのことは、あらためて古墳の大きさが、被葬者の身長（＝1尋）で決められているということだ。統一した大尋や小尋があるわけではないのだ。被葬者が（被葬者の身体が）が古墳のサイズの基準なのだ。

箸墓は一区が小尋の13尋でできていて、全体で8区の構成になっている。ということは、箸墓の大きさは、直径を式に書けば、13×８＝１０４（尋）となる。つまり円墳部直径は１０４身長なのだ。誰の１０４身長なのか。もちろんモモソ姫（卑弥呼）のだ。『宮川論文』は、箸墓古墳の被葬者を卑弥呼と特定していないが、豆ちゃんはあえてモモソ姫（卑弥呼）だと言おう。箸墓の１０４尋は、「小尋」で、それは女性の被葬者を意味する。モモソ姫（卑弥呼）はもちろん女性。

このことから逆に、箸墓の被葬者の身長が計算できる。箸墓後円部の直径を１５７メートル程とみれば、１５７（メートル）÷１０４＝１・５０９…（メートル）となって、被葬者の身長は約１５１センチ。モモソ姫は、身長が１５１センチほどの女性だったのだ。この身長なら、１５７センチよりも違和感は少ない。ちなみに、この円墳部直径は、先の末永さんのデータだが、宮川さん達は、直径を１５６メートルと見ているようだ。箸墓被葬者の1尋を１５０センチと言っている。つまり、身長約１５０センチなのだと。「13×８＝１０４」というこの式は、箸墓の大きさを表す。その箸墓の大きさとは、結果として、モモソ姫の身長（身体）の１０４倍だということだ。

今「結果として」というような言い方をした。その理由はこんなことだ。１０４身長という大きさに作られたことは分かった。そのことはいいのだ。問題は、なぜ１０４身長なのか、なのだ。豆ちゃんにはこんな疑問がある。

「なぜ１００身長でないの？　１００なら太陽を意味する数なのに？」

１００は太陽を表す数。それはモモソ姫や卑弥呼にふさわしい数だ。モモソ姫は『倭迹迹日百襲姫』で『百』姫だし、卑弥呼は「銅鏡を百面」贈られた１００面の鏡の女王だ。それなら１００身長の大きさがふさわしくないか。さらに「13×8」も疑問だ。なぜ「13×8」なのだ。13や8にどんな意味があって、箸墓の大きさは、このような式を浮かび上がらせているのだ。

「8は、天皇家の聖数とも言えそうだからなあ、なんとなく分かる…。けど13は気になるなあ…。そうか、女性王と13歳なら台与《とよ》女王の即位の例がある。何か関係がありそうか…？」

13は、いかにも意味ありげな数だ。倭国の古代人は、明らかに「素数」を知っている。日本書紀では、驚くほど素数に出会う。きっと、素数は神聖数とでも見られていたに違いない。だが素数の意味を離れても、13は古代人にはこだわりのある数ではなかったか。『魏志』倭人伝では、卑弥呼の後継者の台与は13歳で女王を継いでいる。そのことからすれば、卑弥呼の墓かと思われる箸墓で「13」が浮かび上がるのは、ありそうなことだ。

さて読者は「13月の暦」について知っているだろうか。聞いたことがあるだろうか。中米の古代王国マヤには、1年が13か月のカレンダーがあったという。ひと月を28日として、一年は13ヶ月の暦だ。その暦によれば一年は、28×13＝364日で、普通の太陽年よりは1日ほど少ない計算だ。豆ちゃんは、高橋徹『13月の暦』をきっかけにそのような暦(カレンダー)の存在を知った。「13の謎」はそこからほぐれ始めた。

結論から言えば、モモソ姫の暦(卑弥呼の暦)は、『二十八宿』を使っていたのだろう。『二十八宿』とは、古代中国で使われていた方位・時間、天文を含む宇宙観、世界観と言えるもので、紀元前に成立していたものだ。その『二十八宿』の天文観による星座が、高松塚古墳やキトラ古墳の石室に描かれていたことは有名だ。とにかくそれは、古代中国の天文、方位などを貫く天文思想なのだ。

『二十八宿』の「28」という数は、「27・321・・日」からきている。それは「1恒星《こうせい》月《つき》」の日数なのだ。1恒星月とはまた聞き慣れないだろう。月を、基準に取る恒星からの位置で観測すると、基準の星（二十八宿の星座の距星《きょせい》）から出発した月が天空を一周し、同じ位置（基準に取る恒星からの角距離）に帰る周期、それが27・3日、およそ28日だ。『二十八宿』による「1恒星月」を「ひと月」とする暦を考えれば、その暦では「ひと月＝28日で、1年＝13月」となる。現代の太陽暦の1年より1日ほど少ないが、その1日と4年ごとに生まれる閏の1日は、暦外の「特別な1日及び2日」という扱いにすればよい。古代の『二十八宿』による太陽暦を想定すれば、それは実にシンプルな構成だ。28日というひと月の日数は、7×4日で、現代の4週間だ。そのようなひと月が13回繰り返してほぼ1年。このような二十八宿による太陽暦は、1年やひと月の把握がしやすかっただろう。カレンダーとしてシンプルで分かりやすかったはずだ。

今、モモソ姫の暦（卑弥呼の暦）と言ったが、倭国には暦がなかったようなことが『魏志』倭人伝の「注」に書かれている。「正歳四時を知らず、春秋の季節の至りをもって農耕をする。春耕秋収をもって一年とする。」などと。しかし、これは普通に考えておかしい。すでに卑弥呼以前から、春分や秋分は観測されていた。冬至や夏至も知られていた。古代の遺跡には、春分や秋分の東西線に合わせた建物の跡があったりする。太陽が昇る位置を東の山並みで観測して、それらの日を山並みの峰や鞍部に割り当ててカレンダーのように使っていたようだ。原田大六『実在した神話』にはそのようなことが書かれているし、豆ちゃんも、すでに、そのような「巻向の山並みカレンダー」を想定した。

読者よ、箸墓古墳のような巨大な構造物は、とても2カ月や3カ月では造れない。何年にも渡る作業が必要になる。そうであれば、そのような作業を、暦の存在なしに進められるだろうか。暦なしでは、長期に渡る土木作業の段取りができないだろうに。卑弥呼の当時暦がなかったという説明は不自然だ。

思うに、倭国の支配者層には、魏の国のそれとは少し違う暦があったのではないか。その倭国の暦を使って、大規模な計画的な都市である纒向遺跡を作り、纒向大溝や箸墓を含む纒向古墳群も作ったのだろう。倭国には「二十八宿」による太陽暦があったのだろう。二十八宿の太陽暦という「13月の暦」で、先に話した「山並みカレンダー」を持っていたとすれば、それは土木作業の段取りなどを計画するカレンダーとしての役割は充分果たせただろう。

卑弥呼は享年104歳

さて、13の意味が「13月の暦」の13だったと分かってみれば、この「13×8＝104」の104には、「モモソ姫の104身体」という古墳の大きさとは別な、もう一つの意味が重ねられていることになる。それは、「104＝モモソ姫の全時間＝モモソ姫の生涯」という意味だ。

13×8＝104という式を考えてみよう。13が月の数を意味するなら、答えの104の単位も月で、104月となる。それが普通の算数だ。小学校の教室では、そう答えないと減点になるかもしれない。だが、その「13月」とはモモソ姫の1年を象徴しているのだ。そうであればこの式は、13（年）×8＝104（年）という意味も持っていると言えるだろう。そうであれば、13×8＝104というこの式全体は、箸墓古墳の大きさと同時に、モモソ姫の時間＝モモソ姫の生涯（人生）を暗示しているのではないのか。つまり、104歳というモモソ姫の人生を。享年104歳のモモソ姫（卑弥呼）だったのだと。

ちょっと信じられないような長寿だが。

「…もしかして１０４＝百余？」

『魏志倭人伝』は、卑弥呼の墓の大きさを「径百余歩」と書いていた。もしかしてこの「百余」とは「１０４」のことではないか。日本語の数詞の「四」は「ヨ」または「ヨー」と発音される。豆ちゃんは子供の時代に「ヒー、フー、ミー、ヨー…」という数え方を知った。この発音が３世紀に遡れるかどうか、それは自信がない。だが、日本書紀の成立した８世紀頃までは遡れるようだ。もし３世紀にまで遡れるのなら、「１０４」を「百余」で表した可能性は有りだ。

百余＝１０４。もしもそうだったとすると、その目で見ると、『魏志』の記述には、それらしいことが次々に見えてくる。

まず『魏志』倭人伝には、この「百余」に呼応しているような個所がある。「百余」のすこし前の部分に、「…銅鏡百枚…」の記述がある。こちらは「余」がつかない。ピッタリ百。

まずピッタリ１００の「銅鏡百枚」が出ていて、そのあとで「墓の径百余歩」と「殉葬者奴婢百余人」が出てくる。『魏志』は、確かに「百」と「百余」を書き分けている。そして、明らかに、「百」の後に「百余」が表記されている。その逆ではない。つまり、「百枚」を贈った後に、「百余人」と「百余歩」の出来事が起きている。百が先で、百余が後。これは、何を意味するのか…。

「年齢や！　卑弥呼の年齢なんや！　百余は１０４歳の１０４や！」

「百余は１０４歳という年齢をあらわしていた！」

「銅鏡百枚」から「百余歩」まで、年数が経った。そう考えれば辻褄が合う。銅鏡百枚が贈られた年（２３９年）から卑弥呼の死（２４８年）まで、およそ９年が過ぎている。卑弥呼が２４８年に104歳で死んだのなら、239年当時、卑弥呼はまだ100歳に達していない。だからそれは、100歳までも生きるように、というお祝い（予祝）の意味を込めたプレゼントの100枚だった。

そもそも世間では、この「銅鏡100枚」を、「多ければ多いほど、贈る側の権力や富の強大さが印象付けられる」というように説明する。それは常識でさえあるようだ。だが、だれかに、こう問いかえされたらどう答えるのか。

「ええっ？　多ければ多いほど良い？　100という数に意味は無いの？」

続けてこう言われたら。

「でも、誕生日をお祝いするケーキのロウソクは多ければ多いほどいいのか。節分の夜、拾って食べる豆の数もいくらでも良いのか。ローソクの本数も、豆の数も、決まっているよね。あれって、その数には大切な意味があると思うんだけど。卑弥呼さんへの鏡の枚数には、そんな意味は無かったんだろうか。多ければ多いほど良くて、100枚に特に意味は無かったのですか？」

100枚という枚数、つまり「百」という数には特別な意味がなかったのか。魏の皇帝が卑弥呼に贈った銅鏡の枚数には、ケーキのろうそくの本数程にも、節分に拾う豆の数ほどにも意味が無かったのか。単に多ければ多いほど良いのか。そんなはずは無い。多ければ多いほどいい、特別な意味は無いなんて。そんなことはありえない。研究者の中には、この100枚を実数と考えない人もいるようだが、100枚は、ウソや誇張ではないはずだ。本当に100枚贈っているはずだ。普通に考えて、この銅鏡100枚は実数だ。ただ、なぜ100枚なのだろうか。そういう謎なのだ。

では、どうしてプレゼントの銅鏡が100面だったのか、100枚の理由とは、その意味とは。

100という数は、100歳という長寿の意味だけではなく、「太陽」という意味がある。「１００は太陽を表す数」でもあるのだ。平原遺跡の鏡を推理した時、古代人が、太陽の見かけの直径を、「１００分（1度40分）」と見なしていたことが分った。この古代倭国の太陽観を踏まえると、１００＝太陽だ。

卑弥呼は、魏の皇帝から、銅鏡１００枚を下賜されたが、『魏志』によればそれは、「特別に」とか「汝の好物を」と書かれている。皇帝は卑弥呼の朝貢に答えて、特別に卑弥呼の好物として、銅鏡を１００枚贈ったのだ。魏の皇帝は、卑弥呼が太陽女王とでも言うべき存在だと知っていたのだろう。そのことで選ばれた１００枚という枚数だ。朝貢の当時卑弥呼は95歳（２３９年）だから、そういう年齢も加味して、なおも長生きして１００歳までもという予祝の意味もあっただろう。

だが、それでも１００枚以上の枚数（面数）にしていないのは、単に切の良い数という意味ではなく、１００＝太陽の意味が重要だったのだろう。また鏡の枚数とは別に、銅鏡そのものも太陽や月を表す。そうであれば。まさにそれはアマテラス・卑弥呼の好物であったろう。１００枚は、月や太陽を表す銅鏡の枚数として、まことにふさわしい数だろう。

＊太陽＝１００　同時に月の直径は50分と見なされていた。ただ月は膨らんで１００分になるとも考えられていたようだ。それだと皆既日食が説明できることになる。月を女性と見れば、懐妊でおなかが膨らむのは当然だ。その意味で日食とは月女王と太陽男王の結婚とも見なされていただろう。

ちなみに１００＝百＝モモ＝桃なのだ。百＝太陽＝桃ともいえる。纒向遺跡では、２０００個以上の桃の種が出土して話題になった。なぜ桃なのかと。もちろん古代の祭祀に関係しているのだとは解説されている。桃に避邪の呪力があると信じられていたようだという解説もなされている。だが、なぜ桃にそのような霊力を古代人が認めていたのか。その解説はなされていない。豆ちゃんは強調したい。古代人にとって桃は百で太陽だったのだと。桃＝太陽だったからこそ、それは避邪の呪物になりえたのだと。恐らく、纏向遺跡の桃はその個数を含めて、太陽信仰の意味があるに違いない。

『魏志』倭人伝の「余」

さて、読者は思うだろうか。

「余＝4？　それは言い過ぎじゃないか？」

では、「百余」はなぜ「104」なのか？　「百と少し」ではなく「104」といえるのか。

そもそも、「百余＝百と少し」という概数と考えること自体がちょっとおかしいのだ。たかが100ほどの数を概数で言うなんてと。「銅鏡百枚」と「百余歩」「百余人」は、『魏志』のほんの直ぐ近くに書かれている。それなのに、「百枚」は実数で「百余歩」は概数だというのも、ちょっと奇妙だろう。そう考えると、100枚と104歩のようにどちらも実数と見るのが自然なのではないか。豆ちゃんは、この部分に以前から違和感があった。普通、「百余」は「100と少し」の意味だと考える。だから、墓の直径と殉葬者の人数は同じ数値とは限らないはずなのだ。径は「106」で殉葬者は「103」だったかもしれない。なのに、なぜか、豆ちゃんはどちらも同じ数値だったように思えていた。そんなことで、この百余歩と百余人は気になっていたのだ。

さて、この「百余」という数は、殉葬者の人数や墓の直径だ。これらの数値は、本来は正確であるべきだ。あいまいな数ではないはずのものだ。そうでなければ殉葬も造墓もない。特に殉葬者の「100人と少し」なんて「こらえてくれよ」だ。

邪馬台国の戸数の「七万余戸」や、海を渡る距離の「千余里」とは性質が違う。あえて「余＝少し」とぼかす必要性はないはずだろう。墓の大きさは神聖なもので、はっきり言ってはいけなかったのだろうか、そんなはずはないだろう。

古代史探偵はガラにもなく分析的に、『魏志』倭人伝の表現を調べてみた。

『魏志』倭人伝には、「余」の文字が19回使われていた。その内15回は距離や戸数を表している。しかもその数値は、「四百余里」が最小で、他は全て、「千」と「万」に付く。つまり大きな数に添えられている。概数の意味を示すのだ。本来がハッキリした数ではないのだ。

それに対して、他の4例の「余」は少し違う。

①「百余国」　倭人の国の数
②「十余日」　喪に服する期間
③「百余歩」　卑弥呼の墓の径（直径）
④「百余人」　卑弥呼の墓に殉葬した奴婢の人数

これらの数は、倭人にとってはみな、本来ハッキリした数値のはずだ。それを、そのまま魏人に伝えるのが普通に思われる。だが、倭人伝には、「余」が使われ、概数（およその数）のように書かれている。これは、いったいどうしてだろう？

①の「百余国」だが、「舊《もと》は百余国、今、使訳通じる所は三〇国」という文脈の中にある。30国という実数に対して「１００と少し」はおかしいだろう。30国と１０４国だったと考える方が自然。国と国の付き合いなら、きちんと国数は把握していたはず。②の「十余日」は「始め死するや、喪にとどまる事十余口。」という文脈の中の表現。現代でも「四十九日」などと葬式に関する日数は具体的。この場合7日の7倍なのだが、14日なら、その伝統にも合う。「10日と少し」は日数が決まっていなかったという意味になる。ちょっと不自然。③と④にしても、本来はきちんとした数値のはず。ぼかす意味が普通にはない。なのにこの4

例では「余」が使われている。いったい何故か。「倭人は正確に伝えたのに魏人には、それほどの詳しさが必要ではなかったので、それで余を使って記録した？」

そんなことをしたのだろうか。想うに、数値が正確ではなく細部がぼかされていることで、逆にその情報の信頼性が高まることはあるかもしれない。それで、「誰かから聞いたことだ」とでもいうような効果が生まれる。概数が、そういう効果を生む場合は、ありそうに思う。逆に、あまりに詳しい数値が、うそっぽく受け取られることも。それならこの4例は、魏人が、倭人の言ったことを、わざと概数らしく書いて、信頼性を高めようとしたのだろうか。つまりは記録者側の都合（魏国側の都合）でそうなっていると。

いやしかし、やはりそれはおかしいと思う。魏人は、倭人の伝えたことに、そのような伝聞効果というようなことを考えて数値を操作したりしなかったのでは。なぜなら、「余」が使われている例の中に『十余日」がある。これは、死者を悲しんで喪に服する日数を言っているのだが、たかが10台の数だ。11から19までの範囲の数。そんな数を概数で言う信頼性効果もないだろう。そもそも喪に服する期間は現代でも、仏式では7日の倍数のように、慣習として定まっている。それが当り前だろう。古代でも11日から19日までいろいろとあるような性格のものではなかったはずだ。

「余は四じゃないか？　彼ら四を使うことを避けて余を使っているのでは…？」

そう思えば百余だって、100と少しはおかしい。卑弥呼の墓の直径は104身長でその意味は104歳の享年だ。重大な意味がある。倭人の側が、そのことをぼかして、概数で伝えるはずがない。

そう考えるとこのおかしさは、魏人の書き様とかではない。魏人は、倭人の伝えたことに、操作など加えていないのだろう。倭人が伝えたとおりを記録したのだろう。だとしたら、倭人の伝え方が問題なのだ。倭人が「4を余」として伝えたとしたら、その意図が問題だ。さらに、魏志の書き振りを見てみよう。

『魏志』倭人伝では、2例の例外を除いて、二位数（二桁の数）の場合の一の位の数は表されていない。その例外の2例とは、「其年十二月」と「宗女壹與年十三」だ。これらの数値は、「12月」と「13歳」を表す。もともと、およその数になるはずもない数だ。その他の二位数には、「生口三十人」「○○等二十人」「十張」「五○匹」などがあり、これらは、もともと切りのよい数として端数のない数が選ばれているのだろう。もちろん実際に、これらの贈り物は、そのとおりの数量だったにちがいない。さらにこんな例もある。

「住七八十年」（卑弥呼の前の男王の治世、七・八十年）
「八九十年」（倭人の寿命、百歳或は八・九十歳）

これらは、本来が、範囲を言う表現だ。

このことからすると、この倭人伝の記録者は、何が何でも一の位の数をぼかして言う癖があるとも思えない。端数が無い量はそのように、範囲を言う場合はそのように数量を言っているのだ。だったら、先の四例が、本当は詳しい数値を聞いて知っているのに、わざと一の位を「余」とぼかして概数らしくしているとは思えない。魏の国の使者は、確かに、「百余」を聞いたのだ。つまり、倭国の説明者は「百ヨ」と発音したのだろう。あるいは数を書いて示した時、「百と四」とは書かずに「百余」と書いたのかもしれない。倭人は「四＝シ＝死」を避けたかったのだろう。

倭人「四」の字を忌む？

実は、豆ちゃんの最初の直感は、
「四を避けてるな？　死につながるからか？」

だった。だが、いざ調べてみると、倭人伝に「四」は登場していた。「四千余里」「大人皆四、五婦」「人長三、四尺」「男生口四人」「其四年」などと、堂々と「四」は使用されている。それを見る限り、『四』は避けられてはいないかに見えた。

だが、なおよく見ると、これらの「四」の使用例にはある共通点があった。これらの「四」の文字は、魏の使者が直接観察した事実を書く際に使っている。つまり、観察の事実を書いている「四」なのだ。それに対して、墓や殉葬者の「百余」の場合、直接観察の数値ではない。それらは、倭人が魏人に伝えた際の表現だ。つまり伝聞記録なのだ。

伝聞記事の中で「四」が避けられているのなら、倭人の側にこそ、そうする事情があったのだろう。卑弥呼たち倭国の支配者たちに、「4＝四＝死」という観念がありそうなことが分ってきた。「探偵ノート④」で述べた「死度（＝4度）の太陽」もその例だ。さらに詳しい説明はここではしないが、平原遺跡の女王＝イザナミを推理したときに分ったことで、拙著『星空の神話1』に詳しいので、よければ参照して欲しい。

先に進めよう。倭人が、魏人に伝える時、「4＝四＝死」を忌諱《きい》して伝えようとした。それで、受け手の魏人もそれを尊重したのではないか。いや、尊重したなどと言わなくてもいい。倭人が、何かに書くなりして、「百余」「十余」を相手に見せて示せばいいのだ。魏の記録者は、それを記録するだろう。書いて示されれば確実だ。いくら、倭と魏に使訳（通訳）が必要だったにしても、相手の国の数詞ぐらい漢字で書けるだろう。そのくらいの準備は出来るはずだ。

そう考えた時、先の4例の「余」の理由がスッキリ分かる。１０４と14を倭人が自ら「百余」「十余」と示した。理由は、四＝死なので「4」を表す「余」を使った、という倭人側の都合だ。倭人が、その発音から「四＝死」の意味が表れるのを避けたのだ。

ここでもう一度、先の４例の「余」を考えてみよう。他の15例の「余」は概数の意味だと先に言った。だがこの４例は概数ににはふさわしくない大きくない数だと。豆ちゃんはこの４例にはもう一つ共通点があると思う。それはこの４例がすべて、卑弥呼の倭国の習慣や出来事を述べた内容だということだ。倭国にこそ、四＝死の意味を避けて４を余で表すことが行われていたと考えられる。恐らく倭国にも、古代中国の「忌み字」の伝統にも似た慣習があったのだろう。

＊忌み字　古代中国には「忌み名」の伝統があった。「忌み名」は「諱」とも書かれるが、王などの貴人の本名（真名）のことだ。その本名は、生前には秘されていて、親などの上位者にしか知られず、使われなかった。さらに、土の場合は、その王の名に使われた文字は、彼の死後も、その記録書において「忌み字」として使うことが憚られた。そのような「忌み字」の例は『三国志』にも見られるようだ。ちなみに、古代中国の諱の理由としては「本名（真名）はその人物の霊的な人格を意味し、本名を知られることで、霊的な人格を他から操作されることを恐れた」ためだという解説がある。（ウイキペディア参照）

卑弥呼の長寿は『魏志』倭人伝も証言

箸墓という古墳時代の幕を開けた巨大古墳は、モモソ姫（＝卑弥呼）という驚異の倭国女王の生涯によってこそ出現した。その倭国女王といえば、『魏志』倭人伝をそのつもりで読めば、彼女はかなりな長寿を全うした女王だ。

だが彼女はいったい何歳で死んだのだろうか。このことを世間ではどう考えているのだろう。図書館で調べてみると、卑弥呼の享年は、ほぼ72歳から92歳までの幅で論じられていた。結構長寿として考えられている。古代人は若死にだったというのが、世間の常識だろうに。それにしては卑弥呼は長寿らしく思われているいるのだ。

だが、それらの本は古代史のプロ中のプロによって論じられているとは言いがたい。どうも古代史のプロたちは、卑弥呼の年齢などを正面切っては論じないようだ。学問的ではないとか、科学的ではないと思われるからだろうか。あるいは自ら、そう思って自制しているのだろうか。

それはともかく、72歳なら結構長寿だろう。92歳なら、現代の基準でも充分長寿だ。余談だが、古代史探偵豆ちゃんの母は享年92歳。「年に不足はないはなあ」と伯母たちは言う。そう、92歳は現代では充分にありえる寿命だ。

だが、古代ではどうだったのだろう。古代人は一般に短命と思われている。その常識からすると、卑弥呼享年92歳は「信じられない」部類だろうか。友人によれば、古代人が90歳を越えることはあり得ないと。50歳を越えても信じにくいらしい。それでいえば「卑弥呼の享年１０４歳」などは、非常識を超えて奇人狂人の言、だろうか。

たしかに、享年１０４歳は、現代でもたいした長寿だ。豆ちゃんの身近には今のところ居ない。１００歳を越えるのは大変なことだ。その超非常識な「卑弥呼の享年１０４歳」を、すでに箸墓の大きさの理由として豆ちゃんは主張した。だが、それはまるで根拠のない想像のつもりではない。

卑弥呼について『魏志』は言う。卑弥呼とは、

①倭国大乱の後、倭国女王に共立された
②かなりの年齢の独身の女性で（年すでに長大なるも夫婿なく）
③邪馬台国（邪馬臺国）に都し
④鬼道《きどう》に長《た》けて、衆を惑わす
倭国女王だった。

①については、少し詳しく言えばこうなる。

「倭国にはもともと男の王がいた。だが、七、八十

年たったころ、倭国が乱れて内戦状態になった。そこで、国々が相談して、すなわち、共に一女子を立てて王とした。彼女を名づけて卑弥呼という」

さらに『後漢書』という別な中国資料にはこう書かれている。

「桓・霊の間、倭国大いに乱れ、こもごも相攻伐《あいこうばつ》し年を経て主なし。一女子ありて名をひみことい う。年長けたるも嫁さず。鬼神道を事とし、よくもって衆を妖惑《ようわく》す。ここにおいて共に立てて王となす」（山尾幸久『魏志倭人伝』）

①の様子からは、卑弥呼が女王になる前、倭国は大いに乱れ、内乱状態だった。その「倭国の乱」とか「倭国大乱」は、中国の「桓・霊の間」に当たる期間の出来事だった。「桓・霊の間」とは、中国の魏の二人の皇帝のことで、その二人の在位期間は西暦１４６年から１８９年の間らしい。この期間、倭国は大乱の状態だったのだ。そして「年を経て主なし」の状態でもあった。つまり内乱状態になって年がたつ間に、倭国には王たるものがいなくなった、というのだ。おそらく、卑弥呼が女王に即位したのは、そういう国内が混乱した年月を経て、主（倭国王）不在の状態になったからだろう。

倭国という国は、『魏志』にもあるように、女王を共立したのだ。思うに倭国とは、国々が集まった連合国家のようだ。『魏志』倭人伝には魏と交流のある、しかも卑弥呼の邪馬台国と仲の良い国が30国、名前入りで書かれている。だがそれでも、その連合国のありようは、後の江戸幕府のような中央集権ぶりとは違うようだ。権力争い、あるいは後継者争いのようなものが起これば、すぐに内乱のような状態になるだろう。「年を経て主無し」とは正式な倭国王はいない、というようなニュアンスだろうが、それは、われこそは倭国王と称するものが相争っていたのではないか。倭国王の後継者をめぐる争いがあったのではないか。

『魏志』倭人伝は、卑弥呼の先代の倭国王は男王で、「住七八十年」と書いている。この表記は、「在位が70～80年」ではなく、「70～80年生きていた」のだろうと豆ちゃんは思うが、いずれにせよ、このヒミコの先代の男王の在位期間の終わりごろ（桓・霊の間の終わり頃）に、彼の後継者を巡る争いが起こったのではないか。そのことで、倭国が混乱して、正式な後継者が決まらない状態のまま年を経た。そしてそんな中、卑弥呼の先王の倭国男王が死んだ。それを受けて、倭国連邦の有力者達は、さらなる混乱を避けるために、卑弥呼という女王を共立して、事態を収拾しようとした。そうではなかっただろうか。

＊モモソ姫の父は孝霊（第7代天皇）だが、彼は即位76年に死んだと書かれている。だが、古代史探偵は享年76歳だと考える。それが古代の事実だったのだろうと。そして孝霊が享年76歳だったのなら、それは、『魏志』倭人伝の卑弥呼の先代の倭国男王とオーバーラップしてくる。

さて、卑弥呼が女王に共立された年は、『魏志』や「後漢書」の記述からはハッキリとはしないが、だいたいのところ１８９年以後だろうという見当がつく。そして、もしこの辺りだとすれば、卑弥呼の死を探偵ノート①でみたように２４８年とすれば、そこまでは59年間。

古代では、生まれた子どもが直ぐに王になるなどということはないだろう。まず成人して、それで、即位の資格が出来る。おそらく、男子の成人は15歳、女子は13歳だったのでは。その年頃にならないと、一人前には扱われない。王位に着くなどはもってのほかだったろう。だから、卑弥呼の場合も当然、13歳を超えた年齢だっただろう。そこで仮に、

「もしも卑弥呼が13歳で１８９年に女王に即位していたのなら」

と考えてみよう。すると、誕生1歳は１７７年になり、２４８年の死は享年72歳となる。

72歳は「古代人は短命」という常識からすれば、長寿と言えるだろう。だが、これは、仮に13歳で即位したら、という計算だ。しかし、卑弥呼は13歳で即位したのではない。「年既に長大」になってから倭国女王に共立された。だから、その長大な年で即位して、さらに59年間生きたのだ。それが彼女の享年だ。ということは、卑弥呼の享年は「72＋α」歳。つまり、72歳以上だ。

では、彼女が即位の時に「長大」な年齢だったというが、一体、彼らの「長大な歳」とは何歳ぐらいなのか。夫が居て当然だと思われる年なのに独身だった。それなら、20歳や25歳ではなかった気がする。いくら古代でも、20歳や25歳を「長大」とは言わないだろう。30歳ぐらいだろうか。その30歳で即位したとしても、享年は89歳に達する。もし40歳の即位なら、99歳だ。

卑弥呼が女王に共立された「年代」も、「年すでに長大」の年齢も『魏志』には伝わってはいない。けれど、大まかな見当で計算しても、卑弥呼の享年は最低でも７２歳を越え、普通に考えても９０歳ぐらいにはなる。間違いなく卑弥呼は長寿だったのだ。

モモソ姫（卑弥呼）が２４８年9月24日に享年１０４歳で死んだのなら、彼女の誕生年はいつか。１４５年の誕生だ。ただし古代には0歳はなかったと考えられる。誕生は即1歳だ。実は、この１４５年生まれの人物を豆ちゃんは知っているのだ。

豆ちゃんは『星空の神話1　イザナミ＝わたしは昴　―平原遺跡のイザナミ女王―』で、イザナミとイザナギの三貴子について書いた。その三貴子とは、日本書紀に書かれているヒルコ（日の男）、ヒルメ（日の女）、スサノオ（ハレー彗星の男）のことだ。彼らはそれぞれ、１４７年、１４５年、１５０年の誕生だと分った。そのことについて、少し紹介しておく。

平原遺跡から出土した鏡は全て、人為的に破片に割られてから墓に副葬されていた。それらの鏡片をジグソーパズルを解くように復元すると、39面分の鏡として蘇る。（ただし中にはピース〈鏡片〉が失われているものもあるが）

これらの39面の鏡を調べると、鏡は１２７年から１６８年までの日食や月食などの天象を反映して、１年を１面の鏡で表していた。ただ、この42年間の天象を42面の鏡で表したのなら、墓に副葬された39面では３面足りない。豆ちゃんはこの３面（副葬されていない）を『不在の鏡』と呼んで推理した。そして、この不在の３面が、イザナギとイザナミの三貴子に渡されたのだと結論した。三貴子は彼らの後継者だったので、彼らの誕生年の鏡が、割られずに除けられたのだろう。割って墓に副葬すればそれは、彼らを墓に閉じ込めて、蘇れないようにすることになる。そういう破鏡の呪術とでもいうべきものが、平原遺跡ではなされていたにちがいない。３面の鏡が墓に副葬されなかったのは、３貴子という後継者を破鏡の呪術から守るためだと考えられる。

その不在の３面のうち、１４５年を表す鏡こそ三貴子の一人、ヒルメに渡された鏡だったと考えられる。この年にヒルメとして誕生したのがモモソ姫（卑弥呼）だったのだ。そう考えると、そのことは、２４８年に１０４歳で死んだ卑弥呼（モモソ姫）と計算が合って来る。箸墓の推理から導いたモモソ姫の享年と一致する。

詳しくは先に示した拙著をご覧いただきたい。

とにかく、モモソ姫が１４５年生まれで享年１０４歳だったということは、平原遺跡出土の鏡からも推理できるのだ。

古代史探偵ノート⑧

卑弥呼の生涯を刻み付けた墓

享年104歳こそ箸墓古墳の企画の根源

卑弥呼の享年104歳は超長寿だ。このような長寿は、

「戦争や天候による餓えの危険が大きい古代では考えられない」

そう友人たちはいう。おそらく普通にはそう考えられるのだろう。そういう理由で、一般的に、古代人は短命と思われているにちがいない。

だが、必ずしもそうなのか。古代人はおしなべて短命だったのだろうか。そうとは限らないのではないか。おそらく、この辺りのことは、この先もっと自然科学的に明らかになるのだろう。ちなみに『魏志』倭人伝には、倭人の寿命は「八、九十歳から百歳」と書かれている。卑弥呼だけでなく一般に長寿だと伝えているのだ。古代日本人は長寿だったのだ。外国からそう思われていたのだ。もちろん、倭国＝三神山の神仙境の国という魏人の思い込みも働くのだろうが。

現代の日本人の平均寿命は世界一位だ（女性）。現代日本人は世界有数の長寿の国民だ。その伝統の始源は『魏志』倭人伝の「倭国」にあったのではないか。恐るべき倭人のＤＮＡ。

だが読者よ、豆ちゃんが本当に言いたいのは長

寿の理由のことではない。

結論から言えば、箸墓古墳の出現は、モモソ姫＝卑弥呼の享年１０４歳を抜きには説明できない。読者よ、この古代においても信じられないような１０４歳という寿命こそ、箸墓古墳の理由なのだ。信じられない、奇跡のような１０４歳という長寿、それがあまりにも稀で奇跡的なことだったからこそ、まさにそのことを動機に、その事実を原動力に、箸墓古墳というモニュメントは生まれたのだ。

思い返して欲しい。箸墓は突然に出現した。突然に巨大で、前方後円墳という見たこともない整った形をまとって出現した。難工事になりそうな普通には考えにくい場所に、考えられないような工事規模になることを覚悟で作られていた。

大王や女王の統治手腕が顕彰されても墓は立派になるだろう。権力や武力の強大だった王なら大きい墓が造れるだろう。だが、統治の手腕もさることながら、１０４歳という長寿こそ何にもまして存在感と畏敬の念の根源ではないか。そんな長寿なら、現代人でも畏敬の思いは抱くだろう。多くの人があやかりたいと思うだろう。

モモソ姫の箸墓は、それを築くとき、人々が石を手伝えで運んだと『書紀』には記されている。人々がずーっと並んで手伝えに葺き石を運ぶ。そんな光景を思い浮かべると、そこには畏敬の念あるいは尊敬の気持ち、あやかりたいという心、そんなものがあったように思える。強制労働にかりたてられてのことのようではなく。もちろん強制労働がなかったというつもりはない。だが、それだけでは語れないような箸墓作りであったような感じがする。その理由の大きな部分が、１０４歳という驚異的な享年に起因していた気がする。

享年１０４歳という超自然的ともいえる長寿の女王の存在なくして、箸墓古墳の出現はありえなかった。古代史探偵はそう信じている。古墳時代の幕が開いたのは卑弥呼（モモソ姫）の１０４歳の長寿の故だ。

＊享年１０４歳　これまで言っていないが、１０４歳は末尾の「４」が重要だ。「１０４」という表記は古代ではなかった。「０の発見」は古代倭国には届いていなかっただろう。そうであれば１０４歳は「百四歳」だ。４＝死を忌諱して書く時は「百余歳」だったかも。ただ、「百四」を思えば、これには、百＝太陽だから『太陽の死』の意味が付随する。それは『アマテラスの死』にふさわしい享年ではある。

「百余歩」の意味

箸墓円墳部はその直径がモモソ姫（卑弥呼）の身長の１０４倍に計画されている。このことは確かだと思える。そのことを『魏志』倭人伝は「径百余歩」と書いているのだ。

だが、読者よ、大きさの謎はまだ解決ではない。問題は「１０４歩」だ。『魏志』倭人伝が「百余尋」と書いてくれていたら問題はなかった。それなら１０４尋＝１０４身長だ。だが「１０４歩」なら困った問題がおこる。箸墓の古代人が１０４歩＝１０４尋（身長）のつもりだったのなら、それは１歩＝１尋（身長）だったということを意味するのだ。

「1歩＝1身長？　そんなのありか？」

古代中国に起源を持つ長さの単位「1歩」とは、同時に面積の単位でもあるが、次のように説明されている。

「1歩＝片方の足が着地してからもう一方の足が着地し、さらに先の足がもう一度着地するまでの長さ」

つまり、われわれが普通に言う2歩の歩幅だ。そのことから「1歩」は「複歩」とも呼ばれるようだ。それが古代の「1歩」だったらしい。ちなみに面積の「1歩」とは「1辺が1歩の正方形の面積」のことだ。

　だが読者よ、1歩（複歩）と1尋（身長）が等しいと言われればおかしくはないか。例えば、豆ちゃんの1尋（＝1身長）は豆ちゃんの「1歩」に等しいだろうか。身長ほぼ171センチの豆ちゃんだが、自身の2歩で1身長に達しようとすれば、かなり不自然に歩幅を広げる必要がある。豆ちゃんの自然な歩行では、2歩で1身長（171センチ）には達しない。

　そうだとすれば3世紀の卑弥呼（モモソ姫）でも同様ではないか。彼女の1歩（複歩）は彼女の1尋（1身長）よりも短かっただろう。彼女がよほど脚長・腕短でないかぎりは。もちろん、こんな説明もできなくはない。

「歩と書いているけど本来は尋だったのでは。倭国の使者は尋と伝えたのだが、そんな単位は魏国にはなかったので、魏の記録者が『歩』に変えたのだろう」

　だが、豆ちゃんはそこまで融通無碍《ゆうずうむげ》にはなれない。古代史探偵は案外に律儀《りちぎ》なのだ。

「けど奴ら、いや彼らはテキトーな連中ではない…。イイカゲンとは程遠いのだ」

　これまでの古代史探偵経験が、そう思わせる。

「この歩はやはり意味がある。1歩＝1尋の謎と向き合うしかない」

　1歩（複歩）という単位の成り立ちを考えれば、1尋（1身長）＝1歩（複歩）は考えにくい。だが古代の尺度は、必ずしも成り立ち（本来の定義）の通りに行われていたわけではない。例えば「1尺」という長さは、古代中国では、時代を下るごとに伸びている。古代中国の周の時代（紀元前10世紀頃）の1尺は19・5センチほどだったらしいが、漢の時代では23センチ程になっていた。さらに唐の時代には約30センチにもなっている。おそらく1歩（複歩）の長さにも、同様な「成り立ち」

から離れた長さの変遷があるだろう。1歩（複歩）についてさらに調べてみた。古代中国の1歩（複歩）と1尺の関係は、

・周の時代　1歩＝8尺（1歩は約160センチ）
・漢の時代　1歩＝6尺（1歩は約158センチ）
・唐の時代　1歩＝5尺（1歩は約158センチ）

のように変化している。時代が下るにつれて「1歩」に当る尺数は小さくなっている。だが、その間、1歩（複歩）の長さはあまり変わってはいない。だからこの8尺から5尺への減少は、時代を下るにつれて「1尺」の長さが伸びたことが大きく関係しているのだろう。1歩（複歩）は土地の面積にも関係した単位だ。それは領土の問題や税の問題に深く絡んでいた単位だということだ。1歩の実際の長さが、あまり変わらなかったことにはそういう政治経済的な理由が大きかったのだろう。

さて読者よ、この3例のうちで、注目すべきは周の「1歩＝8尺」だ。この周の尺度の8尺はその長さが約160センチということからも分かるように、人の1身長にほぼ近い。周では「1身長＝1尋＝8尺＝1歩」だとされていたのではないか。そうであれば、箸墓の「104歩＝104尋＝104身長」は問題なしだ。

箸墓古墳の大きさは、古代中国の周の国の尺度（古周尺）を使って大きさが計画されていたようだ。ただ、その際、箸墓古墳の1尺は「古周尺の1尺＝160センチではなく、モモソ姫（卑弥呼）の1尋（身長）による1尺（約150センチ）なのだ。1尺の実長は、古周尺とは違うが、1尺と1咫の関係や1尺と1歩の関係は古周尺のそれなのだ。言えば、古周尺の考え方をモモソ姫の墓作りに応用したのだろうと。

「残る謎は、古代の周の国で1歩＝1身長（尋）だった理由だ。どうしてだろう？…もしかして…？」

古代周の国の1歩を想像しながら、豆ちゃんは

ある光景を思い出した。女子の体操の選手が床の上で両足を180度に広げ伸ばし、さらに上体を床つけるように倒して両手を左右に広げ伸ばしている光景だ。そのような柔軟姿勢で、180度開脚した彼女の両脚の長さは、ほぼ1尋に等しいのだ。

もしかして古代周の国の「1歩」という単位は、人の2本の脚の長さの和ではないのか。両脚だから複歩なのでは。普通に言われる歩幅の1歩とは違っていたのでは。こんな推理は無茶なのだろうか。

だが、そこまでは想像し過ぎとしても、箸墓古墳が「古周尺の考え方を使ったモモソ姫（卑弥呼）基準の尺度」で作られたことはまちがいないのでは。倭国と古周尺と言えば、前に平原遺跡の謎を推理した時にも出会っている。例の平原大鏡の大きさの謎を解いた時。あの大鏡の大きさは、円周が8咫でそれは平原遺跡の1号墓の被葬者（＝日本書紀のイザナミ女王）の1尋または1身長に等しかった。その「1尋＝8咫」という考え方は「周の尺度（古周尺）」に基づいていたようだった。

平原大鏡の大きさは、鏡の円周が8咫。いわゆる八咫鏡＝平原大鏡だ。そのことはすでに説明した。その8咫の円周の大きさとは、平原遺跡の被葬者が胸前に両腕で作った円の円周に等しい。その円周の長さは、その胸前の円を解いて両横に張り広げた彼女の1尋の長さでもある。つまり、円周8咫＝直線1尋。古代倭国の平原遺跡（1号墓）では、被葬者の8咫は被葬者の1尋なのだ。そのような倭国の「1咫」について、橋本万平さんは『計測の文化史』の中で、

「周の時代の1尺は19・5センチで、それは古代の日本の『あた』と一致をする」

のように言っている。橋本さんは日本書紀や古事記に登場する「咫」や「柄（握・拳）」や「歩」に

ついて調べて、周の1尺＝倭国の1咫だと結論したのだ。

だが橋本さんは、倭国の1尺と倭国の1咫の関係については、なぜだか触れていない。古代の日本には「1尺」も使われていたはずで、日本書紀や古事記には、先の「咫」や「尋」や「柄」などとともに「尺」も書かれている。「八尺瓊《やさかに》（日本書紀）」「八尺勾玉《やさかにのまがたま》（古事記）」のように。これらの2例は、どちらも日本書紀に、八坂瓊五百箇御統《やさかにのいほつみすまる》の玉と書かれている神宝のことだが、この神宝の正式名はこのように長いので、八尺瓊《やさかに》や八尺勾玉《やさかにのまがたま》のように略称したのだろう。そのように考えると、倭国の「1尺と1咫との関係」は、『記紀』のこれらの表現から推理できる。

八坂瓊五百箇御統《やさかにのいほつみすまる》という神宝は、たくさんの玉が紐に統べられた連珠で、平原遺跡から出土例がある。先の『記紀』の「八尺」とは、この神宝が長い紐に統べられた連珠だということに関係している。「八尺（8尺）」とは、この長い連珠の両端を引っ張って真っ直ぐな状態にした長さを測っているのだ。八咫鏡のように円周の長さなら8咫と言うべきなのだが、この連珠は直線にして長さを測るので「8尺」なのだ。つまり円周を測る単位と直線を測る単位で、咫と尺を使い分けていたのだろう。そして、円周の8咫を直線に引き伸ばせば（押し伸ばせば）8咫は8尺と言うべきだったのだろう。そういう意味で8咫＝8尺（1咫＝1尺）だったのだ。

箸墓の倭国の時代、1尺＝1咫だったのだ。そうして8咫は8尺で、それは1尋、つまり1身長。そしてさらにその8尺＝1尋＝1身長は1歩だったのだ。だから、箸墓古墳の直径１０４歩は１０４尋＝１０４身長だったのだ。倭国は魏国の使者に、「百余歩（１０４歩）」と伝えたのだろう。魏国はその通りに『魏志』に記録したのだろう。「尋」を「歩」に変えたりはしていないはずだ。

ただ読者よ、古代倭国のこの古周尺の痕跡については注意すべきことがある。この箸墓の大きさに関する古周尺の使用だが、果たして3世紀当時の倭国（あるいは卑弥呼の邪馬台国）の現実生活での尺度だったのかどうか。豆ちゃんは今、倭国の3世紀の日常生活全般で、古周尺が行われていたとまでは断言できない。そこまで言い切るほど謎が解けているわけではない。だが、箸墓の尺度についてもう少し考えておきたい。

＊モモソ姫（卑弥呼）の1尋（身長）による1尺（約150センチ）　先に末永さんは箸墓円墳部の直径を157メートルと見なしていたが、それに拠ればモモソ姫の1尋（1身長）や約151センチ。他方、宮川さん達は箸墓被葬者の1尋を約150センチと見ていた。豆ちゃんは以後宮川さん達の「箸墓古墳の被葬者の1尋＝150センチ」を使用する。

＊古周尺の考え方をモモソ姫の墓作りに応用　箸墓古墳の大きさは古周尺の1歩＝8尺という考え方で作られている。ただ箸墓の1歩や1尺は、モモソ姫の身体尺（咫や尺や歩など）のそれなのだ。古周尺の1歩は箸墓の1歩とは実際の長さは違うのだ。箸墓の古周尺は、モモソ姫基準の古周尺とも言える。このことは古代の王墓の古周尺は、現世の尺度というよりは、「古周尺による被葬者尺度」なのだといえる。

古代王墓（古墳）の尺度の論理

「…古周尺が平原遺跡や箸墓古墳で使われていた…？」

確かにそう考えれば箸墓の「104歩＝104尋」は納得できる。古周尺によれば1歩＝8尺で、それが1身長にも等しいから、箸墓後円部は、1歩＝8尺＝1尋となって104歩＝104尋となる。一件落着だ。

だが、そのことで直ぐ、「箸墓は古周尺で作られた」とは言い切れない気がする豆ちゃんだ。

確かに、古代倭国で古周尺が使用された気配はある。他のどの時代の尺度より、古周尺には近いようだ。だが、そのことから直ぐに、2、3世紀の倭国の日常の活動が全て古周尺で行われていたとは考えることは早計ではないか。この古代の倭国の「古周尺」らしい尺度は、平原遺跡や箸墓古墳という女性王の被葬者の墓でのことだ。女性王の葬送の儀礼のための特別な尺度だった可能性もある。日常の経済活動とは別な葬送の墓制としての特別な尺度だった可能性もある。

その古代の王墓での古周尺といえば、実は女性王の墓には限らない。『宮川論文』では、箸墓古墳以外の巨大古墳の規格も調べられている。それらの古代の王墓（大王墓）と目される古墳では、「大尋（男性）」と「小尋（女性）」の二通りが使われていたのだ。しかもそれらの大尋や小尋の長さは、古墳によって微妙に違っている。つまり、古周尺の「1尋」というような共通の長さで作られているのではなく、「被葬者の1尋」で企画されているのだ。墓を作った古代人達は、「王の身体を基準に王墓を設計している」のだ。それは王は死後の世界でも王として尺度の基準になる」とでも考えていたようではないか。そんな古代人の論理（考え方）を示してはいないか。

豆ちゃんは、箸墓や他の巨大古墳で、王の葬送に「王の身体尺基準」が使われていると考える。そしてそのような古墳の設計企画のありようが、結果として古周尺に近い数値になったのだと考える。古周尺は、最も身体尺に近い尺度だったのだろう。ちなみに、平原遺跡や箸墓が、女性王の墓だったことで、より古周尺に近い数値が出るのだろう。咫が古周尺で、それは「中くらいの背丈の女性の咫の手」によって長さが決められていたのだから。女性王の墳墓（箸墓）または遺物（平原大鏡）での尺度が古周尺に近いのはそのことによるのだろう。

読者よ、豆ちゃんにはまだ古代の「歩」という尺度のことが良く分っているわけではない。古周尺の理解も不十分だ。だが、卑弥呼の１０４倍の直径の墓を企画したのなら、その直径が１０４卑弥呼＝１０４身長になるのはよく分る。１身長こそ卑弥呼を意味する大きさに違いない。そのことで豆ちゃんは思う。モモソ姫（卑弥呼）の墓の大きさで重要なのは『卑弥呼の１０４倍』ということだと。そしてこんなことも思う。

「１０４歩（百余歩）と伝えれば、卑弥呼の墓の大きさとしては、良く伝わっただろう」

魏の時代の尺度は漢の時代のそれに準じているようだから、魏の時代も1歩＝6尺＝約１５８センチだったのだろう。それなら、「百余歩」の余＝4が伝わらなくても、卑弥呼の墓の大きさは、直径約１５８メートルとなる。それは現代の箸墓古墳のそれにほぼ同じだ。３世紀の倭と魏の間でも、卑弥呼の墓の大きさは、ほぼ正確に伝わっていることになる。もちろん、「径百余歩」は倭人が魏人に伝えたのだ。「倭国女王の１０４倍」を伝えるにも最適な表現として。倭国はそのことを魏の使者に伝えたかったのではないか。

＊古周尺の理解も不十分　インターネット上の新井宏さんの論文では、古周尺の1歩は約１６０センチだという。そうであれば1尺は約20センチだ。その新井さんは、古周尺に通じる、古代倭国や古代朝鮮で使われていたであろう「古韓尺」の存在を論じている。そのような古韓尺で、古代の日本の古墳や寺院や都市の設計がなされていたことを例を挙げて示している。その古韓尺＝古周尺が見事に箸墓古墳の設計企画に合うとも言っている。その図には衝撃だが、この本ではそのことに詳しく触れられない。いずれまたの機会にしたい。新井さんの古韓尺（古周尺）による直径１００歩（１６０メートル）の設計だとい

う説は興味深い。だが同時に、箸墓古墳の円墳部はモモソ姫（卑弥呼）の104倍でもあるのだ。この謎には、箸墓円墳部が小蛇日食を表現していることが深く繋がっているはずだ。

天と地の支配者の墓

さて読者よ、「13×8＝104」の式に戻って、改めて箸墓の大きさについてまとめておこう。

13の意味は「13月の暦」から年月を意味していた。8倍の八は、日本語の「八紘《はっこう》」や「大八洲《おおやしま》」や「八方位」のように、世界とか天地とか国を意味する数だ。それら2つの数を掛け合わせた104という数は、年月という時間と、天地全体という空間を掛け合わせているのだ。それは「時間と空間の統一」を意味しているのではないか。

それは完全な時空間を暗示しているのだろう。

具体的には、104はモモソ姫という存在の全時間を指す。平たく言えば、モモソ姫の生涯・一生、つまり104歳という年齢だ。彼女の死後、その彼後継者達は、偉大なモモソ姫を記念して、その彼女の104歳という驚異的な長寿を敬い、彼女の1身長という長さで、つまり彼女自身の体そのものを基準《ものさし》にして、彼女の生涯の104年間を暗示させるように、彼女の104倍の直径の墓を作った。モモソ姫の身体（1身長）を基準にして、彼女の全時間を箸墓古墳の大きさとして、大地に刻み付けたのだ。

これこそ、完璧ともいえるモモソ姫のモニュメントではないか。こうして、箸墓の大きさは、モモソ姫の偉大さを天地の間にモニュメントとして標しつけるという動機から導かれて決まったのだ。その偉大さが、究極104歳の長寿にあったとすれば、箸墓がモモソ姫の104身長になってもおかしくない。これが、箸墓の大きさの論理なのだ。

この箸墓古墳の大きさの論理は、箸墓の位置を決めた論理にも通じている。箸墓の位置は、モモソ姫の死の時（刻）を天地の間に刻み付けたのだった。そして箸墓の大きさは、彼女の生の時間をモニュメントの大きさに表現して築き上げたのだ。

ところで、箸墓の大きさの謎を解きながら、なぜかこれまで前方部の大きさについて触れてこなかった。そのことについて言っておきたい。宮川さん達によれば、箸墓古墳の前方部の長さは、彼らの言う「区」を単位にすると「6区」のタイプだという。宮川さん達の説明図では、箸墓は後円部の直径が8区なのに対して、前方部は六区の長さに企画されているのだ。

これは何を意味し、何に由来しているのだろう。8と6という数があるヒントを与えてくれる。日本書紀には、その数を持つ興味深い言葉がでてくる。「六合《りくごう》」と「八紘《はっこう》」だ。「八紘一宇」という戦前戦中の合言葉があったという。その「八紘」とは国全体、もしくは天地全体を指す意味のようだ。「六合は国のも中か」の表記が書紀にはある。六合も「国」を指すようだが、八紘のように天は含まず、地上の国土のように、やや狭い範囲をいうのではないか。

箸墓では、その企画として、八紘の後円部と六合の前方部というふうに考えられているのだろう。それはまたモモソ姫＝卑弥呼女王が倭国女王でありアマテラスでもあったこととよく合っている。彼女は天と地の両方を支配した王であり神なのだから。8を表す後円部（天）と地を意味する

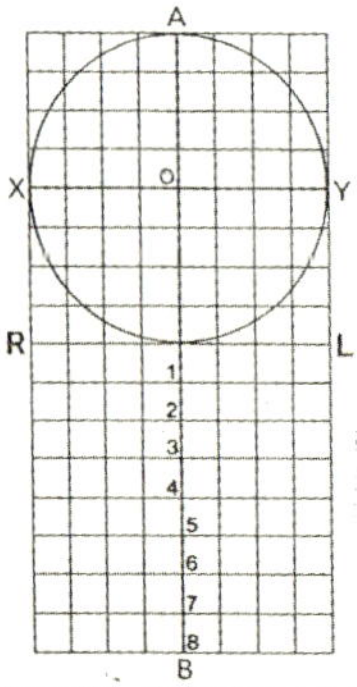

前方後円墳の設計・規格の基本となる方形区画（1マスが1区になる）
後円部を「円」に重ね、前方部前端線が1のところにくれば1区型。以下8区画までの型式に分類される8類型の前方後円墳の設計・企画が作成できる。
A—Bが後円部直径、X—Yが主軸長。O点からみてRが墳丘の右、Lが左を示す。

図48　箸墓古墳の区割り
（宮川徙「墳丘・石室に見る規格性」『古墳時代の研究7　古墳I　墳丘と円部構造』（雄山閣出版、1992年）

6の前方部はだから両方が必要なのだ。当初は前方部だけが作られていて、後の時代に後円部を付け足したというようなことではなかったはずだ。

八紘の後円部と六合の前方部については、こんなことも大事だろう。箸墓のような前方後円形の古墳を説明するのに、「前方後円墳とは、円天地方という陰陽合一の姿」という説明ができる。

・円…前方部＝天を象徴する

・方…後円部＝地を象徴する

ということだ。それなら、箸墓では、天を表す後円部が八紘で、地を表す前方部が六合なのは、辻褄が合う。モモソ姫が後円部に葬られるのは、彼女がアマテラスで、天を支配すべき存在だから当然だろう。だが一方、彼女はまた、卑弥呼として倭国女王として倭国という地上の国土をも治めたのなら、「天に対する地」を意味する前方部がくっついていることも当然だ。天地を両方とも治めたアマテラス＝モモソ姫＝卑弥呼にふさわしい形と大きさに企画されているといえる。

ちなみに豆ちゃんは、前方部にはモモソ姫（卑弥呼）の出自が語られていると思っている。すでに述べたように、箸墓の前方部は畢宿と参宿の二つの星座の意味を持っている。結論的に言えばこの前方部は、「モモソ姫（卑弥呼）は、畢宿の男を父に、参宿の男の娘を母に生まれている」ことを示す。古代史探偵としては、そんな意味も前方部からは読み取れる。ここでは詳しくは説明できないのだが、いつかその機会が来るだろう。

後円部の高さは「メソポタミアの直角三角形」が決めた

さて、箸墓古墳の大きさで、まだふれていない問題がある。古代人は、箸墓の高さをどのように計画したのだろうか。この疑問について答えている本をあまり知らない。だが、先の宮川さんの論文には、そのことが書かれていた。それは、墓作りという土木工事の現場が思い浮かぶような説明で、新鮮な感じだった。

ところで、この問題に関する豆ちゃんの考えは、宮川さんたちとはかなり違うのだ。だが面白いことに、宮川さんとは縁のある人物との話から謎解きのヒントが得られたのだ。その人物とは豆ちゃんの友人のお父上なのだが、くだんの宮川さんのご友人でもある方なのだ。ある日、その方が私たちのところに来られて、お話することができた。どんな経緯でそのような話題になったのかは、よくはおぼえていないが、とにかくその日、古代の直角三角形の話を楽しくうかがったのだ。

古代の直角三角形でよく知られているのは、辺の比が3対4対5などの分りやすい整数比になっているものだ。これらの特殊な直角三角形は、古代のあちこちで土木建築、測量、数学に使われた。特に3対4対5のそれは、古代エジプトでは良く使われたそうだ。一方、古代メソポタミアでは、5対12対13という比の直角三角形が知られていたという。以来豆ちゃんはこの直角三角形を「メソポタミアの直角三角形」と呼んでいる。

「辺の比が5対12対13。えっ13？ もしかしてこの三角形が箸墓の高さを決めた？」

辺の比が13、卑弥呼や台与に関係が深い13、そんなヒントから考えてみた。

箸墓後円部は、直径104身長だから、半径は52身長、これを12の辺に当てると、5の辺は、何身長になるかというと、52÷12×5＝21・66・・・で、約21・6身長。卑弥呼（モモソ姫）の身長は、150センチぐらいだから、150×21・6＝3240・0（センチ）、つまり32・4メートルぐらい。この数値は、現在の箸墓後円部よりもやや高い。箸墓後円部の高さはほぼ30メートルぐらい、と見られている。

「2・4メートルほどの差はあるが、このアイデアはいけそうだ。」

　この直角三角形で計画するなら、高さは「5ユニット」で作られることになる。そのことは、箸墓の円墳部が5段に築成されていることともよく合うのではないか。

「そうか、またしても畢《ひつ》の三角形だ！」

「メソポタミアの直角三角形」の12の辺と13の辺の間の頂角は22・5度。それは、45度の半分。その45度といえば「畢の三角形」の頂角だ。頂角45度の畢の二等辺三角形を、頂角から二つに割ると、二つの等しい（合同な）「メソポタミアの直角三角形」ができる。畢の二等辺三角形を半分に割った直角三角形。それは、畢宿《ひつしゅく》の星座にこだわる箸墓の古代人らしい。

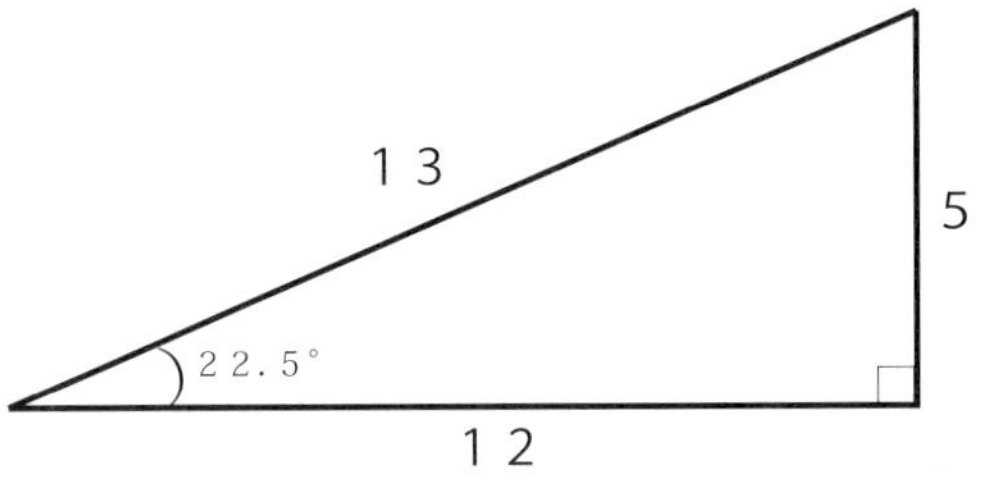

図48　メソポタミアの直角三角形

　まちがいなく箸墓の古代人は、畢宿の星座にこだわっている。だからその星座由来の畢の三角形で前方部のシルエットをデザインした。そしてまた、箸墓の高さも畢の三角形に由来する「メソポタミアの直角三角形」で決めたのだ。ここまできたらもう「メソポタミアの直角三角形」というより「畢の直角三角形」と言おうか。

　読者よ、古代人の箸墓計画はシンプルだったように思える。彼らの企画は、星空への強い思い入れから生み出されている。その計画は、彼らにとっては、必然に導かれた計画。そういう意味で彼らにはシンプルなことだったのでは。その計画を実際に実現するのは、途方もなく難しいことだったとしても。

　アマテラス＝モモソ姫＝卑弥呼とは、彼らにとって太陽であり月であり畢宿の星座でもある神だった。そのモモソ姫（卑弥呼）の墓だからこそ、箸墓は畢宿の星座にこだわっている。そのこだわりは、彼らには当然で必然なのだ。

前方部の高さと三ツ星

では前方部の高さはどのように決められたのか。まさか適当に？ここまで来てそれはない。実は、前方部の高さにも「メソポタミアの直角三角形」が関係している。

前方部の高さは約16メートルと、普通に言われている。墳丘測量図（2000分の1）の等高線で読めば、そのようだ。では、その高さは何によって決められたのか。

「前方部3段は三ツ星を意味するのだから、参宿の星座から導かれたのではないか、特に三ツ星から？」

「三ツ星から高さを導く…？」

前方部の高さのヒントは、『神々の指紋』（G・ハンコック著）という本だ。あの本に、エジプトのギザの3大ピラミッドがオリオン座の三ツ星をモデルにしていることが書かれていた。それによれば、3大ピラミッドの大きさは三ツ星の明るさ（等級）を反映しているのだ。さらに3つのピラミッドの位置は、三ツ

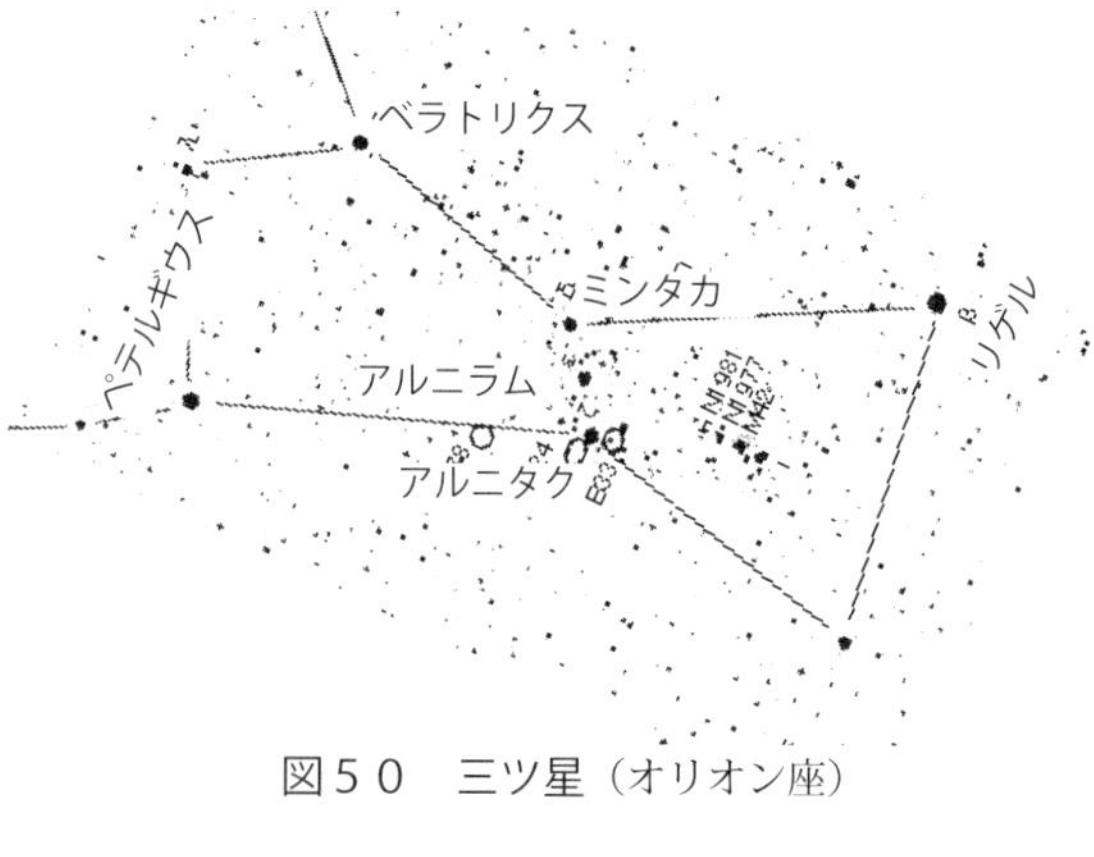

図50　三ツ星（オリオン座）

星の並びを反映しているのだ。このことがヒントになった。

「確かにそうなっているようだ。それなら三ツ星という参宿の星を反映している古代倭国の箸墓古墳にも、そんな事実はないのだろうか？」

三ツ星の並び方といえば、三ツ星は一直線上には並ばない。調べてみると図のようになる。中央の星（アルニラム）から右端の星（ミンタカ、参星）に至る直線は、ほぼ7度から8度の間（ほぼ7・5度ぐらいか）で屈折している。その7・5度といえば、その3倍は22・5度。三ツ星の屈折の角度は『メソポタミアの直角三角形』の22・5度の頂角の3分の1。

「3分の1？…2分の1ならなあ…」

現実の箸墓古墳の前方部の高さは16メートルぐらい。この高さは、後円部の高さを約32メートルと見なせば、その半分だ。だが、三ツ星の屈折角は7・5度で、2分の1ではなく3分の1。ちょっと失望していた。

だが、失望は間もなく喜びに変わった。もういちど三ツ星の図を示そう。三ツ星の屈折角はこのようにも考えられる。三角形ミンタカ・アルニラム・アルニタクを考える。この三角形

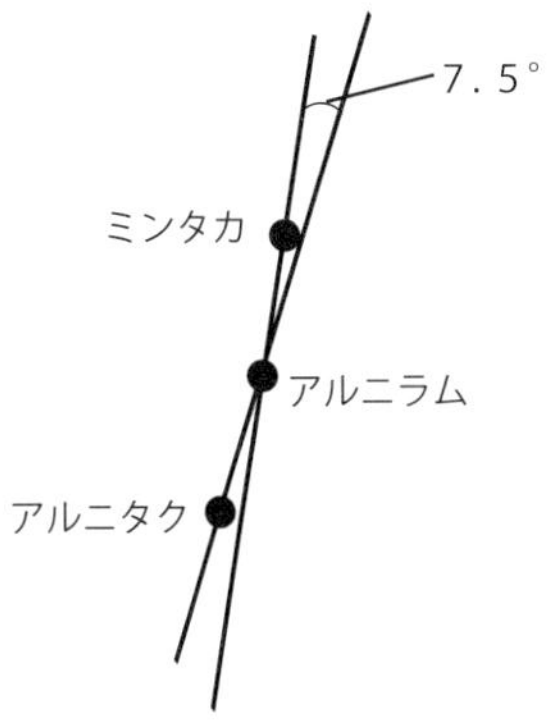

図5 1　三ツ星の角度

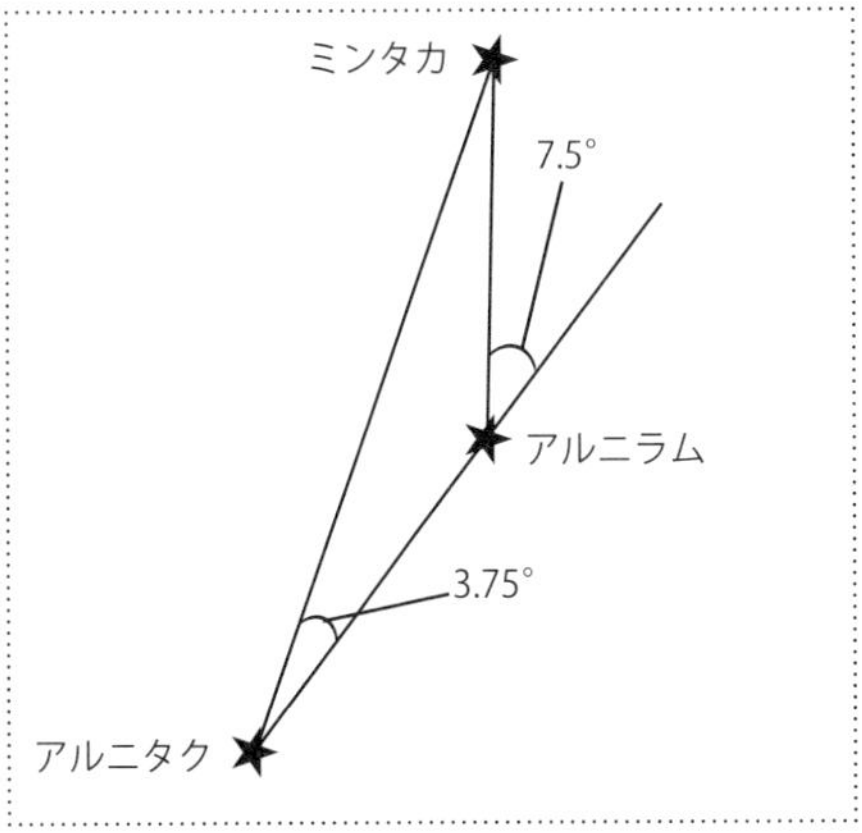

図5 2　三ツ星の屈折角

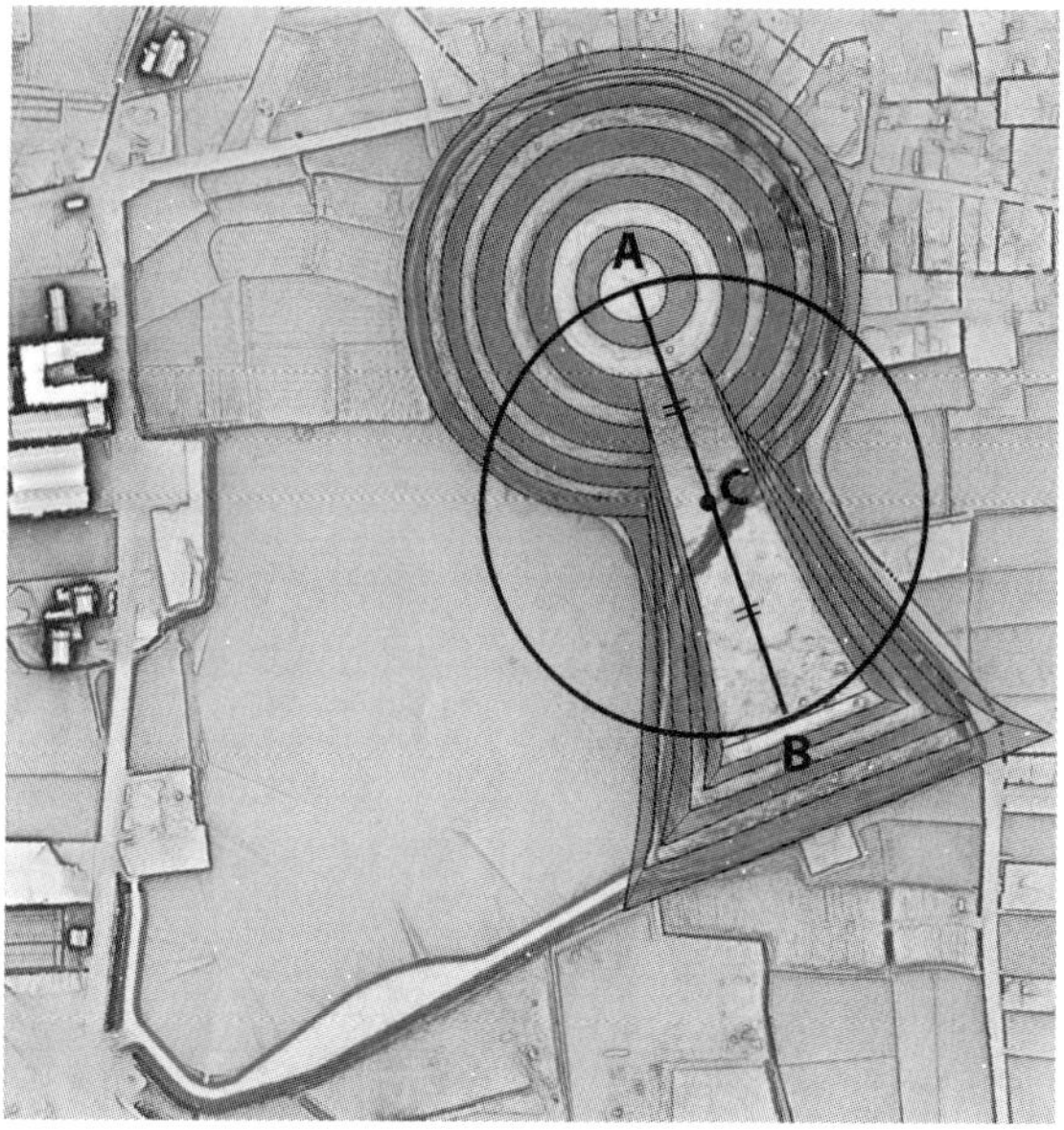

図５３　前方部の高さ

のアルニタクの頂点の角度を測れば、４度に近い。ミンタカの頂点の角度は約7・5度。三ツ星の屈折角とは、この二つの角度の和だとも考えられる。つまり三ツ星は、アルニタクからアルニラムまで1回目の屈折（約４度）をし、さらにアルニラムからミンタカまで2回目の屈折（7・5度）をしていると。2回の屈折で合計11・5度ほど屈折しているのだと。そしてさらに、約4度と測った角を、３・75度だったと考えれば、合計は11・25度となり、これは22・5度の2分の1に当たる。つまり、前方部の16メートルという高さは、頂角11・25度の直角三角形で決められたのだと。そうだから前方部の高さは後円部の半分なのだと。

　ちなみに前方部の高さが後円部の半分という場合、図53のように後円部の半径（ＡＣ）と前方部の最高点までの長さ（ＢＣ）は同じにならなくてはいけない。そのことは先の宮川理論の前方部の設計理論でいうと、前方部６区の内４区分で最高点に達していたことを示す。

　このことはまた、前方部端の3段の段築は、三ツ星を反映した設計になっているのだ。おそらくその部分の段築は例の屈折角を反映しているのだろう。つまり3段の段築は、11・25度を3等分した3・75度ずつに1段目（テラス）2段目（テラス）のように段築されていったのだろう。もちろん3段目のテラス（図のB点）は11・25度になるように計画されたのだ。

そしてさらに、前方部が3本の剣を表しているのなら、こんなことも考えられる。前方部の長さは6区で後円部の半径は4区なのだから、つまり後円部中心から前方部端までの長さは10区なのだ。その10区の長さを「10柄の剣」だと考えれば、同様に「9柄（9区）の剣」や「8柄（8区）の剣」も考えられる。後円部という鏡の下にもぐりこんだ3本の剣として。

このように古代人の箸墓古墳の作り方を想像すれば、やがては箸墓古墳の設計図あるいは「箸墓古墳想定設計図」にたどり着けるのではないか。豆ちゃんは今、そんな気がし始めている。

古代史探偵ノート⑨

ヤマトの1万日の姫

「百襲」は百を百重ねる

ヤマト・トトヒ・モモソ姫？　豆板という姓も珍しいが、この名前もなあ、名前としては長すぎるだろう。トヨ（台与）やヒミコ（卑弥呼）などと、もっとあっさりしたらどうだ。

その倭迹迹日百襲姫の倭は大和だろう。トトヒとは何か？

・「トトヒ」は「十・十日」

・九・九が八十一なら、十・十は一〇〇（10×10＝100）

・モモソは「百襲」で、「百重ねる」

トトヒ＝「十・十日」は、「10×10＝100」を意味する。「10（十）」のことを「トウ」とは今も言う。「モモソ」は「百襲」だが、「襲」は襲名披露の襲のように「(代を）ひきつぐとか重ねる」の意味がある。だから「百襲」は「百、重ねる」の意味になる。だったら、トトヒ・モモソとは、（10×10）を100回重ねる。計算すれば、10000（1万）。

つまり、ヤマト・トト・ヒモモソ姫とは、「大和の1万日の姫」なのだ。ところで、「百」といえば、卑弥呼には馴染みの数。「銅鏡百枚」「殉葬者百余人」「墓の径百余歩」、卑弥呼は「百まみれ」な人物だ。まてよ、１万日って、何年ぐらいだろう？

・１０００日÷３６５日＝27・39…日
　27年と少し。27年と何日？
・１００００日－３６５×27日＝１４５日
　モモソ姫とは「ヤマトの27年と１４５日姫」だ。


　だがまてよ、閏年がある。27年間では６回。で１４５日から６日引いて、１３９日。つまりモモソ姫とは、「ヤマトの27年と１３９日姫」だ。

「えっ？　１３９日？」
１、３、９なら「ひとつ、みっつ、ここのつ」で、「ヒ、ミ、コ」、卑弥呼だ。
「ヤマトの27年とヒミコ日姫！」

これは何、偶然か、計算間違いか。古代でも、数を、「ヒー、フー、ミー、ヨー…ナナ、ヤー、ココノ、トー」と数えたのか。この伝統、少なくとも「昔から」というぐらいには古い。だが、３世紀の昔にまで遡れるのか。それに、古代で『一三九』の表記は有りなのか。『百三十九』と書きそうだ。だが、『一百三十九』を『一・三・九』で、ヒ・ミ・コは、アリかも知れない。

　１万日とは、27太陽年と１３９日か。もう一度計算して見よう。

・10,000÷365.24＝27.3792…
・0.3792年とは、138.408日、
　つまり１３９日だ。モモソ姫とは、ヤマトで27年と１３９日生きた卑弥呼のことだ。

二十八宿の星座

1万日を一年の日数365で割ったら「27・3…」という数になる。「1・3・9＝ヒ・ミ・コ」に気を奪われていて、「27・3…」という数の意味を探らなかったが、ある日、偶然に、その意味に出会った。

「27・3日とは、一恒星月を表す」

一恒星月とは何か？　たいていの人は知らない。一朔望月は知っていても、一恒星月は知らないのだ。普通には馴染みが無い。もちろん、考古学ファンや邪馬台国ファンでも知らないだろう。図書館で、惑星について調べていたら、偶然この数値に出会って驚いた。それが「一恒星月」だというのだ。それで、辞書で意味を調べてみた。

「月がある規準となる恒星から出発して、天空を一周し、またもとの位置に帰るまでの周期、それが、27・3日。これを、一恒星月という」

一朔望月は、満月から満月、あるいは、新月から新月までの日数を数える。それで、29・5…日で、約30日となる。暦で、ひと月を30日平均にするのはこの一朔望月からきている。かつての太陰太陽暦（旧暦）も、この一朔望月が元になっていた。現在の我々の暦も、ひと月を30日や31日にしているから、この伝統を引いている。

ところが、一恒星月は、そもそも朔望月のような分かりやすい数え方ではない。なぜに恒星を基準に取ったりするのか。その動機に見当がつかなかった。だから、27・3日が一恒星月を表す数値と知ってびっくりしたが、まだ、その意味の本当の重大さには気付いていなかった。それに気付かされたのは、さらに、およそ1恒星月（約28日）ぐらい後のことだったろうか。

一恒星月とは、古代の中国で使われていた『二十八宿』のことだった。『二十八宿』とは、古代中国で行われていた天文学だ。天空の赤道の近くに、28の星座を配置して、その星座を基準に、月の一日一日の動きを追ってゆく。つまり、恒星を基準として月の位置を観測する。恒星基準だから、『二十八宿』は、一恒星月なのだ。月がどの星座に宿るか、という意味で「宿」、月の宿る28の星座ということで『二十八宿』だ。28は、もちろん「27・3…」からきている。

ヤマト・トトヒ・モモソ姫という名前は、27・3…という計算値を含んでいた。それが「27年と少し(139日)」だった。それは、言い換えると、「大和の二十八宿の姫」とでも言ってよいだろう。『二十八宿』という意味も、暗号のように織りこまれている。モモソ姫は、『二十八宿』の姫なのだ。

『二十八宿』は天体の星座配置だけを意味したのではなかった。それは、方位も表すし、結果として時間も表す。それは、体系としての天体観、今で言う宇宙観で、宇宙や世界をどう捉えているかも示している。だから、暦にも関連する。場所と時間を含む四次元の座標軸のようなものだ。

『二十八宿』の意義は、従来の邪馬台国論争では忘れられていたのだろうか。ほとんど読んだことも聞いたこともない。恐らくは、忘れられた観点だったのだろう。重要な視点だとは、誰も考えていなかったのだろう。いや、忘れられていたというよりは、気付かれていなかった、と言うべきかも知れない。

だが、気付いている人はいたのだ。碓井洸『邪馬台国は大和である』は、『魏志』倭人伝の方位記事は、『二十八宿』の方位観とそれによる羅針盤のようなもので語られていると言っている。見事に、邪馬台国の方位の謎は解けている。

高松塚やキトラ古墳の天井には『二十八宿』の星宿が描かれているのだが、それらは、7、8世紀の遺跡だ。だからだろうか、研究者たちは、3世紀の日本で『二十八宿』が行われていたとは見ていないようだ。だが、3世紀の日本は『二十八宿』の時代だったのだろう。少なくとも、倭国の支配者たちは『二十八宿』使っていたのだろう。この観点に立てば、卑弥呼時代のことがこれまでと違う鮮明さで見えてくる。

例えば、例の邪馬台国論争がそうだ。『魏志』倭人伝にある、邪馬台国までの行程を記した「水行十日、陸行一月」の意味も、考え直しが迫られる。この「一月（ひと月）」は、『二十八宿』で考えるなら、「30日」ではなくて、「28日」となる。碓井さんはそのことも指摘している。

『二十八宿』は、紀元前の頃から中国で行われてきた。これをもとに天文学や暦などが発達している。そして、すでに魏のころの中国では、暦はかなり進歩していた。魏以前、前漢の時代の太初暦でさえ、高度な置閏法を採用した太陰太陽暦だった。その暦では、惑星の動きや、日食・月食の予想さえ出来ていたことが分かっている。

だが『二十八宿』は暦の他にも重要な意味があった。暦の他、というのは言い方が良くない。暦とともに、だ。それは占星術だ。『二十八宿』で天文現象が観察され、それによって、国家の将来や天変地異の災厄が占われた。実はこの占星術こそ、古代人にとっては大きな意味を持っていた。その意味の大きさを、現代の我々は見過ごしている。それこそ失われた古代人観の最たるものだろう。現代人の感覚を、無自覚に古代人に当てはめている。「占星術など」とタカをくくってしまっている。現代人には、占星術は、ほとんど趣味か遊びで、人生や国家の重大事ではない。だが、だからといって、古代人達もおなじだったと思ってはいけない。いや、ついつい無意識に軽く見過ごしていることを反省すべきだ。

占星術が国家や皇帝の命運を左右した時代はあったのだ。そう思わせるふしが、古代史探偵の捜査では、ずいぶん見つかった。いや、ふしどころか、そうだったにちがいない。古代は占星術の時代だったのだ。

占星術の話はおくとしても、『二十八宿』の星座と、その天体観は、古代中国に限ったわけではないのだ。倭国にも大きな意味を持っていた。ヤマト・トトヒ・モモソ姫という百にこだわった名前は、百にまみれた魏志倭人伝の卑弥呼に通じる。そして、モモソ姫の名には、『二十八宿』という意味が、暗号のように潜んでいる。

「誰がこんな暗号のような名前を考えたのか？これは何を意味するのか？」

27年と139日前

モモソ姫の死から27年と１３９日前とは何時か。この暗号によれば、それまで彼女は大和には居なかったのだろう。大和で、１万日の時間を過ごしたモモソ姫（ヒミコ）という意味なのだから。

そうであればつまり、モモソ姫＝卑弥呼は、どこから大和に移ってきたのだ。そういえば崇神紀には、崇神やモモソ姫が外来の侵入（新入）勢力らしき様子がある。三輪山の神の祟りを受ける話などは特にそうだ。

27年と１３９日前、あるいは１万日前とはいつか。計算してみた。

「２４８年９月２４日が１万日目になるその第１日目とは、２２１年５月９日！」

この２２１年５月９日という日付に何か意味があるのだろうか。もちろんこの計算は、全て、現代の暦を過去に遡らせてのことだが。

この日は新月。つまり旧暦で言う「ついたち（１日）」。何んと、その日がモモソ姫の大和での第１日目。良くできている。

「これが偶然？」

だが、ちがうだろう。実はこの日はただの新月ではなかった。前夜に面白い天象が起こっているのだ。５月８日午後９時51分、二十八夜の月は昴宿の距星（基準の星）と中心離角0度01分に接近する。つまり昴食（昴＝月）だ。ただしこの場合それは地上では見えないのだ。地平下でのことなのだ。だが、彼らはこの地平下のスバル食を知っていたに違いない。この5月、太陽が畢宿の星座と共に昇り、やがて、月は新月に向かうにつれて、その畢宿の太陽に接近して行くと。そして同時にその月が昴に接近することも。

モモソ姫の名前から明かされる27年と139日前は、特別な日だ。新月とスバル食と2つの天象が重なっている。そのような日が選ばれているのだ。これを偶然とは考えられない。このような天象の起こる日に大和にやって来ることをモモソ姫は選んで行動していたのだ。星空を読んで、この日を目指して、彼女はヤマトに来たのだ。そう考えるべきだ。

新月の日はひと月毎に訪れるが、スバル食は、毎年起こるような現象ではない。スバル食が起きやすい時期は数年間続くが、それにしてもそのような時期が来るのはおよそ18年ごとだ。星図は、問題の日の約1カ月後、6月5日のスバル食直前の星空だ。

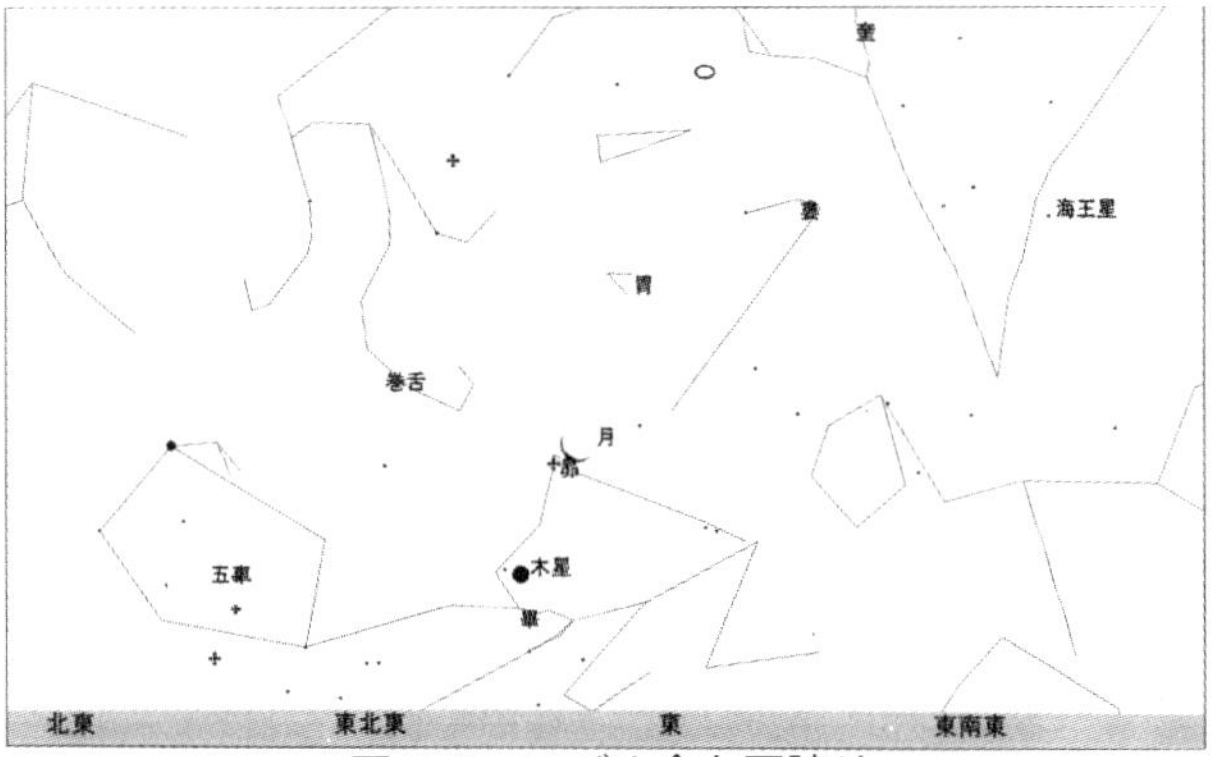

図54　スバル食と国譲り

モモソ姫の名前の暗号を解いたら、そのような珍しい星空現象に偶然重なった？　そんな偶然はありえない。こんな特別な天文現象を表す日付は、決して偶然ではない。そんなことは、まずありえない。

逆だろう。この日を特別な日として、それに合わせて行動した結果なのだ。この地平下でのスバル食の起こる日を期して、モモソ姫は行動した。その日のこの星空を、あの名前の中に織り込んだのだ。それは、誰かが、そうしようと思えば出来ることだ。彼女の行動の経緯を詳しく知っている者なら、あの暗号のような名前を考えることはできる。計算し、名前の暗号として織り込むことはできるはずだ。

繰り返して言うが、スバル食の直前に、モモソ姫が大和に来たのが偶然だったなどとは考えるべきではない。モモソ姫＝卑弥呼の行動は、スバル食を期してのものだったのだ。そして、モモソ姫の暗号が指し示すのは、２２１年という年。そしてこの年とはまた、驚くべき年だった。それは、日本書紀が「神代下」で、「国譲り」として述べている事件に関係が深いのだ。おそらく、スバル食の意味は、国譲り事件と関係しているはず。だが、今のところこれ以上には踏み込めない。先のお楽しみだ。

ヤマトとは

ヤマトとはどういう地名だろう。ふつう現代では「大和」と書く。日本書紀には「倭（わ）」と書いて「ヤマト」と読ませている場合がある。倭迹迹日百襲姫こそその例だ。そのモモソ姫は卑弥呼のことだ。だから彼女は倭国女王なのだ。

だが、そのモモソ姫＝卑弥呼の宮殿があったのは「邪馬台国」と書いて「ヤマタイ国」と普通には読まれる。「ヤマイチ国」の間違いだと主張する人々もいる。

「ええっ？　ヤマト国の間違いだろう。そう伝えたつもりだろう。卑弥呼＝モモソ姫はヤマトにいたのだから。邪馬台国はヤマトにあったのだから」

邪馬台国は倭国で、それは大和にあった。そのことは星空の神話的にも説明ができる。この本の冒頭の部分で、巻向三山という「畢《ひつ》のランドマーク」の話をした。そして、「畢宿《ひっしゅく》の地上」という言い方もした。それは、桜井市の箸墓古墳の辺りだと。

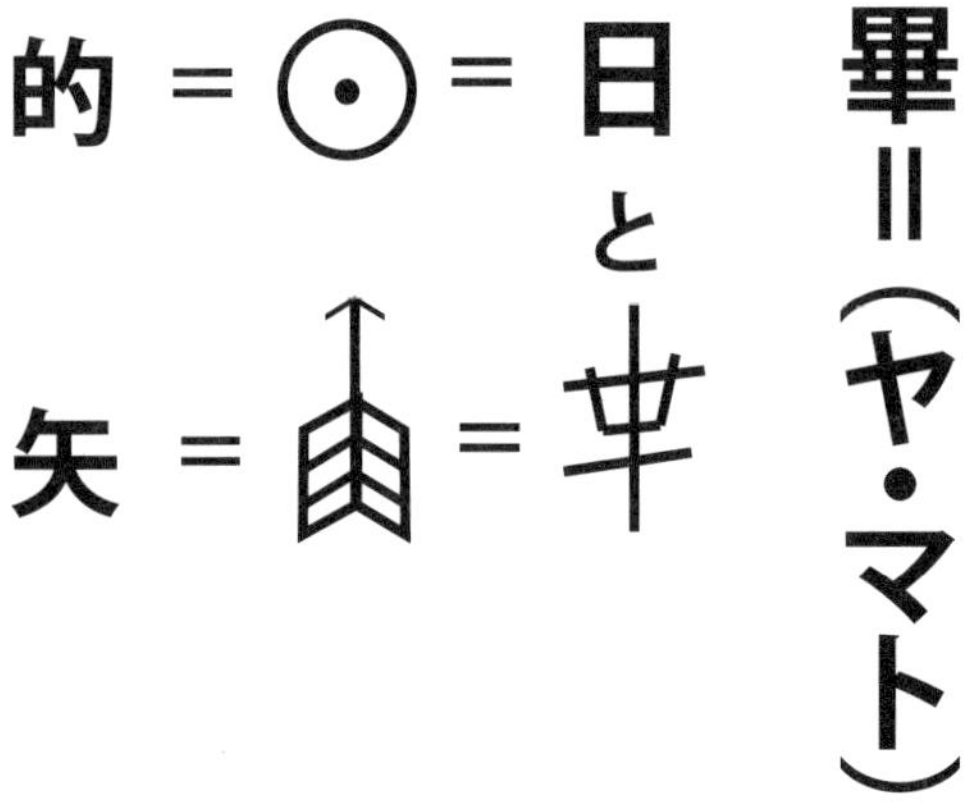

図５５　畢＝大和

その「畢」という漢字に注目してみよう。畢の字は、「日」と「矢羽」から出来ている。その「日」は、太陽のことだが、同時に「的（まと）」なのだ。矢羽は文字通り「矢」。それなら畢という文字は「的」と「矢」からなる。つまり「的&矢」で「マト・ヤ」あるいは「ヤ・マト」なのだ。

こんな文字によるシャレは、真面目な歴史学者や考古学者には受けないだろうか。だが、古代人とはこういう連中だ。卑弥呼たちか、日本書紀編集者たちか、いずれにせよ、彼らには、このような「言葉」あるいは「文字」の世界がある。

畢宿の地上＝大和のついでに言えば、畢宿の地上は、大和だけに限らない。「尾張」もまた畢の地上を意味する名前だ。理由は直ぐに分るだろう。「畢」の漢字を辞書で調べると、この漢字には「終わり」の意味がある。畢＝終わり＝オワリ（尾張）なのだ。現在、尾張といえば名古屋の辺りの地名として一般的だが、奈良県にも「尾張」の地名は残っている。

畢宿という星宿は、本来は「地の果て」または「辺境」を意味していたのだろう。未開の地という意味合いもあったかもしれない。倭国王には、辺境に勢力を伸ばし国を拡大させてゆく使命があったのかも知れない。倭国王の後継者の内、兄は都に残って王位を継承し、弟は辺境の畢の地上に赴いて新たな王権を敷く。そんな伝統があったようにも思われる。

〈おもな参考文献〉

高木市之助・西尾實・久松潜・麻生磯次・時枝誠記監修『日本書紀　上・下』（日本古典文学大系　岩波書店）
坂本太郎・家永三郎・井上光貞・大野晋校注『日本書紀（一）（二）』（岩波文庫）
和田清・石原道博編訳『魏志倭人伝・後漢書倭伝・宋書倭国伝・隋書倭国伝』（岩波文庫）
倉野憲司校注『古事記』（岩波文庫）
次田真幸『古事記　全訳注』（講談社学術文庫）
R・バーナム・Jr.、斉田博訳『星百科大事典』（地人書館　1988年）
渡辺敏夫『中国・朝鮮・日本の日食月食宝典』（雄山閣出版　1979年）
奈良県立橿原考古学研究所編『大和前方後円墳集成』（学生社　2001年）
山田宗睦『日本書紀史注』（巻第一〜四）（風人社　1997年）
原田大六著・平原弥生古墳調査報告書編集委員会編『平原弥生古墳―大日孁貴の墓―』（葦書房　1991年）
柳田康雄・角浩行編『平原遺跡―前原市文化財調査報告書第70集―』
アストロアーツ企画・制作『ステラナビゲーターVer．5』（アスキー出版局　1999年）
刈谷俊介『まほろばの歌がきこえる―現れた邪馬台国の都―』（エイチアンドアイ　1999年）
小川光三『大和の原像―知られざる古代太陽の道―』（大和書房　1985年）
水谷慶一『知られざる古代　謎の北緯34度32分をゆく』（日本放送出版協会　1989年）
三橋一夫『前方後円墳と神社配置―古代史の三角形2―』（六興出版　1987年）
『神社配置から古代史を読む―古代史の聖三角形1―』（六興出版　1986年）
山尾幸久『新版・魏志倭人伝』（講談社現代新書　1986年）

佃　収『神武・崇神と初期ヤマト王権』（ストーク　１９９９年）
原田大六『日本古墳文化』（三一書房　１９７５年）
『実在した神話』（学生社　１９７７年）
『卑弥呼の墓』（六興出版　１９７７年）
『卑弥呼の鏡』（六興出版　１９７８年）
石野博信・岩崎卓也、河上邦彦、白石太一郎編集『古墳時代の研究7　古墳Ⅰ　墳丘と内部構造』（雄山閣出版　１９９２年）
宮川　徒『巨大前方後円墳・大山古墳（仁徳陵）はどのように造られたか』（１９９８・05・19、論文）
福永光司『道教と古代日本』（人文書院　１９９８年）
吉野裕子『陰陽五行と日本の天皇』（人文書院　１９９８年）
『蛇―日本の蛇信仰―』（講談社学術文庫　２０００年）
『持統天皇』（人文書院　１９８８年）
斎藤尚生『有翼日輪の謎―太陽磁気圏と古代日食―』（中公新書　１９８２年）
堀田総八郎『神々のメッセージ』（中央アート出版　１９９５年）
『縄文の星と祀り』（中央アート出版　１９９５年）
碓井　洸『邪馬台国は大和である―邪馬台国四国ルート論―』（近代文芸社　１９９７年）
勝俣　隆『星座で読み解く日本神話』（大修館書店　２０００年）
井上香都羅『銅鐸「祖霊祭器説」』（彩流社　１９９７年）
橋本敬造『中国占星術の世界』（東方書店　１９９９年）

高橋　徹『13月の暦』（たま出版　１９９７年）
　『マヤの暦はなぜ、２０１２年12月に終わるのか』（ヴォイス　２０００年）
三輪茂雄『臼（うす）』（ものと人間の文化史25）
グラハム・ハンコック著、大地舜訳『神々の指紋』（翔泳社　１９９６年）
榮長増文『大和「出雲」の新発見』（アドベスト　２０００年）
上山龍一『神々の地上絵』（大洋出版社　１９９９年）
井沢元彦『逆説の日本史―古代黎明編―』（小学館　１９９３年）
斎藤国治『古天文学の道』（原書房　１９９０年）
加藤真司『古事記が明かす邪馬台国の謎』（学習研究社　１９９４年）
岡本健一『邪馬台国論争』（講談社選書メチエ　１９９５年）
三浦　竜『「古墳」の暗号』（青春出版社　１９９８年）
大和岩雄『箸墓は卑弥呼の墓か』（大和書房　２００４年）
山田　卓『冬の星座博物館』（地人書館　２００５年）
野尻抱影『星と伝説』（中公文庫　２００３年）
矢板康麿『星座・星雲・星団ガイドブック』（新星出版社　１９９９年）
泉　拓良『歴史発掘②　縄文土器出現』（講談社　１９９６年）
豆板敏男『星空の神話１　イザナミ＝私は昴―平原遺跡のイザナミ女王―』

〈写真・図版提供〉（一部加除・修正）

宮内庁書陵部　図29・44

奈良県立橿原考古学研究所　図12・18・28・31・32・35・39・53

奈良県立橿原考古学研究所附属博物館　図30

糸島市立伊都国歴史博物館　図37・40・42

〈図版出典〉（一部加除・修正）

図1・3・4・11・13・33・43・45・50・51・54　アストロアーツ企画・制作「ステラナビゲーターＶｅｒ．５」（アスキー出版局１９９９年）／図５　橿原考古学研究所編『大和の前期古墳　黒塚古墳　調査報告』（学生社１９９９年）／図９　三輪茂雄「臼（うす）」（『ものと人間の文化史25』／図16　武光誠『大和朝廷は古代の水軍がつくった！』（ＪＩＣＣ出版局、原図は寺澤薫氏）／図34　大阪府立弥生文化博物館編『卑弥呼誕生―畿内の弥生社会からヤマト政権へ―』（東京美術１９９９年）／図46　原田大六『卑弥呼の鏡』（六興出版１９７８年）／図48　宮川徒「墳丘・石室に見る規格性」（『古墳時代の研究７　古墳Ⅰ墳丘と内部構造』雄山閣出版１９９２年）

会員募集中

奈良の古代文化研究会

古代史と古代文化遺産の宝庫、奈良・大和の歴史や文化遺産について学習したり、研究したり、発信するために、互いに励まし合ったり、協力し合ったりする会です。

入会資格	奈良の歴史や文化遺産に興味、関心のある人
活動	青垣出版が発行する『奈良の古代文化』や『論考　邪馬台国＆ヤマト王権』に、研究レポート、研究論考、エッセー、紀行文などを発表する。（審査あり）
例会	研究発表会、講演会、読書会、現地見学会など随時開催。
入会金・会費	無料（ただし、例会等の参加時に資料代等必要な場合あり）
会員特典	『奈良の古代文化』及び青垣出版出版物を、直送に限り10％割引、送料無料で購入できます。
事務局	青垣出版内に置く
連絡	必要に応じて郵便、電話、ＦＡＸ、Ｅメール等で行う。
入会方法	住所、氏名、研究テーマ、連絡先（電話、ＦＡＸ、Ｅメールアドレス等）を下記まで連絡して下さい。

論考募集　奈良の古代文化研究会と青垣出版では、邪馬台国やヤマト王権に関わる論考、調査レポートなどを引き続き募集しています。

事務局

郵　便　〒636-0246　奈良県磯城郡田原本町千代３８７の6
青垣出版内「奈良の古代文化研究会」事務局

Tel:　0744-34-3838　Fax:　0744-47-4625

Ｅメール　wanokuni@nifty.com

【著者】
豆板　敏男（まめいた・としお）
１９４９年、徳島県生まれ。２００３年まで奈良県で小学校教諭。「豆ちゃんは古代史探偵」を自称し、邪馬台国や古代史の調査・執筆活動を続ける。著書に『星空の神話１　イザナミ＝わたしは昴―平原遺跡のイザナミ女王―』、『星空の神話２　畢星の女王＝アマテラス―纒向遺跡の卑弥呼女王―』など。

【編者】
奈良の古代文化研究会
事務局　奈良県磯城郡田原本町千代３８７の６　青垣出版内

奈良の古代文化④
天文で解ける箸墓古墳の謎

2015年3月　5日　初版印刷
2015年3月13日　初版発行

豆　板　　敏　男　著
奈良の古代文化研究会編

発行所　有限会社　青　垣　出　版
〒636-0246 奈良県磯城郡田原本町千代３８７の６
電話 0744-34-3838　Fax 0744-47-4625
e-mail　wanokuni@nifty.com
http: //book.geocities.jp/wanokuni_aogaki/index.html

発売元　株式会社　星　雲　社
〒112-0012 東京都文京区大塚３－２１－１０
電話 03-3947-1021 Fax 03-3947-1617

印刷所　互恵印刷株式会社

printed in Japan　ISBN 978-4-434-20227-8

青垣出版の本

奈良の古代文化①
ISBN978-4-434-15034-0
纒向遺跡と桜井茶臼山古墳
奈良の古代文化研究会編

大型建物跡と２００キロの水銀朱。大量の東海系土。初期ヤマト王権の謎を秘める２遺跡を徹底解説。
Ａ５変形判１６８ページ　本体１，２００円

奈良の古代文化②
ISBN978-4-434-16686-0
斉明女帝と狂心渠《たぶれごころのみぞ》
靍井 忠義著
奈良の古代文化研究会編

「狂乱の斉明朝」は「若さあふれる建設の時代」だった。百済大寺、亀形石造物、牽牛子塚の謎にも迫る。
Ａ５判変形１７８ページ　本体１，２００円

奈良の古代文化③
ISBN987-4-434-17228-1
論考 邪馬台国＆ヤマト王権
奈良の古代文化研究会編

「箸墓は鏡と剣」など、日本国家の起源にまつわる５編を収載。
Ａ５判変形１８４ページ　本体１，２００円

奈良を知る
ISBN978-4-434-13771-6
日本書紀の山辺道《やまのへのみち》
靍井 忠義著

纒向、三輪、布留…。初期ヤマト王権発祥の地の神話と考古学。
四六判１６８ページ　本体１，２００円

奈良を知る
ISBN978-4-434-15561-1
日本書紀の飛鳥
靍井 忠義著

６・７世紀の古代史の舞台は飛鳥にあった。飛鳥ガイド本の決定版。
四六版２８４ページ　本体１，６００円

邪馬台国時代のクニグニ　南九州
ISBN978-4-434-193063-6
石野博信・中園　聡・北郷泰道・村上恭通・森岡秀人・柳沢一男著
香芝市二上山博物館友の会ふたかみ史遊会　編

隼人・熊襲の本拠地で、「神武のふるさと」でもある南九州の３世紀の考古学。二上山博物館の人気シンポの単行本化。
四六判２７４ページ　本体１，７５０円

大集結　邪馬台国時代のクニグニ
ISBN978-4-434-20365-7
石野博信・髙橋浩二・赤塚次郎・高野陽子・武末純一・寺澤薫・村上恭通・松本武彦・仁藤敦史著
香芝市二上山博物館友の会ふたかみ史遊会　編

東海･北陸以西の２・３世紀の考古学の第一級研究者が一堂に集まり、最新の研究成果を発表。倭国の邪馬台国とクニグニの状況を明らかにする。
四六判３４０ページ　本体２，０００円